コロナ禍と日本の教育
行政・学校・家庭生活の社会学的分析

中村高康・苅谷剛彦──[編]

東京大学出版会

CHALLENGES IN JAPAN'S EDUCATION
DURING THE COVID-19 PANDEMIC
Policies, School Practices, and Family Dynamics
Takayasu NAKAMURA and Takehiko KARIYA, Editors
University of Tokyo Press, 2025
ISBN 978-4-13-051368-5

はじめに

　本書は，Covid-19 感染症によるパンデミックのもとで，日本の小中学校（学校，児童生徒とその保護者），教育行政（市町村教育委員会）がどのような問題を抱え，それにどのように対応したのかを実証的に分析した共同研究の成果である．研究のねらい，調査の概要，各章の構成といった本書にとってもっとも重要な情報については序章に譲るとして，この「はじめに」では編者のひとりである苅谷個人の立場から，この共同研究に寄せる思いを語ることで，読者の皆さんを本書に誘いたいと思う．

　喉元過ぎればなんとやらで，あのときの先の見えないことへの不安や恐怖，混乱や困惑と言ったものの記憶は薄れつつある．だが，世界中を巻き込んだこのパンデミックが，社会に及ぼした影響が計りがたいほど大きかったことは記憶に新しい．とりわけ社会科学を志す者たちにとって，それがいかなるものかを分析し，わずかばかりでも政府や組織や個人の対応に資する情報を提供することの重要性は広く共有されていた．実際に経済学者や社会学者を始め，多くの研究者がこの事態の究明に取り組んだ．重要なのは，同時進行的に事態が変化する過程を観察しながら，ベター（よりまし）な対応を考えるための知識を提供することにあった．

　しかし，当初，教育の領域においては，その影響が広範に及ぶにもかかわらず――例によって――実証的な証拠（エビデンス）に基づかない，薄弱な根拠によって諸政策が進められようとしていた．その一例が，本書でもいくつかの章で詳しい分析を加えた GIGA スクール構想の前倒し（情報端末を児童生徒 1 人に 1 台を配布）であった．そして 2 つ目が，私自身が直接関わることになった「9 月入学」への移行（の提案）であった．後者について少し触れたい．

　新型コロナウィルス感染拡大を受け緊急事態宣言が 2020 年 4 月に出されたが，それ以前の 2 月 27 日には安倍晋三首相（当時）が，全国の学校の臨時休校を要請し，3 月上旬から多くの学校が休校に入った．こうした教育機会の喪

失を受けて急遽浮上したのが「9月入学」をめぐる政策提案であった．その背景には，失われた教育の機会を保証するために9月入学が有効であるとか，休校により生じかねない教育の格差への対応にもなるとか，先進国で行われている「グローバルスタンダード」に合わせることができるとか，さまざまな理由が挙げられた．それがいかに拙速の，根拠の薄い政策対応であったか．突然の政策提言，エビデンスを伴わない議論に対し，私は日本にいる仲間を募って，道府県間の違いを考慮に入れ，重要不可欠の論点に絞って，できる限り数値で示すことのできるエビデンスの提示を企図した研究に着手した．9月入学に伴う影響の規模を可視化するために，公表されているデータだけで可能な推計をできるだけ早期に提出することを目指したのである．

もちろん，私ひとりではできない．しかも当時私はロックダウンのもとでのイギリス，オックスフォードでは，ほとんど蟄居に近い生活を送っていた．そこで日本の若い研究者たちに声をかけ，急遽このような推計を行うデータの収集，分析，そして発表を行った．その際，威力を発揮したのが，日本とイギリスとの時差を考慮して開いたリモートでの研究会だった．その成果については，以下を参考にしていただきたい（https://www.asahi-net.or.jp/~vr5s-aizw/September_enrollment_simulation_200525.pdf）．

私個人にとってはこのときの共同研究が，今回の研究に連なっている．9月入学をめぐる議論を経て，文部科学省の行政官と何度かリモートでの会議を開くこともできた．その過程で，9月入学という単一の政策ではなく，コロナ禍が日本の学校に及ぼす影響を，コロナ感染症の拡大と同時進行で分析する実証研究の必要性を痛感したのである．この新しい研究プロジェクトには，新しいメンバーも多く参加した．幸い浜銀総合研究所が母体となって，文科省の受託研究への申請を引き受けてくれた．本書の序章や終章で行政との協力関係の意義を強調しているのも，このプロジェクトの前身として「9月入学」に関わる研究の成果と，その後の文科省とのやりとりがあったからだと私自身は思っている．

コロナ禍の推移と同時進行で行った社会学的な観察が，どの程度その都度の政策に資する情報や知識を提供できたかについては，限界があったことを認めざるを得ない．しかし，まさに未曾有の事態に，日本の小中学校がどのような

問題に直面し，教育行政を含めそれにどのように対応できたのか，できなかったのかを同時進行で記録できたことには大きな意義があると私は信じている．と同時に，エビデンスを媒介に研究者と教育行政側とが密なコミュニケーションをとることの意味についても今回のプロジェクトは多くのことを教えてくれた．何が足りないのか，何が足かせとなっているのかについても多くを学ぶことができた．そのような「はじめの一歩」として本書を読んでいただければ幸いである．

　本書の各章の分析が示すように，コロナ禍の下で明らかになった日本の教育の特徴や，コロナ禍にもかかわらず大きく変化することなく続いてきた日本の学校の（持続的な）特質が克明に描き出されているはずだ．しかも全国の学校を複数の時点でカバーした貴重なデータが描きだした姿である．そこから学べることにも意義があると確信している．本書がコロナ禍における日本の学校や教育行政を歴史的に記録した文書の1つとして長く読まれることを願ってやまない．

2025年3月　苅谷　剛彦

コロナ禍と日本の教育

目　　次

はじめに　i

序章　コロナ禍での共同教育調査────────中村　高康　1
　　　　意義と概要

　1　未曾有の事態を理解するために　1
　2　コロナ禍における教育調査の意味　2
　3　研究プロジェクトの概要　6
　4　本書の構成　11

I　コロナ禍での学習・ICT

1章　休校期間中の小学校でICT家庭学習課題を可能にした条件─香川　めい　17
　　　地域や教育委員会の状況に注目して

　1　はじめに　17
　2　使用データと主要な変数　20
　3　休校中の家庭学習課題の実施状況　20
　4　どのような条件がICTを用いた学習課題の実施に影響したのか　24
　5　まとめ　31

2章　学校設備の格差が授業実践に与える影響──池田大輝・瀬戸健太郎　37
　　　「GIGAスクール構想」本格化前の端末整備状況に着目して

　1　学校の設備と「教師の質」　37
　2　ICT活用・教師の授業実践に関する先行研究とその課題　38
　3　分析枠組み　42
　4　分析　端末整備状況と授業実践との関係　47

5　おわりに　52

3章　コロナ禍における教育格差――――――――松岡　亮二　57
　　　学力・学習時間・ICT活用・「主体的・対話的で深い学び」

　　1　はじめに　コロナ禍における教育格差の実態を多角的に検証する　57
　　2　コロナ禍前の時点を含む学校パネルデータが照射する教育格差の趨勢　58
　　3　コロナ禍中の児童生徒の学力と学習行動の階層性　72
　　4　議　論　81
　　5　政策的示唆　84

4章　コロナ禍における生徒たちの学習習慣格差――――相澤　真一　93

　　1　はじめに　93
　　2　2021年度（令和3年度）学力調査による検討　94
　　3　データと方法　98
　　4　分析結果　100
　　5　議論と結論　104

II　コロナ禍と学校生活

5章　コロナ禍での部活動の実施状況と生徒の意識―山口　哲司　111
　　　中学生にとって部活動の中止・縮小は残念だったのか

　　1　コロナ禍における部活動の実態と残念度　111
　　2　分析の枠組み　114
　　3　コロナ禍での部活動はどのようにおこなわれていたのか　116
　　4　どのような生徒が部活動の中止・縮小を残念だと感じていたのか　120

  5 コロナ禍での部活動の分析からみえてきたこと 126

6章 学校行事が学校への満足度と帰属意識にもたらす影響——田垣内　義浩　131
   コロナ禍にともなう行事中止というイベントに着目して

  1 学校行事の役割・再考 131
  2 学校行事研究の状況と問われるべき課題 133
  3 データと方法 136
  4 分析結果 141
  5 学校段階，個人の属性ごとで違う行事の影響 147

7章 コロナ禍における学校現場の多忙化————多喜　弘文　153

  1 学校現場における多忙化の2つの側面　労働時間と多忙感 153
  2 本章における2つの課題と分析枠組み 155
  3 コロナ禍において学校は多忙化していたのか 159
  4 何が多忙化を生じさせているのか 162
  5 まとめと今後の課題 169

8章 コロナ禍における児童生徒の学校適応／不適応に関する分析——有海　拓巳　175
   授業適応感と登校忌避意識に着目して

  1 はじめに 175
  2 回答分布の把握，クロス集計による関連性の把握 180
  3 回帰分析 182
  4 変化の状況に着目した分析 187
  5 おわりに 190

III　コロナ禍・家庭・教育

9章　コロナ禍における児童の過ごし方ときょうだいの影響—戸髙　南帆　197
1　本分析の関心と問い　197
2　調査データと変数　199
3　きょうだい構成ごとにみたコロナ禍の子どもの過ごし方　200
4　結論　206

10章　父親の在宅勤務は学習状況の格差を拡大するか—鎌田　健太郎　211
小中学生と保護者に対するパネル調査から
1　コロナ禍の労働・教育・家庭の変化　211
2　データと変数　213
3　父親の在宅勤務状況の推移　214
4　父親の在宅勤務の状況と子どもの生活　215
5　在宅勤務が子どもの生活に与える影響　218
6　結論　223

11章　災禍時における家庭の教育的文化活動とその変化—中村　高康　227
コロナ警戒度および社会階層に注目して
1　はじめに　227
2　データと変数　229
3　コロナ警戒度を規定する要因　231
4　教育的文化活動の変化　234
5　おわりに　238

終章　コロナ禍から見えた日本の教育──────苅谷　剛彦　241

　1　自然実験としてのコロナショック　　241
　2　具体例への適用　　244
　3　格差は拡大したか　　246
　4　本研究の政策的な含意　　249

あとがき　　253

索　引　　255

序章

コロナ禍での共同教育調査
意義と概要

中村　高康

1── 未曾有の事態を理解するために

　2020年に突如として始まった新型コロナウイルス感染症の流行は，私たちの社会を大きく変容させるとともに，既存の社会システムの脆弱さや問題点を浮き彫りにすることにもなった．その実態をとらえようとする調査研究は国内外で膨大な数になっており，コロナ禍という未曽有の事態を理解し，歴史の教訓としようとする動きは，今後しばらくは続きそうな勢いである．

　教育の世界においても，私たちの社会が危機においてどのような反応を示すのかを観察する機会を得ることになったが，そのことは期せずして社会の中で教育がどのようなものとして存在・機能しているのかを知るヒントになりうるという点で，災い転じて福となすための教育研究が様々な角度からすでに多数行われている．例えば，我々の専門に近い分野の学術誌でも，次々とコロナ禍に関わる特集が組まれ，そこで多くの研究が発表・紹介されている[1]．

　そうした研究を進めるためには，まずもってこのコロナ禍のもとでの教育行政の対応，学校の対応，あるいは保護者や児童生徒の反応などをリアルタイムで追跡したデータを分析することが望ましい．しかし，その教訓を引き出すための教育研究に資するデータは，政府や研究機関にどれほどあっただろうか．

　確かに政府が通常実施している指定統計や文部科学省などが定期的に実施する調査類は，コロナ禍の状況で抑制されてはいたもののある程度は行われており，一定の情報を与えてくれる．しかし，コロナ禍でのリアルな状況までは，収集される情報が定型化されている既存調査・統計類では十分に迫れない．

　では，研究機関や自治体など，もう少し小回りの利く組織が行う調査はどう

か．実際に，このコロナ禍での教育現場の実態についてはかなり研究者が入ってデータを収集している（伊藤ほか 2021，伊勢本ほか 2023，坪田ほか 2023 など）．しかし，それらの多くは，事例的であったり，少数サンプルであったり，サンプルの偏りなどのリスクもあるインターネット調査であったりして，日本社会全体をとらえるには足りない部分も大きい．末冨らの行政対象の調査（末冨編著 2022）は一斉休業のリアルな実態を描いた貴重な記録にもなっているが，児童生徒や学校の全体像を描く調査研究も本来必要となるはずである．

こうしたなかで，同一調査対象に対して継続的に実施されているパネル調査に載せる形でコロナ禍に関するデータを緊急的に取得し，貴重なデータを作っているケースも例外的にはある．東京大学社会科学研究所とベネッセ教育総合研究所の「子どもの生活と学び」共同研究プロジェクトがそれである（ベネッセ教育総合研究所 2022）．コロナ禍の前後を捕捉できるこの調査データの価値は非常に大きい．もっともこの調査の場合，とらえられているのは中高生とその保護者だけであり，個人対象の調査である．したがって，義務教育段階の中核を占める小学生や，あるいは学校の対応や教育委員会の施策などもカバーできれば，政策的インプリケーションもより大きなものになりうるだろう．

こうした状況を踏まえ，私たちは，全国の教育委員会・学校・保護者および児童生徒のデータを同時的に取得し，しかもその変化をとらえることができる調査が必要と考えた．ただし，そうした調査デザインは行政機関の協力なくしてはスムーズにはいかない．こうした問題意識からすでに私たちと協議を進めていた浜銀総合研究所の提案で文部科学省の企画公募に応募し，採用されたのが，今回の「新型コロナウイルス感染症と学校等における学びの保障のための取組等による児童生徒の学習面，心理面等への影響に関する調査研究」だったのである．

2──コロナ禍における教育調査の意味

本書は，基本的にこの調査データおよび関連する公的データを分析した結果をまとめた論文集である．調査の概要を説明する前に，コロナ禍においてこのような調査研究がどのような意味を持っているのかを明確にしておきたい．

⑴ 政策基盤としての記録データ収集

　世界中がそれまでとまったく異なる生活を強いられることになったコロナ禍において，いったい教育現場で何が起こっていたのか．この現実を正確に把握することには，2つの政策的意味がある．1つは，今後の予防的な意味であり，もう1つは現状への処方的な意味である．

　社会が突然動きを止めてしまうような大災害は他にもある．大地震や大津波などといった自然災害，原発事故などである．今回のコロナ禍のような同時に全世界的規模で生じるものはめったにないが，それでも大きな気候変動や地殻変動，あるいは戦争などの人的災害などが今後ないとはいえない．また，地域単位であればそれは日常的に発生していることでもある．そうした巨大災害時に学校や教育システムに何が起こるのかを検討しておくことには，非常に重要な予防的意義がある．類似の事態が生じたときの政策基盤として，まさに今現在のデータを残すこと自体が，この時代に生きている研究者の責務とさえいえる．私たちはそのように考えて，この調査に臨んだ．

　同時に，コロナ禍がおおむね過ぎ去ったような雰囲気が感じられる現時点においても，まだ新型コロナウイルスが死滅したわけではない．2025年現在でもまだコロナ感染はあるし，後遺症に苦しむ人もいる．私たちはまだ新型コロナウイルス感染症を過去のものとするのはまだ早いと考えている．それは，ウイルス自体の問題もさることながら，それが引き起こした緊急避難的対応がその後の人々の生活や将来設計，社会システムにも様々な影響を現時点でも与え続けているからである．例えば，2020年に実施された「一斉休校」や各種行事の中止はその後の学校生活だけでなく，該当世代の心理状態や健康状態にも大いに影響を与え続けている可能性がある．あるいは，学校でのICTの導入はその後の授業でのICT活用を加速させたといってよいだろう．オンライン会議は私たちの日常の一部になってきているし，テレワークを積極的に取り入れたあとそれを継続している職場も多数ある．このように，コロナ禍の様々な影響が現在においても残っているのであれば，そのマイナス面・プラス面は速やかに把握・評価し，現在時点での教育改善に活用できるデータを提供する必要がある．つまり，今現在への対処（処方）のためにもデータ分析が必要なのである．

(2) 行政とアカデミズムのコラボレーション

　以上のように政策基盤としてデータ分析が必要となったとき，データはどのように収集されるべきだろうか．当然ながら政策立案および実行を担当する政府や自治体がそうしたデータ整備を担うことが求められる．しかし，行政機関の行う社会調査には問題点もこれまで指摘されてきた（大谷編 2002，大谷 2016）．大谷によれば，多くの自治体において社会調査に関する職員研修は行われておらず，サンプリングや調査票作成，分析方法などの社会調査に関する技術的な課題が十分に理解されているかどうか検証が必要だというのである（大谷 2016）．筆者自身も自治体の調査に協力する機会がこれまでにも何度かあったが，同様の課題があったと認識しており，行政の側に調査・分析のノウハウがあることを前提とすることはできない．あわせて，調査法や分析のノウハウ的な面だけではなく，調査の機能をめぐる行政とアカデミズムの認識のギャップが生じていることもある．代表的な例では，川口が指摘する全国学力・学習状況調査のケースである（川口 2020）．文部科学省が実施する重要な政策的エビデンス算出の大規模調査であるこの調査は，毎年たいへんな予算を割いて実施されている．しかし，そこでは「政策のための学力調査」という本来の目的とは別に，「指導のための学力調査」が行われているという．つまり，国が理想とする学習内容のサンプルをテスト問題という形で示し，メッセージを現場に伝えるツールとしても使われているのである．この点で，すでに社会調査の範囲を逸脱している，と川口は指摘している．また，この調査は抽出調査で十分という各所からの指摘にもかかわらず，悉皆の一斉調査として行われている．なぜなら，指導はすべての学校になされなければならないからである．さらに，試験問題が公開されていることも専門的な分析のネックとなっている．なぜ公開されているかといえば，出題される問題を公開して指導に役立てるという想定があるためである．その結果，問題の非公開が前提の項目反応理論などの先端的テスト理論の応用をも妨げているのである．

　しかし，大谷や川口の批判は，批判で終わっていないところが重要である．両者ともにその課題をアカデミズムから行政に問いかけ，改善提案をする実践も行っているからである．大谷は，社会調査の専門団体である社団法人社会調査協会内に自治体調査支援委員会を立ち上げ，実際に自治体への調査支援事業

を恒久化すべく尽力している（大谷編 2022）．川口もまた，文部科学省の専門家会議の委員として積極的に学力調査に関与し，また自治体の行う学力調査にも関わってその改善を試みつつ研究を実践している（川口 2020）．

　こうした視点に立ったとき，EBPM（evidence based policy making）の基盤となるデータは，政府・行政機関の行う調査をただ待つのではなく，研究者が行政と協働し行政の行う調査に積極的に関与することによって生み出されるというモデルが立ち上がる．こうしたスタンスは，すでに中村・苅谷・多喜・有海（2023）の中で苅谷が指摘しているとおり，より厳密な因果関係を重視するEBPM よりも控えめで慎重なスタンスとして主張される EIPM（evidence informed policy making）（OECD 2020）に近いものであり，その中でも政策立案者と専門家の相互学習の重要性を考慮した intelligent policy making（Sanderson 2009）ともいうべきものである．

(3) 自然実験的環境としてのコロナ禍——その学術的価値

　ただし，私たちは研究を生業とするものであり，喫緊の実践的・政策的含意にのみコミットしたいわけではない．願わくば，学術的に価値のある知見を提供したい．それが，中長期的に見て社会貢献にもつながると信じるからである．

　そういった意味でも，今回の調査は非常に意義のあるデータ収集になっている．なぜなら，冒頭にも述べたように，コロナ禍は私たちがこれまで経験したことのない生活を強いたがゆえに，通常時であれば見ることのできなかった現象を提示してくれてもいるからである．

　社会科学においては，要因間の関連を特定するのに，観察やインタビュー，質問紙調査や歴史研究といった様々な手法を用いて考察を積み上げてきた．そこには，自然科学において多用される実験的手法が適用しにくかったから，という事情もある．例えば，独裁国家ほど戦争を起こしやすいか，といった仮説を実験によって検証しようとした場合，独裁国家とそうでない国家を作り，実際に戦争を起こすかどうかを経過観察するというやり方をすることはできない．なぜなら，それは実験自体が現実を大きく変えてしまうことになり，倫理上許されないからである．代替的な手法から関連性のあり方や度合いを探らざるをえなかったのである．

しかし，近年では社会科学でも因果推論を丁寧に見ていく手法が取り入れられるようになり，自然科学的な実験手法をとらなくとも，疑似実験的な手法で要因間の関連や因果関係に迫ることがかなりできるようになってきた．実は，そうした手法の1つとして社会科学で注目されてきたのがパネルデータの分析だったのであるが，それと同等以上に説得的な手法として紹介されることが増えてきたものとして，自然実験という手法も扱われるようになってきた．自然実験とは，「研究者が処置の割付けやその設定すらも行わないが，ランダム化実験の重要な要素のいくつかが自然と備わっているもの」である（Rosenbaum 2017=2021: 117）．言い換えれば，偶然生じた環境によって実験群と統制群を仮定できるような状況が現実に生まれ，それを調査・観察することによって疑似的な実験データとして分析を行う手法である．コロナ禍はまさにそうした自然実験的な環境を提供するものでもあった．私たちは，突然の一斉休校の実験を意図して行うことは倫理上できないが，現実に起こってしまった一斉休校のときのデータを用いて学校に行かない場合の家庭での学習に何が起こったのかを分析することができる．部活や学校行事が突然次々と中止になることなど通常はありえないことであったが，コロナ禍で実際にそれが起こったことによって，それらの活動がなくなったときの様子をたまたま観察できることになった．こうした状況は，現実には多くの不幸を伴うものであり，決して嬉々として扱ってよいような性質のものではないが，(1)で述べたような未来への教訓をできるだけ正確に導き出すという意図においてであれば許容される貴重な研究環境である．我々は自然実験的分析手法をそのまま用いているわけではないものの，それに近い視点からデータを分析することにより，学術的な貢献＝中長期的な社会への貢献をも意識しながら研究を進めたのである[2]．したがって，本書に収録された諸研究は政策的・実践的インプリケーションを求めるだけではなく，学術研究としての意義を追求したものでもある．

3 ── 研究プロジェクトの概要

　この研究プロジェクトは，浜銀総合研究所によって受託されたものであるが，本書編者である中村・苅谷のほか，相澤真一・香川めい・多喜弘文・松岡亮二

が研究協力者として，調査の企画・実施・分析に関わった．この他に分析を担当して報告書にも執筆した6名の若手研究者が本書でも章を担当して分析・執筆にあたっている[3]．このほか浜銀総合研究所の3名が調査実施から報告書作成までの実務を担い[4]，その1人である有海拓巳が分析も担当し，報告書および本書でも1つの章を分担執筆している．研究会は数年にわたり，ほぼ毎月に近いペースで開催され，密度の濃い議論が行われた．研究の途上においては，文部科学省とも情報交換が行われた．行政の側から見れば，私たち研究グループが聞き分けの良いほうだったかどうかははなはだ怪しいのだが，逆に言えばそれだけ遠慮・忖度せずに意見交換をしたということでもある．その結果として，実際に行政の側からの的確な情報を踏まえて実現可能な調査計画が策定できたこと，その過程で専門研究者の視点を行政の担当者たちにも共有できたことは，さきほど指摘した intelligent policy making のプロセスとしても大変貴重なものであったと私たちは考えている（中村・苅谷・多喜・有海 2023）．

本書で主に使用するデータは，以上のプロセスを経て計画・実施された4つの対象（教育委員会，学校，保護者および児童生徒）に対する2時点の質問紙調査（以下，独自調査と記す）である．いずれも浜銀総合研究所が受託した「新型コロナウイルス感染症と学校等における学びの保障のための取組等による児童生徒の学習面，心理面等への影響に関する調査研究」の一環として行われたものであり，調査の詳細は浜銀総合研究所（2023）に示されている．インターネットでも入手可能となっているため，そちらを参照していただきたいが[5]，ここでは本書をお読みいただくにあたって最低限必要な情報を示しておこう．

調査研究全体の概要は，図0-1に示されている．

独自調査については，教育委員会・学校・児童生徒・保護者のそれぞれに対して，同じ対象に調査を2回おこない，調査データはいずれもID番号で紐づけられている．つまり，1回目の回答と2回目の回答の照合ができるので，いわゆるパネルデータ分析が実施可能な設計となっており，実際に以下の多くの章でそうしたデータ特性を生かした分析が行われている．また，4つの調査対象は入れ子状になっているので，いわゆるマルチレベル分析が適用可能となっている．こちらも必要に応じてそうした分析が行われている．独自調査の概要は表0-1の通りである．

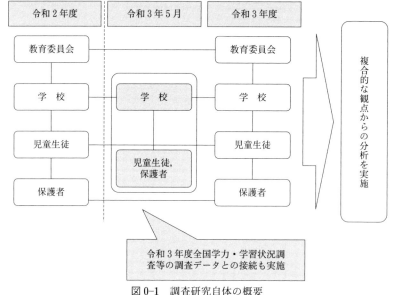

図 0-1　調査研究自体の概要
資料：浜銀総合研究所（2023: 7）．

　新型コロナウイルス感染症が日本で問題化したのは 2020 年（令和 2 年）の前半からであるが，私たちの第 1 回調査は 2021 年の初期に実施された．つまり，新型コロナウイルス感染症の拡大が始まってから，1 年弱ほど経過した時期にスタートしている．本来であればもっと早い時期に調査できればよかったわけだが，問題発生後に企画が立ちあがっている以上やむをえない部分がある．また，2 回目の調査はそのおよそ 1 年後ぐらいに行われた（2021 年末〜2022 年初）．諸般の事情から，3 回目の実施はかなわなかった．パネル調査としては 2 時点だけでは物足りないのは事実だが，コロナ禍においては文部科学省も学校への負担に配慮して様々なアンケートを抑制していた時期であったなかで，これだけの規模のパネル調査が実施されたということだけでも，前向きに評価すべきものと考える．

　新型コロナウイルス感染症の流行状態が当然ながら調査の回答にも影響すると考えられるため，調査の時期と感染状況を対応付けて理解する必要があるが，図 0-2 にみられるように，第 1 回調査は第 3 波の到来期にスタートし，第 2 回

表 0-1 独自調査の概要

	調査対象	主な調査実施時期	有効回答数
第1回（2020（令和2）年度）教育委員会調査	全国の都道府県教育委員会および政令指定都市・特別区，市町村教育委員会．	2021（令和3）年3月	都道府県教育委員会41件，市区町村等教育委員会1,009件
学校調査	全国から抽出した国立・公立・私立の4,030校の小学校および4,006校の中学校（義務教育学校を含む）．各学校の校長を対象に実施．	2021（令和3）年1月	小学校3,190校，中学校3,084校（それぞれ，義務教育学校を含む）
児童生徒・保護者調査	学校調査において，児童生徒・保護者調査の実施に協力いただけると回答のあった学校のうち，400校の小学校および360校の中学校（それぞれ，義務教育学校を含む）の児童生徒・保護者を対象に実施．小学校は「小学5年生児童およびその保護者」，中学校は「中学2年生生徒およびその保護者」を対象とし，公立小学校および中学校は各学校1クラス，国立・私立の小学校は各学校2クラスを対象にしていただくように依頼（対象クラスは各学校で任意に決定）．	2021（令和3）年2月	小学生9,053件，小学生保護者8,712件，中学生9,081件，中学生保護者8,715件（学校数ベースでは小学校373校，中学校335校）
第2回（2021（令和3）年度）教育委員会調査	全国の都道府県教育委員会および政令指定都市・特別区，市町村教育委員会．	2022（令和4）年2月	都道府県教育委員会39件，市区町村等教育委員会1,229件
学校調査	原則として令和2年度調査の対象学校を対象として，各学校の校長を対象に実施．	2022（令和4）年2月	小学校2,987校，中学校2,874校（それぞれ，義務教育学校を含む）
児童生徒・保護者調査	令和2年度の児童生徒・保護者調査に回答いただいた，小学校373校・中学校335校（それぞれ，義務教育学校を含む）の児童生徒・保護者を対象に実施．小学生は「小学6年生児童およびその保護者」，中学校は「中学3年生生徒およびその保護者」を対象とし，各学校に対して令和2年度調査に回答いただいたクラス番号等をお知らせし，令和2年度調査の対象であった方と同一の方にアンケート調査票を配付いただくように依頼．	2021（令和3）年12月	小学生8,486件，小学生保護者8,240件，中学生8,116件，中学生保護者7,828件（学校数ベースでは小学校361校，中学校322校）

資料：浜銀総合研究所（2023）より筆者作成．

調査は第5波と第6波の谷間の収束期に始まっている．ただし，学校および教育委員会調査は，児童生徒・保護者調査と時期が若干ズレているため注意が必要である．グラフを精査すると，第3波の時期は感染者数が第5波以降のピーク時と比べてかなり少ないのだが，それにもかかわらず重症者数や死亡者数がかなり多く，第1回調査は危険度が相対的に高い時期の調査実施だったということができる．一方，第2回調査のほうは，感染者数こそ第6波にかかってく

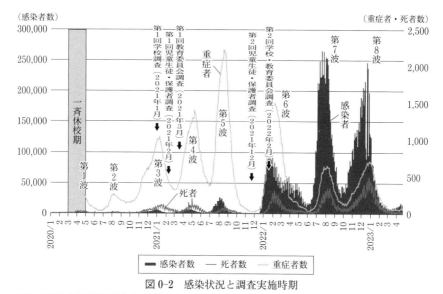

図 0-2　感染状況と調査実施時期

資料：NHK および厚生労働省データにより作成（https://www3.nhk.or.jp/news/special/coronavirus/data-widget/#mokuji0 https://covid19.mhlw.go.jp/extensions/public/index.html）．

る学校・教委調査の時期は多いものの，重症者・死亡者は割合としては少なく弱毒化傾向にあった様子が垣間見える．また，児童生徒・保護者の第2回調査の時期は感染者数でさえ極めて少なく，かなり沈静化した時期の調査実施だったといえる．このことを踏まえたうえで，調査データは解釈される必要がある．総じていえば，厳しい時期と緩和された時期の2時点で調査を行なったとイメージしておいていただければおおむね問題ないと思われる．

　なお，図0-1の中央には令和3年5月実施の「全国学力・学習状況調査」（以下，全国学調）のデータと連結する計画が組み込まれている．これは個人単位でのデータの連結はできないものの，学校については，全国学調の学校コードによって独自調査と連結可能とする設計になっている．同様に，政府が実施した他の調査（例えば，文部科学省の「学校における教育の情報化の実態等に関する調査」や厚生労働省のコロナ感染情報など）も適宜参照しながら，立体的・総合的に現象に切り込むことを目指した調査研究計画になっている．いずれの情報も，公的資金によって集められたものであり，それらを別々に置いておくのではなく，連動させることで公的データの有効活用が求められている昨

今の社会情勢にも対応した研究計画となっている．本調査研究にはそうした視点も取り込んでいることは強調しておきたい．

独自調査の調査内容については，やはり浜銀総合研究所の報告書（2023，注5参照）に掲載されているので詳しい項目を知りたい方はそちらをご参照いただきたいが，分析に関わる調査項目は各章で説明されている．

私たちの主要な関心は，コロナ禍において教育に関連して危機に立たされた人々の状態を把握・分析することにあった．誰がコロナ禍において教育場面で厳しい状態に置かれているのか．これはあえて単純化していえば教育格差の問題である．それを把握するためには様々な属性的情報が必要である．社会経済的背景（保護者の職業，学歴，世帯収入など），性別，地域，学校に関わる基礎的情報は，調査項目になっている．また，どのような側面でコロナ禍のしわ寄せが現れるのかという点を念頭に，学校内外での活動，学校での授業，児童生徒や保護者の心理的側面，教員や学校の対応，教育委員会との連携など様々な調査項目を組み込んでいる．本書で扱っている問題は，そのすべてではないが，次節に示す本書の構成はおおむね私たちの当初の調査関心を反映している．

4——本書の構成

以上のような問題関心および研究計画のもとで，私たちは研究を進めてきた．研究の第1次的成果は浜銀総研の報告書（2023）に掲載されているので，そちらもあわせて参照していただきたいが，本書はその後さらに時間をかけて分析を進めた結果を示す最終報告的意味合いをもっている．今後も独自調査のデータを中心に研究メンバーが成果を公にしていく予定であるが，プロジェクトとして1つのまとめを行う必要があると私たちは判断し，本書の刊行にいたったのである．

本書の内容は大まかには3つのパートに分かれている．第Ⅰ部はコロナ禍での学習に関する諸章，第Ⅱ部はコロナ禍での学校生活や意識，および学校現場の状況を扱った諸章，第Ⅲ部はコロナ禍での家庭の状況に関して分析した諸章となっている．

第Ⅰ部は，いうまでもなくコロナ禍および一斉休校によって学習活動に遅れ

が生じるのではないか，あるいはそれをカバーする手段として ICT は効果的だったのかどうか，といった社会的関心につながるテーマである．休業中の学習課題に焦点化し，とりわけ ICT 学習課題の実施状況を独自調査（教育委員会調査）と全国学調データを組み合わせて分析した1章，教育実践に ICT 設備の普及がどのような形で影響したのかを，情報化調査という政府の他のデータとリンクさせながら，端末普及の遅さと教育実践の関連を描いた2章，全国学調のデータ分析を交えながら，コロナ禍における教育格差の問題を「主体的学習」や ICT 教育とのからみで検討した3章，世界的にも注目されている一斉休校期間中の学習損失の一端を示す学習習慣に着目し，それと社会階層との関連を検討した4章である．

第II部は，児童生徒の学習以外の様々な学校生活や意識に関わる諸章から構成されている．具体的には，コロナ禍で活動や大会の中止・延期といった問題に直面した部活動や学校行事，教師の多忙化，そして心理的問題である．コロナ禍での部活動がどうであったのか，中止・縮小の影響を誰が残念がっていたのかという基本的な問題を分析した5章，同様にコロナ禍で中止・縮小を余儀なくされた学校行事に注目し，誰が学校行事に影響を受けやすかったのかを検討した6章，教員の側に注目し，コロナ禍での教育現場の多忙化状況を心理面も含めてフォローして描いた7章，授業適応感と登校忌避意識に焦点化して児童生徒の心理的状態を分析した8章によって第II部は構成されている．

第III部は，コロナ禍での教育を理解するうえで学校とともに重要な役割を担った家庭の問題を扱う諸章である．コロナ禍の一斉休校において小学生のきょうだい構成がどのような意味を持つのかを検討した9章，やはり一斉休校時に家庭でのフォローができるかどうかが心配されたが，そこに直結する保護者の在宅勤務に焦点化して分析した10章，学校外の教育的な文化活動がどういった層に担われ，どのように変化したのかを描いた11章が第III部の内容となる．

各章のテーマは，コロナ禍に関心を持つ者にとってはいずれも関心が高いテーマではないかと思われる．順番に読んでいただくよりも，ご自身がもっとも関心のある章から読み進めていただくのがよいかもしれない．各章は相対的に独立しているので，そうした読み方が可能である．

一方で，これらの諸章を通読することでコロナ禍の教育についての一定のイメージを読みながら構築していただくことも可能ではないかと自負している．私たちがコロナ禍においてイメージしてきた様々な事柄が，実は言われているほど明確ではなかったり，逆に思っていたよりも強く出ていたりすることもある．データをベースに議論をすることにより，あの「コロナ禍」の教育システムの実態を，本書は相当程度明らかにできているものと思う．本書を通じて研究グループが読み解いたコロナ禍の教育については最終章でも総括することになるが，一人一人の読者諸氏もまた，章ごとにお読みいただいた後は，全体を見渡していただくことで，これまでのコロナ禍の教育のイメージを再確認しつつ修正をする，そんな先端的な知的営みの一端を味わっていただければと願っている．

【注】
1) 日本教育社会学会『教育社会学研究』第112集（2023）の特集「ポストコロナ時代の教育社会学」，日本社会学会『社会学評論』第74巻2号（2023）の特集「ウィズ／アフターコロナの社会学——労働・福祉・教育分野から」，日本比較教育学会（2021）『比較教育学研究』62号の特集「コロナ禍における世界の学校教育」，日本子ども社会学会『子ども社会研究』27号（2021）の特集「新型コロナウイルス感染症緊急対策下の子ども社会」など．
2) こうした自然実験的環境を用いた研究は，海外ではかなり古くから行われている．例えば，中退者と在学者の比較によって学校の効果を測る，あるいは戦争などの何らかの事情で学校に通えなかったケースを利用することで学校に通わなかったことの不利の度合いと回復具合を検討する，という形である．アメリカではすでに50年前の不平等研究でこれらのレビューが行われているが（Jencks et al. 1972=1978），残念ながら日本ではその蓄積は現時点においてもほとんどない．
3) 本書執筆には関われなかったが，報告書作成段階では堀兼太朗氏にも分析・執筆を担当していただいた．
4) 有海拓巳（地域戦略研究部上席主任研究員），石川翔大（地域戦略研究部副主任研究員），秋本克規（地域戦略研究部研究員）の3名．
5) 浜銀総研による報告書のほか，質問票や本研究グループによる中央教育審議会での報告資料も含めてこのページに掲載されているため，適宜ご参照いただきたい（https://www.mext.go.jp/a_menu/coronavirus/index_00023.html）．

【文献】
ベネッセ教育総合研究所，2022，『東京大学社会科学研究所・ベネッセ教育総合研

所「子どもの生活と学び」共同研究プロジェクト調査報告書 コロナ禍における学びの実態――中学生・高校生の調査にみる休校の影響』ベネッセ教育総合研究所.
浜銀総合研究所，2023，『新型コロナウイルス感染症と学校等における学びの保障のための取組等による児童生徒の学習面，心理面等への影響に関する調査研究報告書』浜銀総合研究所.
伊勢本大・白松賢・梅田崇広・藤村晃成，2023，「教師の生きられた経験と専門職としての資本――コロナ感染拡大期の学校における意思決定に着目して」『教育社会学研究』第112集：31-51.
伊藤秀樹・酒井朗・林明子・谷川夏実，2021，「コロナ禍における学校休業中の小学校2・3年生と保護者の生活――Web調査の結果をもとに」『人間生活文化研究』No. 31: 176-185.
Jencks, Christopher *et al*., 1972, *Inequality: A Reassessment of the Effect of Family and Schooling in America*, Basic Books（橋爪貞雄・高木正太郎訳，1978，『不平等――学業成績を左右するものは何か』黎明書房）.
川口俊明，2020，『全国学力テストはなぜ失敗したのか――学力調査を科学する』岩波書店.
中村高康・苅谷剛彦・多喜弘文・有海拓巳，2023，「コロナ禍の教育調査とEIPM――行政と研究者の相互学習によるエビデンス形成」『教育社会学研究』第112集：5-29.
OECD, 2020, *Building Capacity for Evidence-Informed Policy-Making*, OECD.
大谷信介編，2002，『これでいいのか市民意識調査――大阪府44市町村の実態が語る課題と展望』ミネルヴァ書房.
大谷信介，2016，「都道府県庁における県民意識調査の実態と職員研修の現状――長崎県・愛媛県・兵庫県の事例を中心として」社会調査協会編『社会と調査』17号：30-37.
大谷信介，2022，「自治体調査支援委員会とアドバイザー事業の経緯――小特集に寄せて」社会調査協会編『社会と調査』28号：52-57.
Rosenbaum, R. Paul, 2017, *Observation & Experiment: An Introduction to Causal Inference*, Harvard University Press（阿部貴行・岩崎学訳，2021，『統計的因果推論入門――観察研究とランダム化実験』共立出版）.
Sanderson, Ian, 2009, "Intelligent Policy Making for a Complex World: Pragmatism, Evidence and Learning," *Political Studies*, Vol. 57, Issue 4: 699-719.
末冨芳編著，2022，『一斉休校――そのとき教育委員会・学校はどう動いたか？』明石書店.
坪田光平・清水睦美・児島明，2023，「追跡調査からとらえるコロナ禍下の移民第二世代――仕事・家族・差別に注目して」『教育社会学研究』第112集：53-76.

I　コロナ禍での学習・ICT

1章

休校期間中の小学校でICT家庭学習課題を可能にした条件
地域や教育委員会の状況に注目して

香川　めい

1──はじめに

　本章が注目するのは，コロナ禍初期の休校期間中の家庭学習課題である．新型コロナウイルス感染症の流行は学校の教育実践にも大きな影響を与えた．流行初期の全国的な休校措置は，インパクトの大きかったものの1つである．安倍元首相の要請で2020年3月に実施された全国一斉臨時休業は，2月末にトップダウンで決定されたので，学校現場に大きな混乱をもたらした（たとえば川崎編 2021）．4月に新学期を迎えて，再開された学校も少なくなかったが，相次ぐ緊急事態宣言の発出により，9割を超える学校で休校措置が取られることとなった（文部科学省 2020c）．休校期間は3月の全国臨時一斉休業を含めると，長いところでは3カ月近くに及んだ．

　長期休暇でもないのに子どもが学校に通わない／通えないという状況下において懸念されたのは，学習の遅れである．児童生徒の学習を支援するため，学校には可能な限りの措置を講じることが求められた（文部科学省 2020b）．新型コロナウイルスは他者との接触で感染するとされたので，流行初期には，「ステイホーム」が要請され，日常生活はさまざまな形で制約された．学校で不可能となったのは，教室という1つの場所に集合し，複数の他者と時間を共有して授業を受けるという学習のあり方である．

　この点に関し，2020年時点で特筆すべきなのは，従来の紙媒体の教材（教科書やプリント）だけでなく，さまざまな教育手段が技術的に可能だったことである．具体的には，学習動画の作成・配信，デジタル教材の利用，同時双方向型オンライン指導などが，情報通信技術（ICT）の発展によって実現可能と

なっていた[1].文部科学省は通達で,児童生徒の学習の遅れを防ぐため,家庭学習を課すことを求めた.そこでは教科書を基本としつつ,プリント教材やテレビ放送,ICT 教材や同時双方向型のオンライン指導を含めたさまざまな教材を組み合わせることが推奨された（文部科学省 2020a）.

同時双方向型オンライン指導に特徴的であるが,ICT を用いた学習課題の多くは,場所の共有はできなくとも,部分的に他者と時間の共有が可能になるという利点がある.これはコロナ禍におけるダメージを埋め合わせるものとして期待されて注目を集め,各種メディアでも度々取り上げられた.コロナ禍の学校に関する書籍の多くで,ICT を用いた授業や教育について紙幅が割かれていることからも関心の高さをうかがい知ることができる（髙階編 2020,川崎編 2021,「教育改革 2020『共育の杜』」2021,中村 2021,水谷・浅岡編 2021,佐藤 2021,田中・村松・髙崎編 2021 など）.しかし,本章でも確認するように,ICT を用いた教育への期待や注目の高さにもかかわらず,実施した学校はむしろ少数派であった.

この未曾有の危機において,様々な取組を行うことが要請されたのは教育委員会も同じで,管轄の学校の「学びの保障」をサポートすることもそのなかには含まれた.コロナ禍における教育行政と学校のかかわりを検討した田村知子ほか（2022）は,平時以上に教育委員会の指導や支援が行われた可能性を指摘する.そして,想定外の事態であった休校中の対応には,自治体による差が少なからずあったことも報告されている（末冨編 2022）.コロナ禍初期の ICT を活用した家庭学習を分析した露口健司（2024）は,財政力が高い自治体でオンライン家庭学習を課す傾向があったことを明らかにしている.このように,教育委員会の指導や支援が平時以上に重要となるなかで,実際の対応は自治体によってばらついていた.

本章でも用いる教育委員会調査を用い,休校期間中に教育委員会が「主導的な役割を果たした学習課題」についての結果が公表されている.図 1-1 に示すように「学校が作成したプリント等を活用した学習」や「教科書に基づく学習内容の指示」といった紙媒体を用いた課題では,主導的な役割を果たしたと回答する教育委員会が多い.一方で,「民間の学習ソフトやアプリケーション」や「同時双方向型オンライン指導を通じた家庭学習」といった ICT を用いた

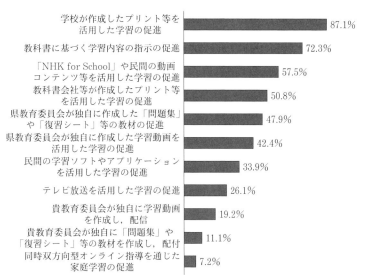

図1-1 休校期間中に市町村教育委員会が主導的な役割を果たした家庭学習課題
注：中村・松岡・苅谷（2021: 4）に掲載の表から一部数値を抜粋して作成．

学習課題では，そのような回答は少なくなる傾向がある．さらに，地域住民の大卒比率が高い市町村の教育委員会では，どのような学習課題についても積極的な対応を取っていたが，その差はICTを用いた課題で顕著であった（中村・松岡・苅谷 2021, 浜銀総合研究所 2023）．このように社会経済的に恵まれた地域の教育委員会では，休校期間中にICTを用いたものを含め幅広い学習課題のサポートが行われていたことが，複数の調査データからうかがえるのである．

コロナ禍初期における関心の高さとは裏腹にICTを用いた家庭学習を実際に実施できた学校は限られており，サポートできた教育委員会も限定的であった．財政力や社会階層といった地域の社会経済的状況が教育委員会の対応に影響を与えていたことは判明している．しかし，実際の学校での家庭学習課題のあり方と教育委員会の対応がどう関連しているのかは明らかにはなっていない[2]．本章では，教育委員会と管轄の学校の関係に注目し，休校期間中にICTを活用した学習課題を実施できたのは，どのような学校だったのかを検討する．ICTを活用した教育実践に積極的だったり，サポート体制があったりした教

育委員会の管轄下にある学校では，ICT を用いた家庭学習課題を実施していたのだろうか．

　以下では，まず分析に用いるデータと変数を概観する．次に，学校調査の回答をもとに，具体的な家庭学習課題の実施状況を記述的に確認する．その後，ICT を用いた学習課題の実施に何が影響を与えたのかをマルチレベル分析によって明らかにし，最後に得られた知見をまとめる．

2── 使用データと主要な変数

　分析には委託調査研究で 2020 年度に市町村教育委員会を対象に実施した調査（以下，「教育委員会調査」）と令和 3 年度「全国学力・学習状況調査」の学校調査の公立小学校のデータ（以下，「全国学調」）を合併したデータを主に使用する．第 1 回（2020 年度）調査に回答した市町村教育委員会とそれらの教育委員会管轄下にある公立小学校（義務教育学校（前期課程）を含む）がこのデータセットには含まれる（市町村数＝1,001，学校数＝12,628）．「教育委員会調査」は 2021 年 3 月に実施され，「全国学調」は 2021 年 4 月に実施された．いずれの調査でも 2020 年 4 月以降の休校期間の状況が質問項目に含まれており，コロナ禍初期の休校時点の状況を比較検討できる貴重なデータとなっている．これらを合併することで，回顧情報とはいえ同一時点の教育委員会と管轄の学校の対応関係を検討できるメリットがある．表 1-1 に示すように，実施された学習課題は多岐にわたる．教科書やプリントといった紙媒体を用いたものから，テレビ放送，学習動画，デジタル教材，さらには同時双方向型オンライン指導まで幅広い学習課題の実施状況を把握できる．

3── 休校中の家庭学習課題の実施状況

(1) 学校が実施しやすかった学習課題とそうでない学習課題

　休校中に小学校ではどのような課題が実施されたのだろうか．図 1-2 は，「全国学調」の公立小学校での家庭学習課題の実施状況を示したものである[3]．従来型の紙媒体を用いたものが広く利用される一方，ICT を活用した課題の

表 1-1　教育委員会調査と全国学調小学校調査の対応関係

教育委員会調査（第1回）問4 臨時休業中に貴教育委員会が主導的な役割を果たしたもの	令和3年度　全国学調小学校調査　II 休業期間中に家庭学習として課していたもの
ア）教科書に基づく学習内容の指示の促進	(1)教科書に基づく学習内容の指示
イ）学校が作成したプリント等を活用した学習の促進	(2)学校が作成したプリント等を配布
ウ）教科書会社等が作成したプリント等を活用した学習の促進	(3)教科書会社その他民間が作成したプリント等を配布
エ）貴教育委員会が独自に「問題集」や「復習シート」等の教材を作成し，配付	(7)都道府県や市町村教育委員会が作成した「問題集」・「復習ノート」等の教材を活用した学習
オ）貴教育委員会が独自に学習動画を作成し，配信	(8)都道府県や市町村教育委員会が作成した学習動画等を活用した学習
カ）県教育委員会が独自に作成した「問題集」や「復習シート」等の教材を活用した学習の促進	(7)都道府県や市町村教育委員会が作成した「問題集」・「復習ノート」等の教材を活用した学習
キ）県教育委員会が独自に作成した学習動画を活用した学習の促進	(8)都道府県や市町村教育委員会が作成した学習動画等を活用した学習
ク）テレビ放送を活用した学習の促進	(10)テレビ放送を活用した学習
ケ）「NHK for School」や民間の動画コンテンツ等を活用した学習の促進	(9)公的機関や民間の音声・動画コンテンツ等を活用した学習
コ）民間の学習ソフトやアプリケーションを活用した学習の促進	(11)上記以外の民間のデジタル教材を活用した学習
サ）同時双方向型オンライン指導を通じた家庭学習の促進	(6)同時双方向型オンライン指導を通じた学習
	(5)学校が作成した学習動画等を活用した学習

実施率が低い傾向がみてとれる．

　最も実施率が高いのは「学校が作成したプリント等の配布」である．約9割の小学校で基本的に全校実施されており，一部の学年・学級での実施を含めると97%に達する．次は「教科書に基づく学習内容の指示」で，一部の学年・学級での実施を合計すると95%になる．3位は「教科書会社その他民間が作成したプリント等を配布」で一部の学年・学級で実施を含めるとやはり9割近い小学校で実施されていた．4位以降は実施率が大きく低下することをふまえると，従来から使用している紙媒体の家庭学習課題を実施しやすかったことがよくわかる．図1-1でみたようにこれらの課題は，教育委員会の多くが主導的な役割を果たしたとも回答しており，学校と教育委員会の双方にとって比較的取り組みやすい課題であったといえる．

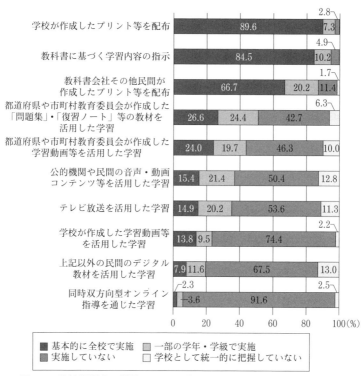

図 1-2　休校期間中に学校が課した学習課題の内容と状況（公立小学校）
出所：香川（2023: 152）図 5-1-3.

　一方で，5 位以下は音声や動画コンテンツ，デジタル教材など，比較的新しい技術を用いた教材となっている．とりわけ実施率が低いのは「同時双方向型オンライン指導を通じた学習」で全校実施と一部実施を合計しても約 6% にしかならない．「学校が作成した学習動画等を活用した学習」も「実施していない」との回答が約 74% に上る．また，「民間のデジタル教材を活用した学習」の実施率も低い水準となっている．「公的機関や民間の音声・動画コンテンツ等を活用した学習」のように教育委員会の推准度合いが高いにもかかわらず小学校での実施率が低いという例外もあるが，総じて ICT を活用した家庭学習課題を実施できた小学校は少数であり，これは教育委員会調査の傾向とも一致している．このように紙媒体を用いた学習課題は実施のハードルが低く，教育

表1-2　学校が与えた学習課題の級内相関（ICC）

学校が与えた学習課題	ICC 都道府県	ICC 市町村
同時双方向型オンライン指導を通じた学習［実施］	0.1073	0.5531
学校が作成した学習動画等を活用した学習［実施］	0.1931	0.3638
都道府県や市町村教育委員会が作成した学習動画等を活用した学習［実施］	0.3321	0.1711
上記以外の民間のデジタル教材を活用した学習［実施］	0.0955	0.1541
都道府県や市町村教育委員会が作成した「問題集」・「復習ノート」等の教材を活用した学習［実施］	0.2845	0.0987
教科書会社その他民間が作成したプリント等を配布［実施］	0.0311	0.0906
公的機関や民間の音声・動画コンテンツ等を活用した学習［実施］	0.1398	0.0765
教科書に基づく学習内容の指示［実施］	0.1952	0.0738
テレビ放送を活用した学習［実施］	0.1743	0.0668
学校が作成したプリント等を配布［実施］	0.2077	0.0557

注：「教育委員会調査」と「全国学調」合併データを用いて独自に算出．

委員会も学校も積極的に取り組むことができた．その一方で，ICTを用いた課題，とりわけ「同時双方向型オンライン指導」の難易度は非常に高かったことがわかる．

(2) 地域による違い

このような状況には地域差があったのだろうか．地域による学校の取組状況の違いを確認するため，都道府県レベルと市町村レベルの級内相関係数（ICC）を算出した（表1-2）．級内相関係数が大きい場合，集団内の個々のケース（この場合は学校）よりも，集団間での違い（この場合は市町村や都道府県）が大きいことを意味する[4]．表1-2の結果から，各学習課題の実施にかかわるばらつきの少なくない部分が，都道府県もしくは市町村の違いによって説明できることがわかる．つまり，小学校が所在する市町村や都道府県によって，実施された学習課題の内容が大きく異なっていたことになる．市町村レベルのICCが最も大きいのは「同時双方向型オンライン指導を通じた学習」で55.3％であり，ばらつきの約半分は市町村レベルの違いとして説明できることになる．次に大きいのは，「学校が作成した学習動画等を活用した学習」で36.4％となっている．これらの課題は全体的な実施率こそ低かったものの，実施の有無にあたっては市町村単位での違いが大きかった．そのほか，相対的に市町村レベルのICCが大きいのは，「都道府県や市町村教育委員会が作成し

た学習動画等を活用した学習」(17.1%),「上記以外の民間のデジタル教材を活用した学習」(15.4%) となっている.

　一方,都道府県レベルの ICC が最も大きいのは,「都道府県や市町村教育委員会が作成した学習動画等を活用した学習」の 33.2% である.これに続くのが「都道府県や市町村教育委員会が作成した『問題集』・『復習ノート』等の教材を活用した学習」の 28.5% である.これらの課題の実施には,前提として教育委員会が教材や動画を作成している必要がある.したがってそのような教材が提供された都道府県の小学校では課題を採用することができたが,そうでない場合には実施が困難であったことを示唆している.

4 ── どのような条件が ICT を用いた学習課題の実施に影響したのか

(1) 注目する条件

　ここまで,休業期間中に小学校が課した学習課題の状況をみてきた.紙媒体を用いた教材の実施率が高く,また,教育委員会もそのような学習を促進してきたこと,一方で,ICT を用いた学習課題の実施率は低く,教育委員会のサポート状況も相対的には手薄であったことが確認できた.

　では相対的に実施率の低い学習課題を課すことができた小学校とそうでない小学校を分けたのはどのような条件だったのだろうか.教育委員会作成の教材や学習動画は,管轄する市町村や都道府県教育委員会が作成しなければ,もとより課すことは叶わない.もちろん,小学校の採用判断も関係するものの,教育委員会のサポート体制が小学校の対応に大きく影響するのは自明である.しかし,ICT を用いた学習課題の場合は,教育委員会のサポート以外の要因も重要となる.たとえば,地域の社会経済的状況や,個々の学校が抱える ICT 教育実践上の課題などである.上述のように,そもそも教育委員会のサポート可能性自体,地域の社会経済的状況から自由ではない(中村・松岡・苅谷 2021,浜銀総合研究所 2023,露口 2024).

　以下では,ICT を用いた学習課題,具体的には「公的機関や民間の音声・動画コンテンツ等を活用した学習」(以下,音声動画コンテンツ),「テレビ放送を活用した学習」(以下,テレビ放送),「上記以外の民間デジタル教材を活用し

た学習」（以下，民間デジタル教材），「同時双方向型オンライン指導を通じた学習」（以下，同時双方向型オンライン），そして「学校が作成した学習動画等を活用した学習」（以下，学校作成学習動画）に限定し，どのような事柄が影響したのかを検討する．分析には，学校をレベル1，市町村（教育委員会）をレベル2とするマルチレベルロジット分析を用いる．従属変数は，個々の学習課題の実施の有無（全校もしくは一部で実施した場合を1，それ以外は0）である．

実施に影響を与える条件として以下の4つの側面を検討する．1つ目の条件は，社会経済的状況である．「教育委員会調査」のみを用いた分析からはICTを用いた学習課題の促進状況と住民大卒比率には正の関連があるという結果が得られている（中村・松岡・苅谷 2021, 浜銀総合研究所 2023）．地域住民や児童の保護者の階層が高ければ，相対的に教育熱心な家庭が多いので，このような学校や地域にある学校ほど，ICTを用いた課題を実施する傾向が強かったと予想できる．社会経済的地位については，2つの指標を用いる．1つは「家にある本の冊数」[5]で，もう1つは市町村の「住民大卒以上比率（2020年）」[6]である．「家にある本の冊数」は学齢期にある子どもの家庭の状況を直接反映するものであり，「住民大卒以上比率（2020年）」は学齢期に限らない，広い意味での地域全体の状況をとらえるものである．

ICTを用いた学習課題を実施するには，機器・設備の整備（ハード面）と教職員や保護者が協力的なのか，校長や教育委員会が活用に積極的なのかといった意識（ソフト面）の両方が必要になる．機器・設備があっても意識が醸成されていなければ，活用されないし，逆に意識だけがあっても，機器・設備がなければ実施できない．これが2つ目の条件になる．「全国学調」では，16項目にわたる休校期間中のICT活用の課題を尋ねている．これらを学校の機器・設備にかんするもの，家庭の機器・設備にかんするもの，そして，保護者・教職員や教育委員会の意識や協力にかんするものに分類し，それぞれの項目の平均値を計算した[7]．値が高いほど，その側面にまつわる課題が大きかったことを示す．これらの変数は，休校期間にICTを活用した家庭学習課題を出す際，具体的に何が足枷になったのかを直接的に測るものとなる．課題が多いほど，ICTを活用した学習課題の実施には消極的になるはずなので，これらの変数はマイナスの影響をもつと予想される．

また，意識面については，休校期間に限定しない教育委員会の方針，具体的にはICTを用いた教育実践への積極性もサポート体制を左右するだろう．これを測るものとして，教育委員会として，「学校の授業の中でのICT機器活用」「家庭学習でのICT機器活用」「個別最適化ソフトやアプリの活用」を重視するか否かという変数を用いる．ICTを用いた教育実践に積極的な教育委員会の管轄下にある学校では，ICTを用いた学習課題が課される傾向にあると考えられる．

　3つ目の条件は，教育委員会と学校の関係性である．1点目として，個々の学習課題に対する教育委員会のサポート状況を検討する．具体的には，教育委員会が主導的な役割を果たしたかという変数をモデルに投入する[8]．2点目は，教育委員会が指導や助言を行う際，「学校が教育委員会の指示を実行しているかを確認」するかどうかである．教育委員会が学校の実情をふまえ，自主的な運営を促す姿勢であれば，管轄の学校のばらつきは大きくなるであろうし，逆に指示の実行を確認するような管理的な姿勢であれば，学校の対応は一律なものとなるであろう．

　さらに，教育委員会のコロナ禍下の意思決定に影響を与えるものとして，ほかの教育委員会への相談や照会の影響をみる．これが4つ目の条件になる．コロナ禍初期には，正解のないなか，手探りで意思決定を迫られた．そのため，ほかの教育委員会に相談したり，情報収集をしたりすることも少なくなかったと考えられる．相談や照会の影響はプラスとマイナス両方の方向性が考えられる．疑問や懸念が解消し，実施が促進される場合もあれば，他の市町村が実施していないことを知り，不確実な取り組みを回避するという判断につながる場合もあるだろう[9]．

　ほか，個々の学校の休校日数を統制変数としてモデルに投入した[10]．なお，「家にある本の冊数」「休校時のICT活用の課題」は，学校レベル（レベル1）と市町村レベル（レベル2）の両方に変数を投入している．学校レベルの変数は中心化せず，市町村レベルの変数は市町村の平均値を用いる　このように操作した場合，市町村レベルの係数は，学校レベルの変数の影響を統制したときの効果を示すことになる．言い換えると，学校レベルで説明される影響を取り除いた場合に，どの程度市町村レベルで説明される影響が残っているかを表す．

市町村レベルの係数が有意であれば，個々の学校の状況に比して，集合的な状況の影響の方が大きかったと解釈することができる（尾崎・川端・山田編 2018: 123）．

(2) ICTを用いた学習課題に影響した条件

結果をみていこう（表1-3）．表頭の従属変数は，右端の「学校作成学習動画」を除いて，左から学校での実施率が高かった順に並べている．「家にある本の冊数」は学校レベルで「テレビ放送」において有意な負の効果があるものの，それ以外の学習課題については学校レベル，市町村レベルともに有意な効果を持っていない．ただし「テレビ放送」でも係数がほぼ0であることをふまえると，影響の大きさは無視できる程度である．一方，「住民大卒以上比率」は「同時双方向型オンライン」を除き，一貫して有意なプラスの効果を持っている．地域住民に大卒以上の者が多ければ，それぞれの学習課題が課されやすかったことになる．予想通り高階層の住民が多い地域の学校ではICTを用いた学習課題が実施されていた．学齢期の子どもの保護者の階層よりも，集合的な地域の状況の影響の方が大きかったと解釈できる．地域住民の大卒比率の影響は「教育委員会調査」のみを用いた分析結果と同様であり（中村・松岡・苅谷 2021，浜銀総合研究所 2023），別の角度から行った詳細な分析で，この知見が裏付けられたといえるだろう．

「休校時ICT活用の課題」にかかわる変数は予想通りマイナスの効果を持っている．学校レベルの結果から確認しよう．「テレビ放送」を除いて，学校の機器・設備の不足に有意な効果がある．まずは，ハード面の不足が実施への足枷となっていたといえる．さらに，「同時双方向型オンライン」と「学校作成学習動画」では，教職員・保護者・教育委員会の意識や協力，すなわちソフト面にも有意な負の効果があり，加えて「同時双方向型オンライン」には家庭の機器・設備にも有意な負の効果が確認される．再三指摘したように「同時双方向型オンライン」は実施へのハードルが極めて高かった．課題の3側面すべてで負の効果があるということは，裏を返せば学校と家庭での機器・設備の整備状況が十全であり，かつ，関係者が意識の点でも協力的もしくは積極的だった特殊な学校でのみ実施が可能であったことになる．

表 1-3 ICTを用いた学習課題の

	音声動画コンテンツ			テレビ放送		
	B	SE	exp(B)	B	SE	exp(B)
固定効果						
学校レベル						
家にある本の冊数	−.001	.001	.999	−.001	.001*	.999
休校時ICT活用の課題：学校の機器・設備	−.081	.032*	.923	−.033	.034	.968
休校時ICT活用の課題：家庭の機器・設備	−.033	.030	.968	.001	.031	1.001
休校時ICT活用の課題：教職員・保護者・教委の意識や協力	−.024	.036	.976	.011	.035	1.011
休校日数（vs. 30-59日）						
0-29日	−.745	.101***	.475	−.839	.099***	.432
60日以上	.075	.053	1.077	.031	.059	1.032
市町村レベル						
家にある本の冊数（市町村平均）	.000	.002	1.000	−.001	.002	.999
住民大卒以上比率（2020年）	.037	.005***	1.038	.034	.005***	1.035
休校時ICT活用の課題：学校の機器・設備（市町村平均）	−.308	.100**	.735	−.281	.107**	.755
休校時ICT活用の課題：家庭の機器・設備（市町村平均）	.068	.122	1.070	.039	.128	1.040
休校時ICT活用の課題：教職員・保護者・教委の意識や協力（市町村平均）	−.315	.148*	.730	−.233	.155	.792
休校時教育委員会として当該学習課題の活用を促進	.325	.074***	1.384	.412	.073***	1.510
学校が教委の指示を実行しているか確認	.043	.068	1.044	−.011	.082	.989
新型コロナ対応の際実施したこと						
都道府県教委への相談	.083	.063	1.087	.100	.071	1.105
同一都道府県内の教委に相談	.123	.067	1.131	.086	.074	1.090
同一都道府県内の教委の情報収集	−.202	.063**	.817	−.045	.069	.956
教委として重視：学校の授業でICT機器活用	.094	.054	1.099	−.057	.061	.944
教委として重視：家庭学習でICT機器活用	.043	.042	1.044	.124	.044**	1.132
教委として重視：個別最適化ソフトやアプリの活用	−.055	.041	.947	−.023	.046	.978
定数	−.028	.442		−.081	.446	
変量効果						
市町村レベル切片	.280	.037***		.421	.044***	
BIC		53549.939			54028.165	
N（市町村数）		948			948	
N（学校数）		12,100			12,105	

*p<.05, **p<.01, ***p<.001
注：「教育委員会調書」と「全国学調」合併データを用いて独自に算出．「学校作成学習動画」の―は該当する変数

実施に影響を与える要因

	民間デジタル教材			同時双方向型オンライン			学校作成学習動画		
	B	SE	exp(B)	B	SE	exp(B)	B	SE	exp(B)
	.000	.001	1.000	.001	.001	1.001	.000	.001	1.000
	−.132	.036***	.876	−.307	.072***	.735	−.141	.040***	.868
	−.032	.037	.968	−.285	.085***	.752	−.013	.037	.987
	−.024	.050	.976	−.277	.105**	.758	−.140	.049**	.869
	−.497	.117***	.608	−.169	.283	.844	−.889	.162***	.411
	.094	.062	1.099	−.268	.144	.765	.098	.077	1.103
	.000	.002	1.000	.002	.004	1.002	.001	.003	1.001
	.020	.005***	1.020	.006	.012	1.006	.059	.008***	1.061
	−.417	.125***	.659	−.521	.247*	.594	−.331	.159*	.718
	.003	.138	1.003	−.347	.238	.707	−.142	.173	.867
	−.161	.181	.851	−1.308	.456**	.270	−.905	.231***	.405
	.766	.084***	2.151	1.768	.231***	5.859	—	—	—
	.177	.093	1.193	−.049	.182	.953	.062	.121	1.064
	−.078	.080	.925	−.173	.166	.841	−.280	.111*	.755
	.039	.081	1.039	−.232	.187	.793	−.017	.117	.983
	−.057	.079	.945	−.422	.168*	.656	.066	.110	1.069
	.082	.068	1.085	.069	.161	1.072	.246	.098*	1.278
	.026	.048	1.026	.093	.097	1.097	.002	.072	1.002
	−.051	.048	.950	−.080	.102	.923	−.055	.074	.947
	−.335	.531		3.210	.911***		.600	.663	
	.473	.056***		1.246	.168***		1.373	.116***	
	58568.232			78792.391			62127.421		
	948			948			986		
	12,096			12,107			12,357		

がないことを示す.

次に市町村レベルを確認しよう．市町村レベルでは，すべての学習課題について，「学校の機器・設備」の効果が負で有意なので，個別の学校のハード面での整備状況だけでなく，その地域の小学校全体の整備状況が整っていることが実施状況に影響を与えていた．さらに，「音声動画コンテンツ」「同時双方向型オンライン」「学校作成学習動画」には，教職員・保護者・教育委員会の意識や協力にも負の効果があるので，その地域の関係者の意識面での協力状況が学校レベルよりも大きい集合的な影響を持っていたといえる．家庭の機器・設備は，学校レベルの「同時双方向型オンライン」を除いて有意な効果がない．ここからわかるのは，「同時双方向型オンライン」を実施するには，地域の小学校全体として機器・設備が整っていたこと，加えて，関係者が協力的で，実施への忌避感が少なかったことといった条件が必要であったことである．地域間でICT関連の整備状況がばらついていた2020年度4-5月時点の状況を考慮すると，このような地域は以前からICTを用いた教育実践を行っていた先進的な市町村の可能性が高い．そのほかの学習課題についても，地域の学校全体として「学校の機器・設備」が整備されているという集合的な効果の方が，個々の学校の状況に比して大きかったことが示されている．

関係者の意識や協力といったソフト面ではなく，機器・設備といったハード面の条件の方が重要だったことは，「教育委員会がICTを用いた教育実践を重視するか否か」がほとんど効果を持たないことからもうかがえる．これらの変数が，有意な効果を持つのは，「テレビ放送」の「家庭学習でICT機器活用」と「学校作成学習動画」の「学校の授業でICT機器活用」だけである．

3つ目の条件，教育委員会と学校の関係性はICTを用いた学習課題の実施にどう関係していたのだろうか．まず，どの学習課題についても教育委員会が当該学習課題の活用を促進する（主導的な役割を果たす）と，管轄の学校でその課題が活用されやすくなるという関係がある．地域の社会経済的地位の状況やICT教育の課題といった影響を与えそうな条件をコントロールしてもこの効果は残っている．一方，教育委員会の指示を実行しているかを確認することは，どの学習課題でも有意な影響を持っていない．ここから，コロナ禍初期の手探り状況下では，教育委員会が積極的に推進し，サポートすれば，「強制」しなくても管轄の学校ではICTを用いた課題を実施する傾向があったといえ

る．教育委員会のサポートは学校が頼れる資源や情報源となったととらえられる．

　資源や情報源という点から，教育委員会が持っていた情報リソースはどう影響したのだろうか．「新型コロナ対応の際実施したこと」をみると，「学校作成学習動画」では「都道府県教委への相談」の有意な効果があり，また，「音声動画コンテンツ」と「同時双方向型オンライン」では「同一都道府県内の教育委員会の情報収集」に有意な効果が認められる．係数の符号はすべて負なので，教育委員会が他の教育委員会に相談や照会する場合，管轄の学校でこれらの課題は実施されにくい傾向があったことになる．教育委員会が他の教育委員会の状況を確認してから意思決定を行う場合，管轄にある学校は，先進的な学習課題には手を出しにくい傾向があり，結果として「横並び」な対応になるよう作用したのかもしれない．

5 ── まとめ

　本章では，休校期間中の学習課題について分析を行った．どのような学習課題が課されたのかを確認した上で，高い期待が寄せられていたにもかかわらず実際の実施率が低かったICTを用いた学習課題に焦点をあて，実施の違いを生み出した条件を検討してきた．紙媒体を用いた学習課題は，ほぼすべての学校で実施されていたが，ICTを用いた学習課題の実施率は低かったことが確認できた．「はじめに」で触れた「教育委員会」調査の結果と重ね合わせると，実施や促進へのハードルが低い課題とそうでない課題の傾向は小学校と教育委員会でおおむね一致していた．

　ICTを用いた学習課題の実施に影響を及ぼした条件を検討したところ，地域の社会階層の状況，具体的には，住民の大卒以上比率が多くの課題でプラスの効果をもっていた．各学校や地域の学齢期の家庭の状況をより直接的に反映する「家にある本の冊数」が有意な効果を持たなかったことをふまえると，ICTを用いた学習課題の実施と社会階層の間には関係はあるが，学齢期の子どもの状況が直接的に反映されるわけではないと考えられる．とはいえ，階層的に恵まれた地域にある学校で，先進的な学習課題が課される傾向にあったこ

とは確かである．階層的に恵まれない地域では，学校以外の学習資源に乏しいことは想像に難くない．新しい技術を使った学習課題を含む多様な課題の提供が望ましいととらえるならば，このような地域が不利益を被らないようにしていくことが求められる．

　そのために，どのような方策が考えられるだろうか．分析結果から2点指摘できる．1つは，教育委員会のサポートの有効性である．すべての学習課題において，さまざまな要因とは独立に市町村教育委員会が当該学習課題の活用を促進することがプラスの有意な効果を持っていた．一方で，教育委員会がICTを用いた教育実践を重視するか否かが効果を持つ課題は多くなく，また，教育委員会が指示を徹底しようとしても，ICTを用いた学習課題が採用されることはなかった．教育委員会の促進は，「統制」としてではなく，利用できる資源として学校側に活用されたととらえられる．

　もう1つは，平時からの学校の機器・設備といったハード面の整備の重要性である．「テレビ放送」を除く学習課題について，学校レベルでの機器・設備の不備が有意な負の効果を持っていた．つまり，休校期間中にICTを用いた学習課題を出すには，何はともあれ，機器・設備が整っていたことが肝要だった．加えて，すべての学習課題について市町村レベルで学校の機器・設備の不備に負の効果があったことをふまえると，学校の機器・設備の整備は地域全体として行われていたことが重要である．一部の先進的な学校のみに整備を行っても効果は低い．実施率が低かった「同時双方向型オンライン」と「学校作成学習動画」についてのみ，教職員や保護者といった関係者の意識や協力体制にも効果があった．このような難易度の高い課題では，ハード面に加えて，関係者の意識や協力体制も必要だったことになる．逆にいえば，意識や協力体制が実施への足枷になったのは，難易度の高い課題に限定されていたともいえる．

　複数の学習課題で，他の教育委員会への照会（相談や情報収集）が実施に負の影響をもたらすことも確認された．あくまでも教育委員会がおこなったことなので，学校の意思決定にどのような回路で影響するのかは推測の域を出ないが，横並び意識の強い地域では，学校同士が相互に参照し合い，抑制しあうことで結果として足並みがそろってしまうのかもしれない．

　ここまで，休校期間中の学習課題，そのなかでもICTを用いた課題に焦点

をあて，どのような条件の学校でこのような課題が実施されたのかを検討してきた．本章で扱えなかった課題を述べて，筆をおくことにしたい．将来的に非常事態に直面した際の対応を考えると，どのような課題が学習の遅れを最小限にとどめたのかを把握しておくことが必要となろう．非常時というだけで十分にストレスフルな状況にあることを考慮すると，慣れない技術を用いた課題よりも，慣れ親しんだ媒体の方が学習効果は高い可能性もある．個々の学習課題の実施を左右した条件とその効果を組み合わせることで，ダメージを最小限にする手立てを考案することができるようになるだろう．

【注】
1) 2019年に打ち出されていた GIGA スクール構想という下地があったこともICTを用いた教育実践への関心を高めた要因の1つである．
2) 露口（2024）では，コロナ禍におけるオンライン家庭学習の規定要因を検討しているが「教育委員会による実施方針の提示と，所轄内の学校での実施はイコールではない」（露口 2024: 25）と市町村と学校，それぞれについて別々の分析を行っている．
3) 図1-2は，全国の公立小学校の回答分布を示している（無回答・その他を含めた学校数＝17,186）．
4) この場合の級内相関係数は，ある学習課題の実施／非実施のどの程度が市町村による違いとして説明でき，どれだけが都道府県による違いとして説明できるのか，その割合として解釈できる．値が大きい場合は，市町村なり，都道府県ごとの違いが大きい，逆にいえば，同じ市町村内の小学校や同じ都道府県内の小学校は似通っていることを意味する．おおまかにいえば，個々の小学校の事情よりは，どこにあるか（所在地の特性）の違いの方が大きいことになる．
5) 「家にある本の冊数」は児童質問紙の設問で，分析には各学校の平均値を用いた．市町村平均は学校平均の平均を算出した．
6) 2020年の「国勢調査」の結果から市町村ごとに住民大卒以上比率を算出した．
7) 選択肢は「当てはまらない」から「当てはまる」の4件法．「当てはまらない」を1点，「当てはまる」を4点とした．学校の機器・設備（の課題）は「学校（送信側）のPC・タブレット等の端末が不足していた」「学校の周辺機器（Webカメラやスキャナ等）が不足していた」「学校の通信環境（無線LAN等）が整っていなかった」「学校のインターネット接続の通信速度が不十分だった」「規則等（セキュリティポリシー等）が整っていなかった」「市町村教育委員会や学校のシステム（センターサーバーの容量等）が不十分だった」「教職員のICT活用スキルが不足していた」「オンラインでの配信やWeb上での学習のための教材が不足していた」の8項目（$\alpha = 0.857$）．家庭の機器・設備（の課題）は「家庭（受信側）のPC・タ

ブレット等の端末（スマートフォン含む）が不足していた」「家庭の周辺機器（Web カメラ等）が不足していた」「家庭の通信環境（無線 LAN 等）が整っていなかった」の 3 項目（$\alpha=0.901$）．保護者・教職員・教育委員会の意識や協力は「ICT 活用に対して教職員からの協力を得るのが難しかった」「ICT 活用に対して保護者からの支援を得るのが難しかった」「ICT 活用に対して教育委員会が積極的ではなかった」「ICT 活用の必要性を校長として十分には感じていなかった」の 4 項目（$\alpha=0.742$）．

8) 香川（2023）では，紙媒体の教材も含め，本章で用いたのとは異なるモデルで休校期間中の学習課題の実施状況を検討している．そこでは，「学校作成プリント」「教科書に基づいて指示」「民間作成プリント」を除いたすべての学習課題について，教育委員会が主導的な役割を果たすと当該学習課題が学校で実施されやすくなるという結果が得られている．

9) 設問は「感染症対策や感染者が出た場合の臨時休業を実施する上で，実施したことや役に立ったことは何ですか」という問いに対する回答である．2020 年 4–5 月の休校期間中の対応について尋ねたものではないが，新型コロナウイルス感染症の流行という未知の状況への対処方法として，積極的に他の教育委員会の状況を照会したり，参照したりするのか，そうでないのかという傾向はつかめると考え，この変数を用いることにした．

10) 休校期間は，0–29 日，30–59 日，60 日以上の 3 つのカテゴリーに分けた．分布は 0–29 日が 13.1%，30–59 日が 53.6%，60 日以上が 33.4% であり，3 分の 1 の学校で，ほぼ 2 カ月以上の休校を経験していた．

【付記】 本章は，『新型コロナウイルス感染症と学校等における学びの保障のための取組等による児童生徒の学習面，心理面等への影響に関する調査研究報告書』（浜銀総合研究所 2023）に掲載された「臨時休業中の教育委員会と学校の関係——学習課題に注目して」（香川めい）の結果を一部用い，新たな分析を行い，加筆修正したものである．

　加筆修正部分には，学術研究振興を目的とする枠組みにおいて貸与を受けた「全国学力・学習状況調査」個票データの情報を一部用いている．利用にあたっては，「全国学力・学習状況調査」の個票データ等の貸与に係るガイドライン，利用規約及び文部科学省より事前に説明・確認を受けた内容を遵守した．

【文献】

浜銀総合研究所，2023，『新型コロナウイルス感染症と学校等における学びの保障のための取組等による児童生徒の学習面，心理面等への影響に関する調査研究報告書』浜銀総合研究所（2024 年 1 月 5 日取得 https://www.mext.go.jp/a_menu/coronavirus/index_00023.html）．

香川めい，2023，「臨時休業中の教育委員会と学校の関係——学習課題に注目して」浜銀総合研究所『新型コロナウイルス感染症と学校等における学びの保障のための

取組等による児童生徒の学習面，心理面等への影響に関する調査研究報告書』浜銀総合研究所，pp. 148-170（2024 年 1 月 5 日取得　https://www.mext.go.jp/a_menu/coronavirus/index_00023.html）．

川崎雅和編著，2021，『コロナと闘う学校——全国 120 校が直面した課題と新たな教育環境の可能性』学事出版．

「教育改革 2020『共育の杜』」企画・編集，2021，『コロナ禍が変える日本の教育——教職員と市民が語る現場の苦悩と未来』明石書店．

水谷哲也・浅岡幸彦編著，阿部治・浅岡幸彦監修，2021，『学校一斉休校は正しかったのか？——検証・新型コロナと教育』筑波書房．

文部科学省，2020a，「新型コロナウイルス感染症対策のための臨時休業等に伴い学校に登校できない児童生徒の学習指導について（通知）（令和 2 年 4 月 10 日）」文部科学省ホームページ（2020 年 9 月 17 日取得　https://www.mext.go.jp/content/20200410-mxt_kouhou01-000004520_1.pdf）．

文部科学省，2020b，「新型コロナウイルス感染症対策のために小学校，中学校，高等学校等において臨時休業を行う場合の学習の保障等について（通知）（令和 2 年 4 月 21 日）」文部科学省ホームページ（2020 年 9 月 17 日取得　https://www.mext.go.jp/content/20200421-mxt_kouhou01-000004520_6.pdf）．

文部科学省，2020c，「新型コロナウイルス感染症対策のための学校における臨時休業の実施状況について（令和 2 年 4 月 22 日時点）」文部科学省ホームページ（2022 年 8 月 1 日取得　https://www.mext.go.jp/content/20200424-mxt_kouhou01-000006590_1.pdf）．

中村文夫，2021，『アフター・コロナの学校の条件』岩波書店．

中村高康・松岡亮二・苅谷剛彦，2021，「コロナ休校時における教育委員会の対応——地域差と階層差に注目して」中央教育審議会初等中等教育分科会（第 131 回）会議資料（2024 年 4 月 28 日取得　https://www.mext.go.jp/kaigisiryo/content/20210708-mxt_syoto02-000016642_16.pdf）．

尾崎幸謙・川端一光・山田剛史編著，2018，『R で学ぶマルチレベルモデル［入門編］——基本モデルの考え方と分析』朝倉書店．

佐藤学，2021，『第四次産業革命と教育の未来——ポストコロナ時代の ICT 教育』岩波書店．

末冨芳編著，2022，『一斉休校　そのとき教育委員会・学校はどう動いたか？』明石書店．

高階玲治編著，2020，『ポストコロナ時代の新たな学校づくり』学事出版．

田村知子・木原俊行・岡田和子・田中満公子・佃千春・長谷川和弘・餅木哲郎・島田希，2022，「危機的状況下の学校におけるカリキュラムマネジメントに対する市町村教育委員会の指導・支援——新型コロナウイルス感染症による長期臨時休業の影響を受けた大阪府における調査」『大阪教育大学紀要 総合教育科学』70: 249-268．

田中智輝・村松灯・高崎美佐編著，中原淳監修，2021，『学校が「とまった」日——ウィズ・コロナの学びを支える人々の挑戦』東洋館出版社．

露口健司，2024，「どのような市区町村や学校が ICT の教育活用に積極的か？」卯月由佳・露口健司・藤原文雄編著『公正で質の高い教育に向けた ICT 活用』東信堂，pp. 23-37.

2章

学校設備の格差が授業実践に与える影響
「GIGAスクール構想」本格化前の端末整備状況に着目して

池田　大輝
瀬戸健太郎

1──学校の設備と「教師の質」

　本章の目的は，GIGAスクール構想の導入によって教師の授業実践にいかなる「格差」が生じていたのかを，特に学校のICT環境に着目し，公的統計と本委託調査データとを紐づけたデータの分析によって明らかにすることである．GIGAスクール構想では，「個別最適化された学び」の実現が謳われているが，ICTにより学習が最適化されるにしても，教師の役割は減じないであろう．また，教師の質が児童・生徒の学力にもたらす影響は社会経済的地位に恵まれない学校で大きい，という知見（Nye et al. 2004）はGIGAスクール構想の導入以降においても変わらないだろう．ICTはあくまでも支援ツールであり，授業には依然，教師の質が反映されることが予想できる．

　ここで次の疑問が生じる．今後，GIGAスクール構想を前提に授業実践が展開していくならば，学校のICT環境によって授業実践に「格差」は生じうるのだろうか．教育社会学における重要な先行研究のひとつである「コールマン・レポート」によれば，学校の設備やカリキュラムといった学校環境が子供の学業成績に与える影響は限定的であるのに対し，子供の人種，社会経済的背景といった家庭環境や子供をとりまく地域環境が学業成績に強い影響を及ぼすとされる（Coleman et al. 1966: 21-22）．これを踏まえ，教育社会学者は，教育達成の格差を説明するための要因として，学校環境よりも階層や人種などの属性に関心を寄せてきた．ただ，注意すべきなのは，コールマン・レポートにおいて，子供の属性を考慮しても，教師の質は学業成績に強い影響を与えると指摘されている点である．そして，教師の質をより反映できるのは，教師の学

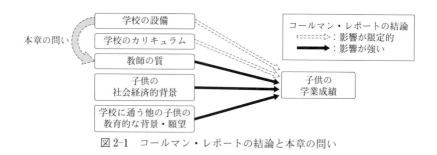

図2-1 コールマン・レポートの結論と本章の問い

歴などよりも，授業実践のような教室における教師の行動の方だと論じられている（Schwerdt and Wuppermann 2011）．日本でも学業成績に対する授業実践の影響力は確認されており，伝統的学力観に基づく授業と，新学力観に基づく授業とでは，文化階層の下位／上位の生徒それぞれの学力に及ぼす影響が異なるとされる（須藤 2007）．では，このような授業実践は，果たして学校設備とは独立に決まるのだろうか．学校設備は，学業成績に直接的な影響を与えないとしても，授業実践を規定するのではないか（図2-1 参照）．コロナ禍において，ICT 環境の整備が急速に進んだという文脈を考慮するとき，学校設備が教師の質を左右するのではないかという問いは意味を持つ．以上を踏まえ，本章では，コロナ禍において，学校の ICT 環境という政策変数が，授業実践に対してどのような影響を与えていたのかを実証的に検討する．

2 ── ICT 活用・教師の授業実践に関する先行研究とその課題

(1) 教育工学における GIGA スクールの効果に関する研究

教師の ICT 利用に関して，教育工学では，ミクロな学校レベルの変数との関連に着目した研究が進められている．中尾ほか（2014）によれば，ICT を活用した授業実践に関する相談において，ICT 活用歴の長い教員がキーパーソンとなっているとされる．八木澤・堀田（2017）も，ICT の活用に関して教職経験年数では大きな分散は見られないとしつつ，ICT 環境の操作性の高さや職場の同僚性が ICT 活用の促進要因であることを指摘している．また，ICT 環境における教師の教授的知識について，従前の教師の教授的知識が変容しているのではなく，むしろ ICT に関する知識が付加される部分が存在するとさ

れる（八木澤・堀田 2021）．つまり，学校現場における教育 ICT の活用には同僚性など，従来の教師研究の知見とおおむね整合的な傾向が窺える．

一方，GIGA スクール構想の下では，従来の教師研究の知見は妥当するのだろうか．結論としては，従来の枠組みはおおむね妥当するとされる．数少ない研究だが，山本ほか（2024）は，職員室における座席配置などから生じるインフォーマルな人間関係や，教員間での端末を用いた授業研究によって活用が促進されていると指摘している．つまり，GIGA スクール構想のような急激な ICT の導入によっても，教師の行動は大きく変わっているというよりは，従来からの行動や教授知識に ICT という新たな要因が付加されていると考える方が妥当であろう．

(2) マクロレベルでの教育 ICT の活用に関する研究

前述のような教育工学における研究の多くは，ICT 活用においても従来の教師研究の枠組みが成立しうることを明らかにしている．一方，それらの研究は，多くの場合，教育 ICT 環境の整備が先進的に進んでいた学校を用いた事例研究であるため，教育工学における研究が幅広いサンプルでも妥当するか，また自治体レベルのマクロな要因によって ICT 活用が規定されるか，という視点は乏しい．ICT 活用が長らく低調であったという事情も作用していると考えられるが，GIGA スクール整備以降の分析枠組みには，政策的介入や社会経済的条件によって ICT を活用した授業実践が左右されているか否か，という視点もまた必要であろう．近時，そのような視点からの研究が見られ始めている．2020 年度から 2021 年度までに国立教育政策研究所が実施したデータに依拠した研究を中心に，その含意について確認しよう．

教育工学で明らかにされてきた職場のミクロな変数について，露口（2022）は，校長のリーダーシップやキーパーソンの存在などの組織要因は学校の平均的 ICT 活用を促進する傾向があるほか，教育委員会の支援施策といった政策変数も促進を促すことを明らかにしている．このような職場のミクロ変数だけでなく，卯月（2022）は，社会経済的要因にフォーカスして学校の平均的な授業における ICT 活用について分析を行っている．卯月（2022）は，市区町村単位で見れば，新学習指導要領で重視されている目的に沿った ICT 活用

と就学援助率との間に負の相関が認められるが，学校単位で見れば，社会経済的地位によってICT導入や活用が遅れているわけではないことを明らかにしている．その一方，卯月（2023）によれば，ICT活用の差は2021年度では2020年度に比べて縮小しているものの，ICT学習ツールの導入やその費用負担について，「より多くの部分で市区町村の社会経済的背景による差が生じている．このことが示唆するのは，一つにはICT活用の有無だけでは捉えられない，ICTを活用して実現する学びに差があることである」（卯月 2023: 86）とし，教育ICT環境には市区町村の社会経済的条件による格差が存在することを指摘している．

(3) 先行研究の課題：ICT環境と授業実践，という「空隙」

以上より，先行研究は次のように整理できる．教育工学においては，教育ICTの活用に関して，ミクロな職場の調査により，従来までの教師の教授的知識がおおむね維持されていること，教師の同僚性など従来から着目されている変数によって教育ICTの活用が左右されていることが明らかにされている．他方，教育経済学・教育社会学における実証分析でも，ミクロな職場組織の影響の大きさを確認しつつ，市区町村単位の社会経済的地位に応じて緩やかに教育ICTの活用に差が生じているだけでなく，教育ICT環境の整備にも社会経済的要因が作用していること，が明らかにされている．

一方で，先行研究は主に以下2つの課題を抱えている．第1に，授業実践におけるICT活用について，ICT環境の側面からの説明が乏しいことである．確かに，八木澤・堀田（2017）も，常設機器の存在やICTに関する支援体制など，ICT環境の整備の重要性について言及している．しかし，池田（2022）が論じるように，学校のICT環境の整備は2019年度から2020年度にかけて急速に行われたものであり，後述のように，学校におけるICT環境の政策目標はコロナ禍以前では達成を見なかった．このように考えれば，本来，「学校にどの程度のICT環境が実装され，教師や児童・生徒が利用可能か」に着目した研究が改めて必要である．前述の通り，授業実践は教師の質をより反映できるとされる．例えば，授業に占める伝統的授業実践のほうが学力形成に寄与すること（Schwerdt and Wuppermann 2011）や，伝統的授業実践が知識や問

題解決領域の学力形成に寄与する一方，推論領域の学力形成にはむしろ，現代的授業実践が寄与すること（Bietenbeck 2014）などが解明されている．日本のデータでも，須藤（2007）のほか，「言語的活動は多様な家庭・学校環境の中のすべての生徒に対して効果的である」（Tanaka and Ishizaki 2018: 36）とされ，教師の授業実践のもつ効果は頑健かつ大きいのである．このような視点からすれば，教師の授業実践がいかなる要因で規定されているか，とりわけ学校設備によって左右されるのか，という点はいまだ十分に分析に値する．また，教師の人的資本と比べた場合，学校設備は政策的介入の余地がある．すなわち，ICT環境が教師の授業実践をいかに規定するのかということを明らかにするために，利用できるICT環境の差に着目する必要がある．

　第2に，より重要だと考えられるのは，GIGAスクール構想本格化前のICT環境の差は，急速なICT環境の整備という条件によって，いかに授業実践の変化を生じさせたのか，という点である．先行研究によれば，学校へのICTの導入によっても，教師の教授的知識については大きく変化しない，ということが指摘されている．しかしながら，急速なICT環境の整備にキャッチアップできるか否かについては，教授的知識の変化とは別の問題であろう．卯月（2023）や池田（2022）の議論を踏まえると，GIGAスクール構想本格化前のICT環境には大きな差があり，それによってGIGAスクール整備当初の授業実践が左右されている可能性がある．当初，5年かけて普及させる予定だったGIGAスクール構想は，コロナ禍への対応により，2020年度の1年間の補助事業に切り替えられた経緯がある．このような急激な環境変化に対して，従来からの授業における教授的知識をICT環境に適応させるには，GIGAスクール本格化前の蓄積が重要になると考えられる．しかしながら先行研究では，第1の点に加え，このような急激なICT環境の整備というイベントが学校現場にいかなる影響を及ぼしたのか，という視点の分析は，当然ながら乏しい．以上を踏まえ，本章における問いを「コロナ禍における急速な端末整備の過程において，学校現場における教師の授業実践は，GIGAスクール以前のICT環境という『初期条件』によって影響を受けたか」と設定する．

3 — 分析枠組み

(1) 分析モデル

　上記の問いを明らかにするために，本章では固定効果モデルを用いたパネルデータ分析を行う．固定効果モデルによる分析によって，性別など時間不変の変数の影響力を取り除き，時点間で変化した変数の影響をより精緻に捉えることが可能になる．また，時点（Wave）との交互作用項を用いることで，時間不変の変数も分析に投入することができる．本章では，次の手順によって分析を行う．まず，2019年度時点の端末整備状況別に，授業実践の頻度（平均値）がどのように変化したのかを確認する（2019年度時点の端末整備状況を用いる理由は次項）．そのうえで，対応のあるt検定を用いて，変化の差が有意なものであるのかを端末整備状況別に検証する．次に，一元配置分散分析により，時点別に端末整備状況間で授業実践の頻度に差があると言えるのかを分析する．最後に，パネルデータ分析（固定効果モデル）によって，時点による変化と端末整備状況間の差異の双方を考慮した分析を行う．

(2) データの概要・分析で用いる変数

　本章でも引き続き，本委託調査データを用いた分析を行う．その際，文部科学省が実施している「学校における教育の情報化の実態等に関する調査」（以下，「情報化調査」とする）の学校別データを本委託調査データに紐づけ，分析を行う．なお，後述の理由により，分析では，データを公立小学校の児童データに限定する．分析に用いる変数は次のように設定する．

　従属変数：「図表にまとめる」　本委託調査では，2回の調査とも，児童・生徒に対して，クラスにおいて「調べたことをグラフや表にまとめる」[1]という学校・クラスにおける授業実践の頻度が「1. よくあった」から「4. まったくなかった」までの4件法で尋ねられている．本章ではこのスコアを逆転させて分析に利用する．教師ではなく児童・生徒に尋ねた質問項目であるため，教師の認知とは相違がある可能性もあるが，授業の受け手の認識であることから，校長などの回答を用いた学校の平均的な授業の取り組みを従属変数にするより，

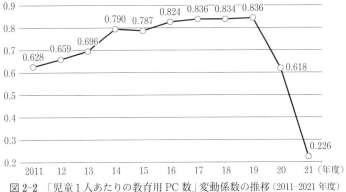

図 2-2 「児童1人あたりの教育用 PC 数」変動係数の推移（2011–2021 年度）
注：池田（2023）における表 6-2-1 の値から池田作成.

信頼性は高くなるだろう．文部科学省（2020）によると，図表にまとめる実践は，児童による調査学習において ICT を用いた学習場面の具体例と考えられるほか，平成 29 年の学習指導要領の改訂により，小学校算数では統計的な内容を充実させており，周囲の出来事の特徴を図表にすることについて，ICT の活用が効果的であると論じられている．つまり，図表にまとめる授業実践は，ICT を用いる授業実践として典型的であると言える．なお，本章の分析に用いるデータは，比較的，教科担任制が普及しておらず，担任教師の授業実践であると想定しやすい小学生，なかでも，「情報化調査」と紐づけが可能な公立小学校の児童データに限定する．

　独立変数：「端末整備状況」　本章における独立変数は，「情報化調査」を学校コードで紐づけた，「端末整備状況」という ICT 環境に関する変数である．ここで注意すべきなのは，児童1人あたりの端末数が十分にあっても教師の端末数が不足していれば，ICT を利用した授業を展開することが難しいという点である．そこで本章では，「学校の ICT 化に向けた環境整備 5 か年計画」（2018 年度成立）実施時に文部科学省が掲げていた整備目標である，①指導者用コンピュータが「授業を担当する教師1人1台」，②学習者用コンピュータが「3 クラスに 1 クラス分程度」をそれぞれ満たしているか否かで学校を 4 つのカテゴリに分類する．図 2-2 は 2011–2021 年度の「児童1人あたりの教育用

PC 数」の変動係数の推移を示したものである．変動係数は平均値に対する相対的なばらつきを表しており，この値が小さくなることは，端末整備に関する学校間の格差が減少したことを意味する．例えば 2014 年度には「教育の IT 化に向けた環境整備 4 か年計画」によって地方財政措置が講じられていたが，図 2-2 をみると，2014 年度から 2019 年度まで，市区町村間での端末配備に平等化が生じた傾向はみられない．

　本章の分析では，2019 年度の「情報化調査」を用いて，「学校の ICT 化に向けた環境整備 5 か年計画」の端末整備目標を教師・児童それぞれで充足していたか否かで学校を分類する．2019 年度のデータを利用するのは，以下 2 つの理由による．第 1 に，「情報化調査」は年度末の 3 月 1 日を基準値として，学校に整備されている端末台数に関する情報を収集している．つまり，2019 年度，2020 年度それぞれの「情報化調査」で集められている情報は，2020 年 3 月 1 日現在，2021 年 3 月 1 日現在のものになる．したがって，新型コロナウイルス感染症や GIGA スクール構想の政策的介入の影響を取り除くためには 2019 年度の「情報化調査」を用いることが望ましい[2]．

　第 2 に，2019 年度の端末整備状況によって，それまでの自治体の教育 ICT 投資の「本気度」を捉えることが可能になる．貞広（2020）は，教育 ICT に関する財政支援は従前から行われていたが，多くの自治体にとっては優先順位が低かったこと，日本の義務教育システムは地域間で大きな格差が表出しない仕組みになっているが，2000 年代以降には自治体の裁量の範囲が拡大していることを指摘している．また，貞広（2020）は，これらの特徴を踏まえて，教育 ICT の整備は，新型コロナウイルス感染症という現象によって，突如，裁量の範囲の差異から格差に変化し，「期せずして，自治体の本気度格差とそれによる学びの継続格差が露呈した事象であるともいえる」（貞広 2020: 34）と論じている．ゆえに，新型コロナウイルス感染症とそれに伴う急速な教育 ICT の整備はすべての自治体に対して教育 ICT の整備を要求する特殊な条件として作用しているが，それを現に使いこなせるかどうかは，GIGA スクール構想以前の状況に着目する必要がある．これは，第 2 節(3)で述べた先行研究の第 2 の課題に対応する．

　以上の視点から，2019 年度時点の端末整備状況によって学校をカテゴリ化

表 2-1　2019 年度時点端末整備状況別の児童数・学校数

2019 年度時点端末整備状況	児童数		学校数	
教師 1 人 1 台以上・児童 3 人 1 台以上	147	5.5%	25	9.3%
教師 1 人 1 台以上・児童 3 人 1 台未満	707	26.6%	67	24.9%
教師 1 人 1 台未満・児童 3 人 1 台以上	135	5.1%	28	10.4%
教師 1 人 1 台未満・児童 3 人 1 台未満	1,664	62.7%	149	55.4%
合　計	2,653	100.0%	269	100.0%

し，分析を行う．表 2-1 は，4 つのカテゴリ別に，本章の分析に使用するデータに含まれる児童数・学校数を整理したものである．ただ，2020 年度中のどのタイミングで整備できたかということも自治体の「本気度」と捉えることも可能である．そこで，補足的に，2020 年度でも学校別の教師・児童の端末台数で学校をカテゴリ分けして分析を行う．なお，表 2-2 は，端末整備状況別に基本的な情報の平均値・標準偏差，および，一元配置分散分析の結果（4 カテゴリ間の平均値に統計的な有意差があるか）を表したものである．

統制変数　その他，統制変数は「自己申告のクラス内成績（5 段階）」のほか，「学校職場コミュニケーション」[3)]「学校職場環境」[4)]「ICT ハード／ソフト関連充実度」[5)] を用いる．「学校職場コミュニケーション」「学校職場環境」「ICT ハード／ソフト関連充実度」に関しては，「1．あてはまる」から「4．あてはまらない」の 4 件法の回答について，値が大きいほどそれぞれの変数で問題がないことを示すように処理したうえで，合成したスコアを用いる．合成スコアの内的整合性を示す α 係数は，Wave2 の「ICT ソフト関連充実度」こそ，$\alpha=0.690$ とやや低いが，それ以外では 0.714–0.840 とおおむね利用可能な整合性の高さとなっている．このほか，保護者学歴など家庭環境に関する変数を投入する．分析にあたっては変数どれかひとつでも欠損値があるケースを削除している．変数の記述統計量は表 2-3 に示す．

表 2-2 2019年度時点端末整備状況別の基本情報（平均値・標準偏差）

2019年度端末整備状況	変数		教師1人1台以上 児童3人1台以上		教師1人1台以上 児童3人1台未満		教師1人1台未満 児童3人1台以上		教師1人1台未満 児童3人1台未満		一元配置分散分析
			平均値	標準偏差	平均値	標準偏差	平均値	標準偏差	平均値	標準偏差	
保護者	世帯収入（単位：100万円）	Wave1,2 平均	6.651	3.343	6.512	3.034	5.817	2.773	6.736	3.027	**
保護者	保護者1人以上専門/技術/管理ダミー	Wave1,2 平均	0.333	0.447	0.339	0.437	0.226	0.370	0.315	0.428	*
保護者	保護者1人以上大卒ダミー	Wave1	0.381	0.487	0.430	0.495	0.363	0.483	0.420	0.494	
保護者	蔵書数	Wave1	58.891	86.871	66.598	99.119	59.274	99.719	63.830	97.229	
学校	授業担当教師数	2020年度	13.041	6.993	18.321	7.817	12.185	5.388	21.270	9.936	***
学校	児童数	2020年度	196.735	193.832	347.604	208.956	163.578	130.910	425.682	263.806	***
学校	教師1人あたりPC数	2019年度	1.607	0.534	1.392	0.437	0.385	0.301	0.300	0.280	***
学校	教師1人あたりPC数	2020年度	2.158	1.089	1.329	0.612	0.615	0.628	0.731	0.610	***
学校	児童1人あたりPC数	2019年度	0.557	0.232	0.164	0.080	0.499	0.146	0.137	0.072	***
学校	児童1人あたりPC数	2020年度	1.121	0.303	0.816	0.448	0.874	0.507	0.705	0.476	***
学校	三大都市圏ダミー	Wave1	0.558	0.498	0.414	0.493	0.296	0.458	0.463	0.499	***
市区町村	1人あたり余剰財源額	2020年度	44.746	32.967	50.534	16.979	48.028	7.685	51.341	15.521	***

$^{***}p<0.001$, $^{**}p<0.01$, $^{*}p<0.05$

表2-3 パネルデータ分析に用いた変数の記述統計量（Wave別）

	変　数	Wave1（2020年度）				
		度数	平均値	標準偏差	最小値	最大値
児　童	図表にまとめる	2,653	2.997	0.809	1.000	4.000
児　童	成　績	2,653	3.225	1.086	1.000	5.000
児　童	勉強時間・学校（単位：時間）	2,653	0.807	0.568	0.000	5.000
児　童	勉強時間・学校以外（単位：時間）	2,653	0.766	1.050	0.000	5.000
児　童	通塾ダミー	2,653	0.463	0.499	0.000	1.000
保護者	世帯収入（単位：100万円）	2,653	6.617	3.169	0.000	16.000
保護者	保護者1人以上専門／技術／管理ダミー	2,653	0.316	0.465	0.000	1.000
学　校	学校職場コミュニケーション	2,653	12.476	2.374	6.000	16.000
学　校	学校職場環境	2,653	10.345	2.818	4.000	16.000
学校平均	世帯収入（単位：100万円）	2,653	6.456	1.148	2.000	11.672
学校平均	保護者1人以上専門／技術／管理（単位：％）	2,653	29.449	11.176	0.000	66.667
学　校	ICTハード関連充実度①	2,653	4.218	2.105	2.000	8.000
学　校	ICTハード関連充実度②	2,653	7.259	3.040	3.000	12.000
学　校	ICTソフト関連充実度	2,653	17.114	2.733	8.000	24.000

	変　数	Wave2（2021年度）				
		度数	平均値	標準偏差	最小値	最大値
児　童	図表にまとめる	2,653	2.900	0.840	1.000	4.000
児　童	成　績	2,653	3.244	1.076	1.000	5.000
児　童	勉強時間・学校（単位：時間）	2,653	0.777	0.567	0.000	5.000
児　童	勉強時間・学校以外（単位：時間）	2,653	0.830	1.148	0.000	5.000
児　童	通塾ダミー	2,653	0.460	0.499	0.000	1.000
保護者	世帯収入（単位：100万円）	2,653	6.633	3.181	0.000	16.000
保護者	保護者1人以上専門／技術／管理ダミー	2,653	0.320	0.466	0.000	1.000
学　校	学校職場コミュニケーション	2,653	11.862	2.293	4.000	16.000
学　校	学校職場環境	2,653	9.253	2.799	4.000	16.000
学校平均	世帯収入（単位：100万円）	2,653	6.580	1.267	2.500	11.636
学校平均	保護者1人以上専門／技術／管理（単位：％）	2,653	19.971	9.665	0.000	83.333
学　校	ICTハード関連充実度①	2,653	5.662	1.895	2.000	8.000
学　校	ICTハード関連充実度②	2,653	8.773	2.444	3.000	12.000
学　校	ICTソフト関連充実度	2,653	18.578	2.677	12.000	24.000

4──分析　端末整備状況と授業実践との関係

(1) 端末整備状況別「図表にまとめる」授業実践頻度の変化・差異

　Wave1（2020年度）からWave2（2021年度）にかけた「図表にまとめる」授業実践の頻度の変化を，前述した4カテゴリの端末整備状況別に確認してみよう．表2-4は「図表にまとめる」の平均値の推移に対応のあるt検定（両側

表 2-4　2019 年度時点端末整備状況別「図表にまとめる」平均値の推移

2019 年度時点端末整備状況	Wave1 （2020 年度）	Wave2 （2021 年度）	対応のある t 検定 （両側検定）
教師 1 人 1 台以上・児童 3 人 1 台以上	3.048	3.136	
教師 1 人 1 台以上・児童 3 人 1 台未満	2.972	2.819	***
教師 1 人 1 台未満・児童 3 人 1 台以上	3.000	2.956	
教師 1 人 1 台未満・児童 3 人 1 台未満	3.002	2.909	***
全　体	2.997	2.900	***

***$p<0.001$, **$p<0.01$, *$p<0.05$

検定）の結果を加えたものである．表 2-4 から読み取れるのは，2019 年度時点の端末整備状況を「初期条件」とした場合，Wave1 から Wave2 にかけて「図表にまとめる」授業実践の頻度（平均値）が増加しているのは，「教師 1 人 1 台以上・児童 3 人 1 台以上」のカテゴリのみということである．しかし，その差が統計的に有意ではないことに注意せねばならない．有意差が認められるのは，「図表にまとめる」授業実践が減少した「教師 1 人 1 台以上・児童 3 人 1 台未満」「教師 1 人 1 台未満・児童 3 人 1 台未満」の 2 カテゴリのみである．両者に共通しているのは，「児童 3 人 1 台未満」という条件である[6]．この分析結果についての解釈は，後述する．以上，4 カテゴリ別に Wave1 から Wave2 への変化が有意であるかどうか，という縦断的な問いを検証した．

次に，Wave ごとに 4 カテゴリ間の平均値の差が統計的に有意かどうか，という横断的な問いを検討するため，一元配置分散分析を行った．その結果，4 カテゴリ間の平均値に有意差が認められたのは，Wave2 時点のみであった（$F(3, 2649)=6.350, p<0.001$）．これを受け，Bonferroni 法を用いた多重比較（5% 水準）を行った結果，以下 2 つに有意差が認められた．

・「教師 1 人 1 台以上・児童 3 人 1 台以上」＞「教師 1 人 1 台以上・児童 3 人 1 台未満」
・「教師 1 人 1 台以上・児童 3 人 1 台以上」＞「教師 1 人 1 台未満・児童 3 人 1 台未満」

ここまで，①端末整備状況の 4 カテゴリ別に Wave による平均値の変化，② Wave 別に 4 カテゴリ間の平均値の差，が統計的に意味のあるものなのか

を個別に検証した．次項では，Wave と端末整備状況との交互作用項を独立変数としたパネルデータ分析を行う．

(2) 端末整備状況別「図表にまとめる」の変化をめぐるパネルデータ分析

「図表にまとめる」を従属変数にしたパネルデータ分析（固定効果モデル）の結果を示したのが，表 2-5 である．なお，分析にあたっては，端末整備との関連性が高いと考えられる「ICT ハード関連充実度①」「ICT ハード関連充実度②」「ICT ソフト関連充実度」の 3 変数の従属変数に対する影響・媒介関係を詳細に確認するため，6 つのモデル（段階）を設け，上記 3 変数を 1 つずつ／組み合わせて投入している．また，表 2-5 では，すべてのモデルに投入した保護者の学歴や世帯収入などの家庭環境や，学校職場に関する状況などの変数を「その他の変数」とし，各変数の具体的な分析結果を表に記載せず省略している[7]．

分析結果についてまず述べておくべきなのは，上記「その他の変数」のすべてが非有意だということである．すなわち，Wave1 から Wave2 にかけての「図表にまとめる」授業実践の頻度の変化に対して，家庭や小学校の環境の変化は，統計的に有意な影響を与えていない，ということである．また，6 つのモデル（段階）を設けて投入した「ICT ハード／ソフト関連充実度」の変数もすべて非有意であり，従属変数「図表にまとめる」と独立変数「2019 年度端末整備状況」との間を媒介していると言い難い．

独立変数として設定した端末整備状況を確認すると，Wave2 のダミー変数，すなわち基準カテゴリである「教師 1 人 1 台未満・児童 3 人 1 台未満」に負の効果が認められる．基準カテゴリを入れ替えて主効果を確認したところ，対応のある t 検定（表 2-4）と同様の傾向が確認された（表省略）．すなわち，2019 年度時点において「児童 3 人 1 台」の水準を満たしていなかった小学校は，その後の「図表にまとめる」授業実践の頻度が減少することが検証された．この結果はいかに解釈可能か．「児童 3 人 1 台未満」と「『図表にまとめる』授業実践の減少」の背後にあると考えられるのが，「学校における児童数の多さ」である．以下，図 2-3 を基に，2 つの段階を追って説明したい．

第 1 に，「児童 3 人 1 台未満」から「『図表にまとめる』授業実践の減少」へ

表 2-5 「図表にまとめる」を従属変数にしたパネルデータ分析の結果

従属変数：図表にまとめる	Model 1	Model 2	Model 3	Model 4	Model 5	Model 6
ICT ハード関連充実度①		0.002		0.006		0.005
		(0.008)		(0.010)		(0.010)
ICT ハード関連充実度②			−0.003	−0.005		−0.007
			(0.006)	(0.007)		(0.008)
ICT ソフト関連充実度					0.002	0.003
					(0.007)	(0.008)
Wave2【教師1人1台未満・児童3人1台未満（2019年度時点）】	−0.141***	−0.145***	−0.134***	−0.142***	−0.145***	−0.145***
	(0.034)	(0.038)	(0.036)	(0.038)	(0.036)	(0.039)
Wave2×教師1人1台以上・児童3人1台以上（2019年度時点）	0.186*	0.189*	0.179*	0.184*	0.187*	0.182*
	(0.090)	(0.090)	(0.090)	(0.090)	(0.089)	(0.091)
Wave2×教師1人1台以上・児童3人1台未満（2019年度時点）	−0.066	−0.066	−0.066	−0.067	−0.066	−0.067
	(0.045)	(0.045)	(0.045)	(0.045)	(0.045)	(0.045)
Wave2×教師1人1台未満・児童3人1台以上（2019年度時点）	0.033	0.035	0.032	0.036	0.032	0.033
	(0.101)	(0.101)	(0.101)	(0.101)	(0.101)	(0.101)
その他の変数	✓	✓	✓	✓	✓	✓
_cons	3.376***	3.372***	3.385***	3.382***	3.351***	3.342***
	(0.229)	(0.229)	(0.229)	(0.229)	(0.244)	(0.246)
Number of Observations/Number of Groups	5,306/2,653	5,306/2,653	5,306/2,653	5,306/2,653	5,306/2,653	5,306/2,653
F	3.37***	3.15***	3.16***	2.99***	3.15***	2.82***
R-Square（within/between）	0.017/0.000	0.017/0.000	0.017/0.000	0.018/0.000	0.017/0.000	0.018/0.000
R-Square（overall）	0.003	0.003	0.003	0.003	0.003	0.003
AIC	7936.785	7938.644	7938.247	7939.452	7938.624	7941.037
BIC	8028.857	8037.293	8036.896	8044.677	8037.273	8052.839

$^{***}p<0.001$, $^{**}p<0.01$, $^{*}p<0.05$
注：（ ）内はロバスト標準誤差。

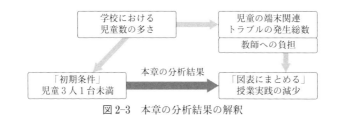

図 2-3　本章の分析結果の解釈

の影響に,「学校における児童数の多さ」がいかに関係するか,という点を考えたい.表 2-2 に着目すると,2019 年度時点で「児童 3 人 1 台未満」の学校は,「児童 3 人 1 台以上」の学校に比べて,児童数の平均値が大きいことがわかる.その理由として,GIGA スクール本格化前では,児童数の多い学校は端末整備へのコストの総額が高いことが考えられる.一方で,児童数の多さは直接的に「『図表にまとめる』授業実践の減少」を導いているとはいえない.両者に直接的な関係があるのであれば,Wave1 時点で「図表にまとめる」授業実践の平均値について,4 カテゴリ間に有意な差が認められるはず[8]だが,一元配置分散分析(第 4 節(1))の結果はそれを支持していないからである.ゆえに,分析結果の解釈には,さらなる説明が要される.

第 2 に,「学校における児童数の多さ」が引き起こす帰結について,児童 1 人が抱える端末関連トラブルの発生確率が一定だと仮定したとき,児童数の多さは,「児童の端末関連トラブルの発生総数」の多さを意味する.そして,この総数の多さはそのまま「教師への負担」となる.八木澤・堀田(2021)は,1 人 1 台端末を用いた授業では ICT に関する操作やトラブルへの知識が教師に必要とされることに加え,このような新しいツールを児童がどのように利用するか,児童の ICT に関する経験や知識も授業設計において教師に要求されることを明らかにしている.つまり,既存の教授知識に加え,授業で ICT を利用する児童への対応に負担が生じ,その結果,端末数の上昇が著しかったであろう「児童 3 人 1 台未満」の学校では,端末の活用をしやすい授業実践そのものを回避する傾向にあったのではないだろうか.

以上を想定すれば,「児童 3 人 1 台未満」という 2019 年度時点の条件がその後の「図表にまとめる」授業実践を減少させた分析結果を解釈することができる.

5──おわりに

　本章では，GIGA スクール構想が本格化する以前の端末整備状況という「初期条件」によってその後の授業実践は変化するのか，という問題意識のもと，「図表にまとめる」という授業実践に着目し分析を行ってきた．その結果，2019 年度時点において，児童用の端末を整備できていなかったという事態が，2020 年度から 2021 年度にかけての「図表をまとめる」授業実践の頻度を減少させる結果を招いていたことが明らかになった．以下，教師の立場・児童の立場から，本章をまとめる．

　1 人 1 台端末の整備を目標とする GIGA スクール構想は，新型コロナウイルス感染症（による一斉休校）を背景に，前倒しで進められた．急速な端末整備の様子は，「児童 1 人あたりの教育用 PC 数」の変動係数の推移を示した図 3-2 から推察可能である．2020 年度以降の「全国的かつ急速な端末整備」という政策的介入によって，教師は授業設計にあたって，ICT に関する知識を要求されるようになった．そのような文脈が，本章の分析を可能にした．分析の結果からわかったのは，急速な学校設備の変化に教師が授業実践で適応できたかは，「GIGA スクール構想の本格化以前に児童用の端末を整備できていたか」という条件によって規定される，ということである．

　改めて強調しておきたいのは，本章の分析対象が「公立」の「小学校」の児童だ，という点である．なぜこの点を取り上げるのか．それは，日本社会におけるほとんどの子供[9]にとって，どのような小学校に通うかということが，通学区域によってあらかじめ決まっているからである．本章の文脈に沿って言えば，自身の通う小学校において，「図表にまとめる」というような授業実践を享受できるかは，児童個人にはいかんともしがたい要因によって規定されている，ということである．

　本章の分析結果が示唆しているのは，学校現場における授業実践にとって，児童はもちろんのこと，教師の人的資本とも関係のない学校設備が（も）重要だ，という点である．一見すると至極当然な本章の結論は，授業実践を教師の質としたとき，教育達成の格差・不平等を主題とする教育社会学の研究群にとって意義のあるものといえるであろう．

最後に，本章の限界を3点述べる．第1に，データについて．本委託調査が実施されたのは，2020年度・2021年度のみである．すなわち，本章のデータでは，新型コロナウイルス感染症が拡大する前の児童・学校の状態や2022年度以降のそれを把握できない．第2に，「図表にまとめる」以外の授業実践の変数の変化を確認できていないことである．第3に，教師のクラス入れ替えの効果を捕捉できていない点である．つまり，Wave1・Wave2の両時点で教師が同一か否か，という点は重要であるが，データの制約から，分析に含めることはできなかった．これらの点は今後の課題としたい．

【注】
1) 本委託調査においては，「調べたことをグラフや表にまとめる」のほかに，「テーマについて討論（話し合い）をする」「自分（自分たち）で決めたテーマについて調べる」という授業実践の頻度を問う質問項目も設けられている．本章では，紙幅の関係上，これらの変数を取り扱わない．
2) 文部科学省初等中等教育局情報教育・外国語教育課（2021）によれば，2020年12月から2021年3月で，1人1台端末が利用可能になった自治体はそれぞれ，11.4%，7.5%，20.1%，47.5%であり，2020年度中では多くの自治体で1人1台端末を利用するに至ってなかったことが窺える．
3) 「教職員間のコミュニケーションが不足している」「児童・生徒と教職員との間のコミュニケーションが不足している」「保護者と教職員との間のコミュニケーションが不足している」「児童・生徒同士の間のコミュニケーションが不足している」を用いる．
4) 「教職員の人員が不足している」「教職員の労働時間が新型コロナウイルス感染症流行前よりも長くなっている」「教職員の業務量が新型コロナウイルス感染症流行前よりも多くなっている」「心身の不調を訴える教職員が多くなっている」を用いる．
5) 「ICTハード関連充実度」については2つの変数を設定した．「ICTハード関連充実度①」には，「学校（送信側）のPC（タブレット端末を含む）が不足している」「学校の周辺機器（Webカメラやスキャナなど）が不足している」を用いる．「ICTハード関連充実度②」には，「学校のネットワーク環境（無線LANなど）が整っていない」「学校のインターネット接続の通信速度が不十分である」「市町村教育委員会や学校のシステム（センターサーバーの容量等）が不十分である」を用いる．「ICTソフト関連充実度」については，「教員のICT活用のスキルが不足している」「ICT活用に対して教職員から協力を得るのが難しい」「ICT活用に対して保護者から支援を得るのが難しい」「ICT活用について教育委員会が積極的ではない」「ICT活用の必要性を校長として十分には感じていない」「オンラインでの配

表 2-6　2020 年度時点端末整備状況別の児童数・学校数

2020 年度時点端末整備状況	児童数		学校数	
教師1人1台以上・児童3人1台以上	1,054	39.7%	116	43.1%
教師1人1台以上・児童3人1台未満	334	12.6%	32	11.9%
教師1人1台未満・児童3人1台以上	720	27.1%	72	26.8%
教師1人1台未満・児童3人1台未満	545	20.5%	49	18.2%
合　計	2,653	100.0%	269	100.0%

表 2-7　2020 年度時点端末整備状況別「図表にまとめる」平均値の推移

2020 年度時点端末整備状況	Wave1 (2020 年度)	Wave2 (2021 年度)	対応のあるt検定 (両側検定)
教師1人1台以上・児童3人1台以上	2.971	2.919	
教師1人1台以上・児童3人1台未満	3.063	2.832	***
教師1人1台未満・児童3人1台以上	2.999	2.925	
教師1人1台未満・児童3人1台未満	3.004	2.870	**
全　体	2.997	2.900	***

***$p<0.001$, **$p<0.01$, *$p<0.05$

信やWeb上での学習のための教材が不足している」を用いる．
6) 2020 年度時点端末整備状況別に児童数・学校数を示したのが表 2-6 であり，「図表にまとめる」平均値の推移と対応のあるt検定（両側検定）の結果を示したのが表 2-7 である．表 2-7 から，2019 年度時点の端末整備状況別に分析した場合と同様の傾向が認められる．すなわち，端末整備が「児童3人1台未満」であった場合，その後の「図表にまとめる」授業実践が減少していた，という傾向である．なお，本章（第4節(2)）と同様のパネルデータ分析によっても，この傾向は支持された．
7) 「その他の変数」として省略しているのは，表 2-3 における「児童・成績」から「学校平均・保護者1人以上専門／技術／管理（単位：％）」までの 10 変数である．
8) この推論は，「Wave1・Wave2 で同一の学校における児童数は大きく変化しないこと」を前提としている．参考情報として，「2019 年度時点端末整備状況」4 カテゴリ別に，「Wave1（2019 年度）から Wave2（2020 年度）への児童数の平均値の変化」を以下に示す．「教師1人1台以上・児童3人1台以上」4.306，「教師1人1台以上・児童3人1台未満」−3.062，「教師1人1台未満・児童3人1台以上」−1.319，「教師1人1台未満・児童3人1台未満」−0.908．
9) 本委託調査開始時 2020 年度時に小学5年生であった児童のうち，98.2% が公立小学校に在籍している（「令和2年度 学校基本調査」）．

【付記】　本章の初稿段階では，瀬戸が1節・2節・3節の執筆を行い，池田が4節・5節の執筆，および，分析・図表の作成を行った．なお，各々の原稿が完成したのち，2人で全体の調整を行った．

【文献】

Bietenbeck, J., 2014, "Teaching Practices and Cognitive Skills," *Labour Economics*, 30: 143–153.

Coleman, J. S., E. Q. Campbell, C. J. Hobson, J. McPartland, A. M. Mood, F. D. Weinfeld and R. L. York, 1966, *Equality of Educational Opportunity*, Washington, D. C.: U. S. Department of Health, Education, and Welfare, Office of Education.

池田大輝，2022，「『一人一台端末』目標と市区町村財政力の関係の検証――一〇年間のパネルデータを用いた計量分析」石井英真・仁平典宏・濱中淳子・青木栄一・丸山英樹・下司晶編『教育学年報13　情報技術・AIと教育』世織書房，pp. 235-254.

池田大輝，2023，「『1人1台端末』を利活用しているのは誰か――見えやすい指標と見えにくい不平等」浜銀総合研究所『新型コロナウイルス感染症と学校等における学びの保障のための取組等による児童生徒の学習面，心理面等への影響に関する調査研究報告書』浜銀総合研究所，pp. 208-219.

文部科学省，2020，「教育の情報化に関する手引――追補版」（2024年2月11日取得 https://www.mext.go.jp/a_menu/shotou/zyouhou/detail/mext_00117.html）.

文部科学省初等中等教育局情報教育・外国語教育課，2021，「GIGAスクール構想の実現に向けたICT環境整備の進捗状況について（速報値）」（2024年2月11日取得 https://www.mext.go.jp/content/20210315-mxt_jogai01-000009827_001.pdf）.

中尾教子・三輪眞木子・青木久美子・堀田龍也，2014，「ICT活用に関する教員間コミュニケーションの分析」『日本教育工学会論文誌』38(1): 49-60.

Nye, B., S. Konstantopoulos and L. V. Hedges, 2004, "How Large Are Teacher Effects?," *Educational Evaluation and Policy Analysis*, 26(3): 237–257.

貞広斎子，2020，「パンデミックが加速する学校システムの変革と課題――Society5.0時代の教育の質保証と社会的公正確保に向けて」『教育制度学研究』2020(27): 24-42.

Schwerdt, G. and A. C. Wuppermann, 2011, "Is Traditional Teaching Really All That Bad? A Within-Student Between-Subject Approach," *Economics of Education Review*, 30(2): 365–379.

須藤康介，2007，「授業方法が学力と学力の階層差に与える影響――新学力観と旧学力観の二項対立を超えて」『教育社会学研究』81: 25-44.

Tanaka, R. and K. Ishizaki, 2018, "Do Teaching Practices Matter for Students' Academic Achievement? A Case of Linguistic Activity," *Journal of the Japanese and International Economies*, 50: 26-36.

露口健司，2022，「公正で質の高い教育におけるICT活用の促進条件」国立教育政策研究所編『公正で質の高い教育を目指したICT活用の促進条件に関する研究――2020年度全国調査の分析』pp. 12-52.

卯月由佳，2022，「ICTの教育活用への社会経済的な制約，ICTの教育活用による社

会経済的な不利の克服」国立教育政策研究所編『公正で質の高い教育を目指したICT活用の促進条件に関する研究——2020年度全国調査の分析』pp. 79-102.

卯月由佳, 2023, 「ICTの教育活用への社会経済的な制約とその変化——市区町村単位の分析」国立教育政策研究所編『公正で質の高い教育を目指したICT活用の促進条件に関する研究——全国調査及び政令指定都市調査の分析』pp. 68-92.

八木澤史子・堀田龍也, 2017, 「1人1台端末の環境における若手教師とベテラン教師のICT活用に対する意識比較」『教育メディア研究』23(2): 83-94.

八木澤史子・堀田龍也, 2021, 「1人1台の情報端末を活用した小学校の授業で用いられる教師の教授知識の特徴」『日本教育工学会論文誌』44(4): 431-442.

山本良太・石橋純一郎・佐藤智文・平野智紀・山内祐平, 2024, 「GIGAスクール構想下の小学校における同僚性に基づく教員コミュニティの形態に関する調査」『日本教育工学会論文誌』48(1): 43-59.

3章

コロナ禍における教育格差
学力・学習時間・ICT 活用・「主体的・対話的で深い学び」

松岡　亮二

1──はじめに　コロナ禍における教育格差の実態を多角的に検証する

　教育格差とは，出身家庭の社会経済的地位（Socioeconomic status, 以下 SES），出身地域，性別といった子ども本人に選ぶことができない初期条件である「生まれ」によって結果に差がある傾向を意味する．戦後日本の義務教育は他国と比べて比較的標準化された制度を持つが，小学校入学時点から中学校卒業に至るまで個人（児童生徒）間と集団（学校・地域）間において SES による機会の格差（教育機会格差）と結果の格差（教育格差）が存在してきた（松岡 2019）．これらの格差は，同一児童生徒を複数年にわたって追跡したパネルデータでも実証されてきた（松岡 2019, 2022）．

　2020 年にコロナ禍となった後も SES による格差についての実態把握が行われてきた．たとえば，本書が用いている文部科学省委託調査研究（浜銀総合研究所 2023, 中村ほか 2023, 多喜ほか 2021 など）は，総じて，もともと不利だった児童生徒と保護者がコロナ禍でより困難を抱えるようになったことを示している．同様の傾向は，指標などによって結果は必ずしも一貫しないが，教育委員会や学校という教育を供給する側の対応に関してもみられた．国際的に評価の高い日本の義務教育制度であっても，地域の SES によって教育委員会や学校の臨時休業（一斉休校）などへの対応に差が観察されたのである．

　これらの知見をふまえて，本章は多角的にコロナ禍中のデータを分析して教育格差を検証する．まずは第 2 節で，コロナ禍前と比べて SES 格差が変容したのかを概観する．具体的には，学校間の SES による結果の格差がコロナ禍以前を基準として変わったのかという問いについて，3 時点の学校単位のパネ

ルデータを用いて明らかにする．立地，設備，近隣／地域SESなど様々な条件が年度間で大きく変わらない学校や学区を単位としたパネルデータ分析はよくみられる手法で，たとえば，米国30州約8,000学区の小中学生に関してコロナ禍以前と以後を比べた研究（Fahle et al. 2024）は，貧困率の低い学区と高い学区の学力格差拡大を実証している．本章もコロナ禍以前を起点とした集団単位のパネルデータで，日本のSESによる格差の*趨勢*を把握する．そのうえで，第3節で，コロナ禍となってから約2年が経過した時点のデータを用いて児童生徒を個人水準，学校を集団水準としたマルチレベルモデルによる分析をおこなう．この際，2つの調査データを組み合わせることで多角的にコロナ禍中における児童生徒の学力，学習行動，情報通信技術（Information and communication technology, 以下「ICT」）活用，それに，学習指導要領が定める「主体的・対話的で深い学び」に関するSES格差を実証的に精査する．換言すれば，第2節は学校単位ではあるが時点間の趨勢という縦軸を捉えて，第3節は横軸として一時点の詳細を把握する試みである．各分析に要するデータなどが大きく異なるので，第2節と第3節それぞれについて仮説・手法・結果を示し，最後にすべての知見をふまえた議論と示唆をまとめる構成とした．

2 ── コロナ禍前の時点を含む学校パネルデータが照射する教育格差の趨勢

研究課題：コロナ禍前と比べてSESによる教育結果の学校間格差は変化したのか．

　コロナ禍以降に収集された文部科学省委託調査データを用いると，個人間と学校間の教育格差を確認できる（松岡 2021など）．しかし，児童生徒と保護者を対象とした委託調査が実施された2021年の2月と12月は日本全体がコロナ禍中（第3波の減少期〜第5波収束期・第6波前）にあったので，SESと教育結果の関連の強さのうちのどれだけがコロナ禍によるものかはわからない．そこで，コロナ禍以前と比べてSESによって学校が抱える困難の学校間格差が拡大したのかどうかを把握するために，学校単位ではあるがコロナ禍前から取得された定期的な調査を用いて同一学校を追跡したパネルデータを構築する．各時点における結果の指標（以下，教育指標）としては，多角的に趨勢を把握す

るために，⑴高校受験などの選抜に直接的に関わり得る学力・学習時間，⑵コロナ禍への対応策として期待された ICT の活用状況，それに，⑶期せずしてコロナ禍中に全面実施となった新しい学習指導要領が定める「主体的・対話的で深い学び」の実践・修得状況の計 3 領域に着目する．

　仮説：コロナ禍前と比べて，学校 SES による教育指標の学校間格差が拡大した．特に，コロナ禍への曝露期間が長い年齢コホート（Age cohort），また，中学校と比べて低年齢である小学校においてより拡大した．

　コロナ禍中に両親大卒層は，「意図的な子育て（Concerted cultivation）」（Lareau 2011）をおこなっていた（松岡 2021）．これは，社会経済的に有利な層が資源を活用して一斉休校など教育におけるコロナ禍の負の影響を最小限に埋め合わせようとする行為で，補償的有利（Compensatory advantage）論（Bernardi 2014 など）と整合的である．家庭間で SES による対応に差があったことから，学校 SES が低位の学校（以下，低 SES 層）は高 SES 層と比べて相対的な学力が下がり，学習時間は短くなり，ICT 活用や「主体的・対話的で深い学び」といった「望ましい」教育実践を比較的おこなわなかった，という格差拡大仮説が考えられる．また，「不利の蓄積論（Cumulative disadvantage theory）」をふまえると，コロナ禍に入ってからの期間（パンデミック曝露期間）が長い，また，比較的若年の時点でコロナ禍を経験すると格差がより拡大したと推測できる．

　一方で，格差拡大ではなくコロナ禍以前と同様の平行推移仮説もあり得る．コロナ禍以前に行われた同一の児童生徒を追跡したパネルデータを用いた研究（松岡 2019, 2022 など）によると，出身家庭の SES による格差は児童生徒の学年が上がっても平行推移であり，明確な拡大や縮小はみられなかった．日本の義務教育制度は比較的標準化されていて（松岡 2019），小中学生のコロナ禍前後の全体の学力分布に大きな変化はなかったので[1]（文部科学省・国立教育政策研究所 2022），一斉休校などによる学習機会の損失はあってもコロナ禍によって階層性が増大することはなかった，という傾向であっても驚きはない．

⑴　分析：対象・データ

　小学校 6 年生と中学校 3 年生（以下，小 6・中 3）を対象とする文部科学省

表 3-1　各時点の特徴

時点	調査略称	年度	実施日	コロナ禍 2020年4月時点の学年 小学6年	コロナ禍 2020年4月時点の学年 中学3年	コロナ禍 調査時点の暴露期間 月単位(概算)	新しい学習指導要領 全面実施からの期間 小学6年	新しい学習指導要領 全面実施からの期間 中学3年
1	2019年調査	平成31年度（令和元年度）	2019年4月18日	中学1年	高校1年	0	移行期間中	
2	2021年調査	令和3年度	2021年5月27日	小学5年	中学2年	14	1年	移行期間中
3	2022年調査	令和4年度	2022年4月19日	小学4年	中学1年	25	2年	1年

「全国学力・学習状況調査」の児童生徒質問紙と学校質問紙に対する回答を3年度分用いる．各調査時点の年齢コホートの状況をまとめた表3-1にあるように，1時点目はコロナ禍以前である2019年4月18日に行われた平成31年度（令和元年度）調査（以後，2019年調査）で，この時の小6と中3はパンデミックを経験していない曝露期間0年の年齢コホートである．

令和2年度調査はコロナ禍による一斉休校の延長の中で実施が見送られたため，2021年5月27日に全国で一斉におこなわれた令和3年度調査（2021年調査）が本分析の2時点目となる．調査対象の小6と中3はそれぞれ小4・中1の終わりに最初の感染拡大期を経験し，社会において様々な変化があったコロナ禍1年目を小5・中2として過ごしたパンデミック曝露期間が1年と少しの年齢コホートである．新しい学習指導要領については，小学校は移行期間（平成30年度・31年度）を経て全面実施から約1年，中学校は移行期間中（平成30年度～令和2年度）となる．

3時点目は，さらに約1年後となる2022年4月19日に実施された令和4年度調査（2022年調査）である．コロナ禍となり約2年が経過した時点なので，調査対象の小6は4年と5年，中3は1年と2年のそれぞれ2年間をパンデミックに曝露された年齢コホートとなる．新しい学習指導要領の全面実施から小学校は2年，2021年4月全面実施の中学校については1年が経過している．

以上の3時点の児童生徒と学校の個票データを用いて，学校平均学力データがあり，質問紙に対する児童生徒回答が20以上ある学校についてパネルデータを作成した[2]．

(2) 変数（学校間水準）

学校 SES：2021 年調査と 2022 年調査の児童生徒質問紙に設問「あなたの家には，およそどれくらい本がありますか（雑誌，新聞，教科書は除く）」が含まれている[3]．選択肢「0-10 冊」「11-25 冊」「26-100 冊」「101-200 冊」「201-500 冊」「501 冊以上」のうち，最初の 5 カテゴリーは中央値 (5, 18, 63, 151, 351) をあて，「501 冊以上」は 501 とした．この設問に対する個人の回答による児童生徒 SES の学校平均が 2021 年と 2022 年の学校 SES で，時点間（Within）で変わり得る変数として 2 時点モデルで用いた．また，この 2 年度分の学校 SES から「学校 SES 平均」を作成し，学校間（Between）の違いを説明する変数として 3 時点モデルに投入した．学校 SES 層（表 3-4～表 3-8）は単年度ではなく 2 年度分の「学校 SES 平均」に基づいた分類である．

就学援助受給率：3 時点の学校票には設問「就学援助を受けている児童の割合は，どれくらいですか」が含まれる．校長の責任によって回答された % のレンジを示す選択肢の中央値をあて，「50% 以上」は 50 とした．この変数は学校 SES の経済的側面を示すといえるが，同じ学校であっても年齢コホートによって受給率に違いがあり得るので時点間（Within）変数として用いる．一方で，自治体によって受給基準が異なり未申請率も同一ではないと考えられるので，学校間（Between）変数としては不適切であるので使用しない．

学力：学校間の相対的な学力を把握するために，各学校の児童生徒の国語・算数／数学の 2 教科の平均正答率を各時点で学力偏差値化した（平均 50・標準偏差 10）．なお，3 時点の学力調査は各教科の設問数が 14-16 と少ないので[4]，各教科ではなく 2 教科の合算値を用いることで各学校の平均学力と解釈した．

学習時間：設問は「学校の授業時間以外に，普段（月曜日から金曜日），1 日当たりどれくらいの時間，勉強をしますか（学習塾で勉強している時間や家庭教師の先生に教わっている時間，インターネットを活用し学ぶ時間も含みます）」で，選択肢は「3 時間以上」「2 時間以上，3 時間より少ない」「1 時間以上，2 時間より少ない」「30 分以上，1 時間より少ない」「30 分より少ない」「全くしない」である．3 時間以上は 180（分），「全くしない」を 0 とし，残りは中央値の分数換算値をあてたうえで学校平均を作り，偏差値化（平均 50・標準偏差 10）して学習努力量の代理指標とした．

ICT活用毎日：児童生徒のICT活用に関する設問に対して「ほぼ毎日」と回答した割合を学校水準の変数とした．調査票の文言は2019年調査と2021年調査では「(前学年)までに受けた授業で，コンピュータなどのICTをどの程度使用しましたか」で，2022年調査では「コンピュータ」の代わりに「PC・タブレット」と表現が変わり選択肢も「週3回以上」が追加された．そこで，時点間で比較可能にするために，最も高頻度の「ほぼ毎日」を選んだ割合に絞り，何らかのICT機器を日常的に活用する層と見なした．

　主体的取組：本設問も前年度までの実践状況を聞いている．「(前学年)までに受けた授業では，課題の解決に向けて，自分で考え，自分から取り組んでいたと思う」に対して，「当てはまる」と明確に肯定した児童生徒割合を学校単位の変数とした．なお，2021年調査と2022年調査は文末が「取り組んでいる」に変更されているが意味は実質的に同じと解釈する．

　課題設定・発表：この項目では特に前学年までという指定はない．「総合的な学習の時間では，自分で課題を立てて情報を集め整理して，調べたことを発表するなどの学習活動に取り組んでいると思う」に対して「当てはまる」割合を用いた．本設問も2021年調査と2022年調査では「取り組んでいる」と文末が変更されているが同じ項目と見なす．

　主体的学習（校長評価）：児童生徒の主観的評価とは異なる指標として校長による回答を使用する．設問は調査対象学年の「児童（生徒）は，授業では，課題の解決に向けて，自分で考え，自分から取り組むことができていると思いますか」で，最も肯定的な選択肢（「そう思う」）を1，それ以外の3選択肢（「どちらかといえば，そう思う」「どちらかといえば，そう思わない」「そう思わない」）を0とする2値変数を作成した．本設問も2021年調査と2022年調査では文末が「できている」と言い切る形に変更されているが，選択肢の数と表現は維持されている．こちらも時点間で同じ意味の項目として解釈する．

　他の統制変数：時点間で変わり得る主な可変変数は，調査の各年度の特性を考慮するために2つのダミー変数（2021年調査・2022年調査），それに，児童生徒の回答数（児童生徒数）である．学校間の違いを説明する時点間で変わらない変数としては，公立を参照群とする国立と私立[5]それぞれのダミー変数，学校の住所が「三大都市圏」（東京都，千葉県，神奈川県，埼玉県，愛知県，京

都府，大阪府，兵庫県）か非三大都市圏（その他 39 の道県）を意味するダミー変数，それに，3 時点の児童生徒数の平均（児童生徒数平均）を含める[6]．

(3) 分析モデル

学校を分析単位とした成長曲線を含むハイブリッドモデル（Allison 2009）によって，教育指標の 3 時点（2019, 2021, 2022）間推移に階層性があるのかを確認する．下記に示した学校（i）の平均学力を被説明変数とする最終モデルは，切片（Random intercept）に加えて時点が学校によって異なるランダムな傾き（Random slope）になっていて，学校ごとに年度間変化率が異なり得ることを意味する[7]．このモデルでは学校の時点間変化の固定効果，時点間（Within）の各学校の成長曲線の傾きの違い，それに，学校間（Between）差異を同時に検証できる[8]．学校内水準（Within）の時点，就学援助受給率，それに児童生徒数は時点（t）間で変動し得る可変変数（Time-varying variables）で，各変数は学校内の平均を引いた値，すなわち，各学校の時点間変化を示している．学校間水準（Between）では，学校 SES 平均などの時点によって変わらない変数が時点の傾きの違い（π_{1i}）を説明できるかを検討する．同様に，被説明変数の学校間差異（π_{0i}）を説明するために，同じ不変変数一式を含めた．

学校内（時点間）水準（Within）：レベル 1・学校の時点間変化

$$\text{学校平均学力}_{ti} = \pi_{0i} + \pi_{1i}(\text{時点}_{ti}) + \pi_{2i}(\text{就学援助受給率}_{ti}) + \pi_{3i}(\text{児童生徒数}_{ti})$$
$$+ \pi_{4i}(2021\text{年調査}_{ti}) + \pi_{5i}(2022\text{年調査}_{ti}) + e_{ti}$$

学校間水準（Between）：レベル 2・学校間差異

$$\pi_{0i} = \beta_{00} + \beta_{01}(\text{学校 SES 平均}_i) + \beta_{02}(\text{国立}_i) + \beta_{03}(\text{私立}_i) + \beta_{04}(\text{三大都市圏}_i) +$$
$$\beta_{05}(\text{児童生徒数}_i) + r_{0i}$$
$$\pi_{1i} = \beta_{10} + \beta_{11}(\text{学校 SES 平均}_i) + \beta_{12}(\text{国立}_i) + \beta_{13}(\text{私立}_i) + \beta_{14}(\text{三大都市圏}_i) +$$
$$\beta_{15}(\text{児童生徒数}_i) + r_{1i}$$
$$\pi_{2i} = \beta_{20},\ \pi_{3i} = \beta_{30},\ \pi_{4i} = \beta_{40},\ \pi_{5i} = \beta_{50}$$

仮説の検証として注目するのは，学校 SES 平均が学校ごとの成長曲線（時点間変化）の傾きの違いを説明できるか否かであるが，3 時点で指標化した就

学援助受給率の時点間変動が，学力と学習時間の変動を説明できるかどうかも確認する．このモデルの時点間変動 (Within) の推計結果は固定効果モデルのそれと同一であるので (Allison 2009)，有意であれば，観察されない異質性を統制しても，SES の学校内 (時点間＝年齢コホート間) 変化が学力と学習時間の年度間変動を説明することを意味する．

(4) 分析結果：記述統計と各変数の階層性

学校単位の分析に用いる変数の記述統計をまとめた (表 3-2・表 3-3)[9]．時点間で変化のないダミー変数は小学校で国立 65 校 (0.5%)，私立 81 校 (0.6%)，三大都市圏は 5,959 校 (45.0%)，中学校では国立 69 校 (0.9%)，私立 224 校 (2.8%)，三大都市圏は 3,152 校 (39.4%) である[10]．学力と学習時間は分析時には各時点で偏差値化 (平均 50・標準偏差 10) してある．

まず，学校 SES 平均を 5 層に分割して学校特性との関連をまとめた．2021 年と 2022 年の児童生徒の家庭蔵書数平均が少ない「下位 20%」から順に 20% ずつの 5 層で，最も冊数が多いのは「上位 20%」である．対象は日本全体だが児童生徒回答数が 20 以上の学校に限定しているので小規模校は含まれていない．小学校と中学校の両方 (表 3-4) で，下位 20%，中下位，中位，中上位，上位 20% と学校 SES が高くなるにつれて，就学援助受給率が低く，三大都市圏に所在する学校の割合が増え，通塾率[11] は全難易度と進学目的の双方で高い傾向がある[12]．

(5) SES 層別の学校間格差の時点間推移

ハイブリッドモデルの前に，各被説明変数の時点間推移を SES 層別にまとめた．小学校の結果 (表 3-5) によると，コロナ禍前である 2019 年調査時点で，学校 SES が上位 20% の学校の学力偏差値 (平均 50・標準偏差 10) は 57.0 で最も高く，中上位 51.0，中位 48.9，中下位 47.5，下位 20% で 45.7 と順に低くなっている．上位 20% と下位 20% の差をみると偏差値で 11.3 の学力格差がある．これらは国公私立すべてを含んだ結果だが，小学校は児童の 98% が公立校に通っているので，学校 SES による学力格差が国私立と公立といった一部の間だけに留まらないことを意味する．上位 10% と下位 10% に限定しても

表 3-2　記述統計（学校単位）：小学校（N=13,248）

	時点	平均	標準偏差	最小値	最大値
可変変数（Time-varying variables）					
学力（国算平均）・正答率	2019	64.8	6.3	36.1	89.8
	2021	66.9	6.0	32.7	93.7
	2022	63.7	6.3	35.2	90.8
学習時間（分）	2019	92.2	15.3	30.0	174.0
	2021	87.7	16.1	34.4	177.7
	2022	84.3	16.4	28.7	171.9
ICT活用毎日（％）	2019	10.7	14.3	0	100
	2021	11.4	14.4	0	100
	2022	26.8	21.3	0	100
主体的取組（％）	2019	32.7	9.9	0	96.4
	2021	30.1	9.6	0	95.0
	2022	30.2	9.6	0	100
課題設定・発表（％）	2019	24.9	11.7	0	100
	2021	31.5	13.2	0	100
	2022	31.2	12.4	0	100
主体的学習（校長評価）（％）	2019	15.3	36.0	0	100
	2021	16.9	37.5	0	100
	2022	17.8	38.3	0	100
学校SES	2021	119.9	33.6	29.4	299.6
	2022	116.1	32.9	24.2	350.1
就学援助受給率	2019	13.4	9.9	0	50
	2021	13.0	9.5	0	50
	2022	12.5	9.3	0	50
児童生徒数	2019	72.6	35.5	20	252
	2021	71.0	35.5	20	293
	2022	70.2	35.5	20	289
不変変数（Time-invariant variables）					
学校SES平均	2021・2022	118.0	29.0	29.2	307.4
児童生徒数平均	3時点	71.3	34.7	20	275.3

それぞれ 1,324 校の比較で，学力偏差値の差は 15.0 ある．中学校の結果も同じ傾向を示している（表 3-6）．

このような一時点での学校 SES による学校学力の差は過去の研究でも繰り返し確認されてきた．本章の関心は 2020 年に起きたコロナ禍を境とした変化である．そこで 2021 年と 2022 年の結果に着目すると，小学校（表 3-5）の上

表 3-3 記述統計(学校単位):中学校 ($N=8{,}007$)

	時点	平均	標準偏差	最小値	最大値
可変変数(Time-varying variables)					
学力(国数平均)・正答率	2019	66.3	6.7	38.7	94.7
	2021	60.8	6.2	26.2	91.6
	2022	60.0	6.5	30.7	91.0
学習時間(分)	2019	94.7	15.0	19.3	153.6
	2021	102.4	15.4	20.8	161.4
	2022	93.8	15.3	23.3	155.4
ICT活用毎日(%)	2019	7.3	10.4	0	98.3
	2021	8.0	11.5	0	99.1
	2022	22.6	23.5	0	100
主体的取組(%)	2019	29.2	8.5	0	70.0
	2021	33.4	9.1	0	84.9
	2022	31.1	8.8	3.6	78.1
課題設定・発表(%)	2019	21.2	10.8	0	84.3
	2021	29.1	13.9	0	100
	2022	29.0	12.7	0	83.5
主体的学習(校長評価)(%)	2019	14.6	35.3	0	100
	2021	18.3	38.6	0	100
	2022	19.0	39.2	0	100
学校SES	2021	115.4	27.6	28.6	439.7
	2022	113.6	27.8	13.5	397.2
就学援助受給率	2019	15.1	10.2	0	50
	2021	14.9	9.8	0	50
	2022	14.6	9.7	0	50
児童生徒数	2019	118.3	62.9	20	440
	2021	115.6	62.7	20	383
	2022	114.2	62.6	20	391
不変変数(Time-invariant variables)					
学校SES平均	2021・2022	114.5	24.0	36.5	312.6
児童生徒数平均	3時点	116.0	61.9	20	404.7

位20%と下位20%の差は11.3,13.6,14.8,上位10%と下位10%の差だと15.0,17.7,19.0と拡大している.一方,中学校(表3-6)については上位20%と下位20%の差は,2019年から2021年にかけては13.6から14.7と拡大しているようにみえるが,2021年と2022年は14.7と14.9と平行推移に留まる.上位10%と下位10%の差でみても,18.2から20.4とコロナ禍の前後

表 3-4 学校 SES と学校の特性（%）

学校 SES	学校数	小学校 (N=13,248)				学校数	中学校 (N=8,007)			
		就学援助受給率3時点	三大都市圏	通塾率 全難易度 2021年	通塾率 進学塾のみ 2021年		就学援助受給率3時点	三大都市圏	通塾率 全難易度 2021年	通塾率 進学塾のみ 2021年
下位20%	2,650	17.0	30.6	39.1	18.7	1,602	19.1	29.5	53.2	14.5
中下位	2,650	14.1	37.6	42.3	21.3	1,601	16.2	36.2	57.8	16.4
中位	2,649	12.8	43.0	44.9	23.3	1,601	14.5	39.0	60.9	17.5
中上位	2,649	11.7	50.3	48.2	26.0	1,601	13.3	45.4	63.2	18.7
上位20%	2,650	9.4	63.3	58.2	35.2	1,602	11.2	46.7	66.2	21.3
上位20%と下位20%の差		−7.6	32.7	19.1	16.5		−7.9	17.2	13.0	6.8
下位10%	1,324	17.8	28.6	37.9	17.7	801	20.1	26.0	50.9	13.6
上位10%	1,325	8.2	66.9	63.2	39.5	801	9.8	47.8	67.2	22.7
上位10%と下位10%の差		−9.5	38.4	25.3	21.8		−10.3	21.9	16.3	9.1

注：表 3-4～表 3-8 の数値は，四捨五入のため，差が一致しない箇所がある．

では SES による学力格差の拡大が観察されるが，2021 年から 2022 年は 20.4 から 20.3 という同水準の推移である．

　学習時間に関しては，小中学校の両方で中学校の学力の推移と同様で，2019 年時点で学校 SES による格差があり，2021 年にかけて拡大しているようだがその後は平行推移といえる（表 3-5・表 3-6）．一方で，ICT 活用が「ほぼ毎日」の割合は 2018 年度（以前）時点で階層性はみられない（表 3-5・表 3-6）．コロナ禍への対策として ICT 活用が期待されるようになった 2020 年には全体的に増えているが，学校 SES 上位 20% 以上がより積極的に活用することでわずかだが学校 SES による差が現れた．

　3 項目の「主体的・対話的で深い学び」について目を向けると，小学校（表 3-7）と中学校（表 3-8）の両方においてコロナ禍前の時点で学校 SES による差がみられる．たとえば，児童評価による小 5（前年度）までの授業における主体的取組には大きくはないが SES と一定の関連がある．課題設定・発表についても同様で，学校 SES が高いほど児童はそのような実践をおこなっていたと報告している．また，校長評価の主体的学習に関する SES 上下位 10% 層の差は 11.9 あり，児童回答の 2 項目の差より大きい．中学校でも同じように SES と生徒報告の 2 項目に弱い相関があり，校長評価の上下位 10% を比べると差が 19.1 ある．これら 1 時点の差は，個人と学校の両方の水準で SES と児

表3-5　学校SES層別の学力・学習時間・ICT活用の推移：小学校（$N=13,248$）

学校SES	学校数 N	学力（偏差値）			学習時間（偏差値）			ICT活用（前年度）		
		2019	2021	2022	2019	2021	2022	2018	2020	2021
下位20%	2,650	45.7	44.6	43.7	46.2	45.8	45.6	11.2	10.9	25.7
中下位	2,650	47.5	47.0	47.1	47.7	47.5	47.5	10.2	10.7	25.9
中位	2,649	48.9	48.7	49.0	48.8	48.4	48.3	10.5	10.9	26.4
中上位	2,649	51.0	51.5	51.7	50.1	50.3	50.3	10.6	10.8	26.4
上位20%	2,650	57.0	58.2	58.5	57.2	58.0	58.2	10.9	13.6	29.6
上位20%と下位20%の差		11.3	13.6	14.8	11.0	12.1	12.6	−0.4	2.8	3.9
2019との比較			2.3	3.5		1.2	1.6		3.1	4.3
下位10%	1,324	44.9	43.7	42.6	45.7	45.2	45.3	12.0	10.8	26.2
上位10%	1,324	59.9	61.4	61.6	61.3	62.4	62.7	11.6	15.0	31.5
上位10%と下位10%の差		15.0	17.7	19.0	15.6	17.2	17.4	−0.4	4.3	5.3
2019との比較			2.7	4.0		1.7	1.8		4.6	5.6

表3-6　学校SES層別の学力・学習時間・ICT活用の推移：中学校（$N=8,007$）

学校SES	学校数 N	学力（偏差値）			学習時間（偏差値）			ICT活用（前年度）		
		2019	2021	2022	2019	2021	2022	2018	2020	2021
下位20%	1,602	44.3	44.0	43.6	46.6	45.8	46.1	8.3	8.1	22.0
中下位	1,601	47.2	46.9	46.9	48.8	48.4	48.1	7.2	7.5	21.8
中位	1,601	48.9	49.1	49.4	49.7	49.9	49.8	6.7	7.3	22.0
中上位	1,601	51.6	51.4	51.6	51.4	51.6	51.2	6.5	7.6	22.1
上位20%	1,602	58.0	58.7	58.5	53.6	54.4	54.8	8.0	9.6	25.4
上位20%と下位20%の差		13.6	14.7	14.9	7.0	8.6	8.7	−0.3	1.5	3.3
2019との比較			1.1	1.3		1.6	1.7		1.8	3.6
下位10%	801	43.7	42.7	42.5	46.0	44.6	45.2	8.6	8.0	21.6
上位10%	801	61.9	63.1	62.8	55.1	56.1	56.4	9.2	10.4	26.4
上位10%と下位10%の差		18.2	20.4	20.3	9.1	11.5	11.2	0.6	2.4	4.8
2019との比較			2.3	2.1		2.4	2.1		1.8	4.2

童生徒の学力や行動に関連（松岡 2019）があるので不思議な結果ではない．

　コロナ禍以前と以後の変化に関しては，項目と小中学校で一貫しているとはいえない．具体的には，児童生徒評価の主体的取組は小学校ではやや拡大傾向だが中学校では3時点で平行推移，課題設定・発表は小中学校の両方で2019年から2021年にかけて少し広がり，2021年から2022年は平行推移である．校長評価の主体的学習は小学校では上位と下位の20%を比べると3時点でほ

表 3-7　学校 SES 層別の「主体的・対話的で深い学び」実践の推移：小学校（$N=13,248$）

学校 SES	学校数 N	主体的取組（前年度）			課題設定・発表			主体的学習（校長評価）		
		2018	2020	2021	2019	2021	2022	2019	2021	2022
下位 20%	2,650	31.0	28.1	27.8	22.9	28.1	27.6	11.9	14.2	14.3
中下位	2,650	31.9	29.4	29.1	23.6	29.7	29.5	12.2	14.3	14.9
中位	2,649	32.7	29.6	29.4	24.5	30.7	30.1	15.6	14.4	16.5
中上位	2,649	33.0	30.4	30.8	25.6	32.3	32.2	14.9	17.5	18.1
上位 20%	2,650	34.8	33.2	33.8	28.1	36.7	36.4	21.8	24.1	25.4
上位 20% と下位 20% の差		3.8	5.1	6.1	5.3	8.6	8.8	9.9	9.9	11.1
2019 との比較			1.3	2.2		3.3	3.5		0.0	1.2
下位 10%	1,324	30.5	27.8	27.7	22.8	27.4	27.3	12.4	13.3	14.4
上位 10%	1,324	35.1	34.5	35.3	28.9	38.2	37.9	24.3	28.1	28.7
上位 10% と下位 10% の差		4.6	6.7	7.6	6.0	10.7	10.5	11.9	14.9	14.3
2019 との比較			2.2	3.0		4.7	4.5		3.0	2.4

表 3-8　学校 SES 層別の「主体的・対話的で深い学び」実践の推移：中学校（$N=8,007$）

学校 SES	学校数 N	主体的取組（前年度）			課題設定・発表			主体的学習（校長評価）		
		2018	2020	2021	2019	2021	2022	2019	2021	2022
下位 20%	1,602	27.7	32.1	29.7	20.0	27.1	27.0	9.3	11.8	12.9
中下位	1,601	28.8	33.0	30.4	20.4	27.9	27.6	10.9	16.2	15.5
中位	1,601	29.4	33.5	31.1	20.7	28.4	28.3	13.9	17.4	17.8
中上位	1,601	29.7	33.8	31.5	21.5	29.5	29.6	14.7	18.9	19.6
上位 20%	1,602	30.3	34.6	32.8	23.3	32.7	32.8	24.1	27.1	29.2
上位 20% と下位 20% の差		2.6	2.5	3.1	3.3	5.6	5.8	14.8	15.2	16.2
2019 との比較			−0.1	0.5		2.3	2.5		0.4	1.4
下位 10%	801	27.4	31.7	29.5	20.2	27.4	27.0	9.9	11.6	12.9
上位 10%	801	30.8	34.9	33.4	25.1	34.1	34.1	29.0	32.6	35.3
上位 10% と下位 10% の差		3.5	3.2	4.0	4.9	6.7	7.1	19.1	21.0	22.5
2019 との比較			−0.2	0.5		1.8	2.3		1.9	3.4

とんど平行推移のようだが，上下位 10% の差は 2019 年から 2021 年にかけてわずかに開いている．中学校では上下位 20% では 2019 年から 2021 年はほぼ変化がなく 2021 年から 2022 年にかけてやや拡大，上下 10% に限定すると 3 時点で差の拡大傾向がみられる．総じて平行推移かわずかな拡大であり，少なくとも新しい学習指導要領が全面施行されても「主体的・対話的で深い学び」に関する SES による格差の縮小は観察できない．

なお，紙面の都合上割愛したが中学校の主体的取組の他にも3時点で平行推移の項目がある．たとえば，小中学校の両方に関して，教科選好を示す「国語の勉強は好きだ」に対して「当てはまる」と回答した割合をみると各時点で学校SESによる差はあるが，3時点で階層差は変わっていない．

(6) 成長曲線を含むハイブリッドモデルの結果

学校平均学力を被説明変数としたモデルの結果（表3-9)[13]によると，学校SESは成長曲線と学校間のそれぞれで有意（$p<.001$）である．小中学校の両方で，国私立や三大都市圏を含む他変数を統制しても，学校SESが高いほど各時点における相対的な学力が上がる傾向を意味する[14]．学習時間，ICT活用毎日，「主体的・対話的で深い学び」3項目それぞれを被説明変数としたモデルの結果も，小中学校の両方でおおむね学力を被説明変数としたモデルと変わらなかった（表は紙面の都合上割愛)[15]．

学校内（時点間）水準（Within）の就学援助受給率の結果は，小中学校のICT活用毎日と中学校の課題設定・発表以外すべてのモデルで有意だった（表は割愛）．これは，学校間にある観察されない異質性を統制しても，就学援助受給率が下がると，相対的な学力が高まり，学習時間が増え，（中学校の課題設定・発表以外の）「主体的・対話的で深い学び」をより実践・修得するようになることを意味する[16]．同じ学校の学年間の学力や学習時間などの違いは，部分的に，どんな経済状態の家庭の児童生徒が在籍しているかに依存しているのである．

各時点の学力は児童生徒の行動や教育実践の基盤と考えられるので，学力以外の6指標を被説明変数とした各モデルに，学校平均学力を学校内（時点間）水準（Within），成長曲線（Random slope），学校間水準（Between）のランダム切片に説明変数として追加した分析もおこなった．被説明変数と小中学校によって結果がすべて一貫しているわけではないが，たとえば，学習時間，主体的取組，主体的学習（校長評価）は小中学校の両方で学校内水準（Within）において就学援助受給率の係数が落ちた[17]．成長曲線（Random slope）と学校間水準（Between）のランダム切片についても，たとえば，学習時間を被説明変数とする小中学校双方のモデルで学校平均学力の追加によって学校SESの

表 3-9　平均学力：ハイブリッドモデル：小学校・中学校

学校内（時点間）水準	小学校 N=39,665		中学校 N=23,958	
Within	係数	標準誤差	係数	標準誤差
就学援助受給率	−0.392	0.033***	−0.244	0.035***
児童生徒数	−0.134	0.027***	−0.040	0.028
2021 年調査	−0.088	1.595	−8.215	1.727***
2022 年調査	−0.187	3.189	−16.426	3.451***
レベル 1 残差分散	34.818	0.426***	23.629	0.393***
学校間水準	N=13,248		N=8,007	
Between	係数	標準誤差	係数	標準誤差
ランダム切片（Random Intercept）				
切片	51.493	1.593***	42.261	1.731***
学校 SES 平均	4.298	0.095***	4.879	0.135***
国立	9.943	1.294***	15.361	0.783***
私立	5.832	1.310***	4.003	0.804***
三大都市圏	−3.592	0.154***	−1.792	0.186***
児童生徒数平均	1.067	0.072***	0.511	0.090***
レベル 2 残差分散	37.188	0.702***	41.884	1.214***
成長曲線：時点のランダム傾き（Random Slope）				
切片	−0.515	1.595	7.952	1.726***
学校 SES 平均	0.469	0.042***	0.191	0.043***
国立	−1.441	0.287***	0.793	0.266**
私立	−1.422	0.432**	−0.295	0.260
三大都市圏	1.249	0.077***	0.605	0.080***
児童生徒数平均	0.039	0.036	0.115	0.040**
レベル 2 残差分散	0.226	0.214	0.114	0.210

*$p<.05$, **$p<.01$, ***$p<.001$

係数が低下した．就学援助受給率や学校 SES が相対的な学校平均学力を媒介してこれらの被説明変数と関係していると解釈できる．

　記述統計とハイブリッドモデルの結果をまとめると，小中学校の両方で，学校 SES が高いほど相対的な学力が高く，学習時間は長く，ICT 活用頻度が高く，「主体的・対話的で深い学び」をより実践・修得していた．また，諸変数を統制しても，おおむね，学校 SES が高いと各教育指標はコロナ禍前を起点として時点間で「望ましい」方向に伸びていた．

⑺ 2時点モデルによる学校SESの学校内（時点間）水準の結果

　学校SESの役割の詳細を検証するために，学校SES（家庭蔵書数平均）変数を作成できる2021年調査と2022年調査に限定した各被説明変数についての2時点モデルを分析した（表は割愛）．その結果，時点間水準（Within）で，学校SESが，小学校では学力，学習時間，ICT活用毎日，それに「主体的・対話的で深い学び」3項目のそれぞれと関連していた．中学校においては，学校SESによって学力，主体的取組，課題設定・発表が変動していた．また，経済的特性の代理指標である就学援助受給率も同時に統制して，小中学校の双方で学力と有意に関係していることを確認した．SESの文化的特性（家庭蔵書数平均）と経済的特性（就学援助受給率）の両方が学力平均に影響していたことになる．これらの観察されない異質性を統制した固定効果による知見は，同じ学校であっても学齢コホート（学年）間の学力などの差は，部分的に児童生徒の出身家庭のSESに依ることを意味する．

　学校間水準（Between）については，ICT活用毎日以外のすべての2時点と3時点のモデルで，児童生徒の家庭の平均蔵書数が多いと学力・学習時間・「主体的・対話的で深い学び」3項目がより「望ましい」傾向にあった．学校単位で教育の結果を評価する際，学齢コホートによってSESが異なることを考慮する重要性を実証的に示した結果といえる．

3──コロナ禍中の児童生徒の学力と学習行動の階層性

　研究課題：コロナ禍中の児童生徒の学力と学習行動にSESによる格差はあるのか．

　第2節の分析はSES格差の一部拡大傾向を実証した．コロナ禍によって学校教育が不安定にならなければ，たとえ部分的であっても階層性の拡大はみられなかったと考えられる．このように学校教育がコロナ禍以前とは変容した側面があるという実証的知見をふまえたうえで，コロナ禍となり約2年が経過した時点のデータに特化してより詳しい検証をおこなう．具体的には，第2節は学校単位の分析に留まっているので，児童生徒を個人水準，学校を集団水準としたマルチレベルモデルによって，学校SESを含む学校の持つ諸条件によっ

て格差があるのかを明らかにする．検証する教育指標は第2節と同じく児童生徒の学力，学習時間，ICT活用，「主体的・対話的で深い学び」である．また，2022年調査の児童生徒調査票には，ICT活用に関して新しく追加された項目がある．2019年と2021年の調査には含まれていないので経年比較はできないが，2022年の一時点において学校間のICT活用格差の階層性を確認できるので他指標と同様のモデルで分析する．なお，第2節で検討した「主体的学習（校長評価）」は学校単位の回答なので，児童生徒回答を個人水準としたモデルを採用した本節では扱わない．

仮説1：児童生徒の学力と学習行動には個人SESと学校SESによる格差がある．

仮説2：学校SESは学校の持つ諸条件を介して，児童生徒の学力・学習行動と関連している．

コロナ禍となり約2年が経過し，ICT端末の普及を含むコロナ禍対策が進んだ2022年4月時点においても，児童生徒個人の出身家庭SESによる結果の差がみられると考えられる．また，学校SESは学校間水準の諸変数を介して児童生徒の高い学力，長い授業外学習時間，日常的なICT活用，それに，より積極的な「主体的・対話的で深い学び」の実践と関連していると想定される．

(1) 分析：対象・データ

仮説を検証するために，第2節で用いた2022年調査，それに，全国の学校を人口規模別に抽出し2時点で実査された文部科学省委託調査（以下，抽出学校調査）を学校単位で組み合わせる．抽出学校調査は2022年調査と実施時期が近い第2回目の学校回答を用いる[18]．なお，第2節と揃えるために児童生徒回答が20以上ある学校に限定した．

(2) 変　数

児童生徒SES・学校SES：児童生徒の回答による家庭蔵書数を連続変数として用いる．学校SESは児童生徒SESの学校平均．どちらも各水準で標準化（平均0・標準偏差1）した．

学力・学校平均学力：第2節と同様に設問数の少ない1教科ではなく国語・

算数／数学の2教科の正答率を合算したうえで学力偏差値化（平均50・標準偏差10）してある．説明変数として使用するときは解釈を容易にするために標準化（平均0・標準偏差1）した．学校平均学力は学校水準で標準化（平均0・標準偏差1）された学校変数である．

学習時間：第2節と同じ平日，それに2022年調査には週末に関する別設問があるので，平日5日・土日2日に換算し，週あたりの学校授業時間外学習時間とした．なお，第2節の定義と同じ平日の学校授業外学習時間を被説明変数としても結果の傾向は変わらない．

ICT活用毎日：第2節と同じく設問「（前学年）までに受けた授業で，PC・タブレットなどのICT機器を，どの程度使用しましたか」に対して最も積極的な「ほぼ毎日」を1，それ以外を0の2値変数とした．5つある選択肢を連続変数として分析しても結果の傾向は変わらない．

ICT活用時間有無：学校授業外を含むICT活用の実態を検討するため，設問「普段（月曜日から金曜日），1日当たりどれくらいの時間，スマートフォンやコンピュータなどのICT機器を，勉強のために使っていますか」に対して使用時間を報告している者（「30分より少ない」～「3時間以上」）を1，「全く使っていない」を0，「スマートフォンやコンピュータなどのICT機器を持っていない」を欠損値とした変数を作成した．なお，ICT機器の不所持を「全く使っていない」（0）として扱っても主な結果は変わらない．また，使用時間の選択肢の中央値を1日あたりの分数に換算した連続変数として分析しても結果の傾向は同じである．

主体的取組：第2節同様「（前学年）までに受けた授業では，課題の解決に向けて，自分で考え，自分から取り組んでいた」に対して，「当てはまる」と明確に肯定した場合に1，それ以外を0とした．

課題設定・発表：第2節と同じく「総合的な学習の時間では，自分で課題を立てて情報を集め整理して，調べたことを発表するなどの学習活動に取り組んでいる」に対して「当てはまる」とした回答者を1，それ以外を0とした．

教員期待・親期待：教育実践が成立しやすい条件の1つとして大人による児童生徒に対する期待があり，学校SESによって期待度に差があることが知られる（松岡 2019 など）．本節では抽出学校調査の回答を使い，学校SESと教

育指標の関連を媒介する学校の文脈特性として教員と保護者（以下，親）の児童生徒に対する期待度を示す変数を作成した．「教員期待」は「教員は，児童生徒の成績に高い期待を抱いている」，「親期待」は「保護者は，児童生徒が良い成績を修めるよう期待している」に対して「非常によくあてはまる」と「あてはまる」をそれぞれダミー変数とした．参照群は「あてはまらない」と「まったくあてはまらない」である．これらは学力，学習時間，「主体的・対話的で深い学び」に関する分析の際に学校水準の説明変数としてモデルに含める．教員期待は小中学校ともに SES が上位 10% の学校で高い．親期待は学校 SES が上位の層ほど高いという明瞭な階層性がある（松岡 2023）．

ICT 活用条件：抽出学校調査には設問「現在の授業や家庭学習における ICT の活用について，あなたの学校ではどのような課題がありますか」があり，15 項目について回答を求めている．本節では報告書論文（松岡 2023）と同じく，行政が供給することで充足し得る項目として「学校のネットワーク環境（無線 LAN など）が整っていない」と「教員の ICT 活用のスキルが不足している」を扱う．また，教育実践の遂行に影響を与え得る児童生徒の家庭が関係する項目として，「家庭の通信環境（無線 LAN など）が整っていない」と「ICT 活用に対して保護者から支援を得るのが難しい」も検証する．各項目について課題として「あまりあてはまらない」と「あてはまらない」を 1，それ以外の回答（「あてはまる」・「ややあてはまる」）は 0 とした．学校の活用条件のうち学校ネットワークは学校 SES と関連しないが，教員スキルは学校 SES 上下位 10% の比較でのみわずかな差がある．家庭に関する 2 項目は学校 SES が高いほど課題として認識されていなかった（松岡 2023）．

他の統制変数：ダミー変数として，個人水準では児童生徒回答に基づいて参照群を男性とした女性と性別不明，学校水準では公立校に対する国立と私立，さらには，非三大都市圏を参照群とした三大都市圏をモデルに含めた[19]．連続変数に関しては，学校水準に学校規模を示す児童生徒回答数を投入した．

(3) 分析モデル

児童生徒を個人，学校を集団として捉えた 2 水準のマルチレベルモデルを適用する．具体的には第 2 節の数式からランダムな時点の傾き（π_{1i}）を抜いて，

表 3-10　連続変数の記述統計

	小学 6 年生				中学 3 年生			
	平均	標準偏差	最小値	最大値	平均	標準偏差	最小値	最大値
個人水準	\multicolumn{4}{c}{$N=160,665$}			$N=262,941$		
児童生徒 SES(家庭蔵書数)	120.7	133.8	5	501	116.2	133.8	5	501
学力（2 教科正答率平均）	64.7	21.3	0	100	60.9	21.3	0	100
学校授業外学習時間（週）	10.1	6.4	0	23	11.8	6.4	0	23
学校水準		$N=2,256$				$N=2,164$		
学校 SES 平均	117.4	32.3	30.1	273.1	114.7	27.9	28.2	397.2
児童生徒数	72.0	35.9	20	238	123.5	62.7	20	391
学校平均学力（正答率）	63.9	6.5	37.0	85.2	60.4	6.5	41.2	91.0

レベル 1 の学校内（時点間）水準を個人水準に読み替えたモデルで，本節の主要な関心は国私立や大都市などを統制したうえで学校 SES・教員と親の期待・ICT 活用条件が被説明変数の学校間差異（π_{0j}）を説明できるか否かである．分析では 3 つの手順を踏んだ．まず，モデル 1 として 2022 年調査から作成した変数について全学校・全児童生徒を使用した分析を各被説明変数についておこなった．そのうえで，同じ変数について抽出学校調査に有効回答があった学校とそれらに在籍する児童生徒に限定したモデル 2 の結果を出して，モデル 1 と比べてサンプルを限定しても主な結果に変わりがないことを確認した．最後に，教員と親の期待あるいは ICT 活用条件をモデル 2 に追加して最終モデルとした．結果の表は紙面の都合上最終モデルの一部のみとする．

(4)　分析結果・記述統計

　最終モデルと同じく抽出学校調査に有効回答があった学校とそれらに通う児童生徒に限定して，変数の記述統計（表 3-10）と度数分布（表 3-11・表 3-12）をまとめた．学力はマルチレベル分析では偏差値化してあるが，ここでは意味を取りやすいように 2 教科（国語・算／数）の平均正答率を示した．同様に学校 SES も分析では標準化してあるが，表 3-10 には家庭蔵書数の学校平均の値をそのまま含めた．表 3-11 と表 3-12 の数値は％に換算してある．たとえば，ICT を前年度までに授業でほぼ毎日利用していた小 6 は 27.2％，中 3 だと 22.7％である（表 3-11）．

表3-11 度数分布（%）：個人水準

	小学6年生 $N=160,665$	中学3年生 $N=262,941$
性別		
女性	48.0	47.3
性別不明	2.4	3.0
男性	49.5	49.7
ICT活用毎日		
ほぼ毎日	27.2	22.7
ほぼ毎日以下の頻度	72.8	77.3
ICT活用時間有無		
使用時間あり	81.7	81.3
全く使っていない	18.3	18.7
主体的取り組み		
当てはまる	30.3	31.2
その他	69.7	68.8
課題設定・発表		
当てはまる	31.7	28.8
その他	68.3	71.2

注：表3-11〜表3-13では，四捨五入のため，%の合計が100にならない箇所がある．

表3-12 度数分布（%）：学校水準

	小学校 $N=2,256$	中学校 $N=2,164$
国公私立		
国立	0.4	1.3
私立	0.7	2.6
公立	99.0	96.1
都市圏		
三大都市圏	52.0	46.7
非三大都市圏	48.0	53.3
地域規模		
大都市	29.2	28.3
中核市	25.0	23.3
その他の市	38.6	39.6
町村	7.3	8.8
教員期待		
非常によく〜	6.7	10.0
あてはまる	71.5	71.5
その他	21.8	18.5
親期待		
非常によく〜	10.2	20.8
あてはまる	76.5	73.3
その他	13.3	5.9
学校ネットワーク		
整っている	75.7	66.7
整っていない	24.3	33.3
教員スキル		
不足していない	45.3	33.9
不足している	54.7	66.1
家庭通信環境		
整っている	52.6	54.3
整っていない	47.4	45.8
親支援		
得易い	80.8	83.1
得難い	19.2	16.9

(5) 児童生徒SESと被説明変数の関連（児童生徒単位）

　マルチレベル分析の前に，児童生徒でも回答可能な出身家庭のSESの代理指標として知られる家庭蔵書数と被説明変数の関連を確認する．前提として，学力，学習時間，ICT活用時間有無，課題設定・発表は調査時点における実態を示している．ICT活用毎日と主体的取組については前学年までについて

表 3-13 児童生徒 SES の代理指標と被説明変数の関連（児童生徒単位）：小 6・中 3

家庭蔵書数（冊数）		学力	学習時間	ICT毎日	ICT有無	主体的 取り組み	課題設定 ・発表
小学 6 年（$N=160,665$）	%	正答率	週・時間数	%	%	%	%
0–10	11.1	51.5	7.7	25.2	74.1	19.9	21.5
11–25	18.4	58.9	9.0	25.3	80.6	24.4	26.3
26–100	34.2	66.0	10.0	26.5	82.5	29.9	31.5
101–200	19.5	69.2	11.0	28.0	83.6	34.2	35.5
201–500	12.0	72.4	11.8	30.0	84.3	38.6	39.5
501 以上	4.7	71.7	13.0	34.5	83.4	44.5	43.4
中学 3 年（$N=262,941$）	%	正答率	週・時間数	%	%	%	%
0–10	14.2	50.4	10.1	21.8	74.3	24.0	23.0
11–25	19.3	57.4	11.5	21.7	81.6	28.4	26.8
26–100	32.1	62.2	12.0	22.2	82.8	31.2	28.8
101–200	17.7	64.8	12.4	23.6	83.1	34.2	31.3
201–500	12.5	67.5	12.6	24.1	82.3	36.2	32.3
501 以上	4.2	67.2	12.9	26.7	81.6	41.0	35.9

の設問だが，2022 年調査は 4 月 19 日に実施されているので児童生徒にとって記憶に新しい項目に関する自己評価を意味する．これらの点に留意したうえで小 6 と中 3 の両学年の結果（表 3-13）をみると，概して，出身家庭の蔵書数が多いと学力が高く，通常授業外学習時間が長く，ICT 活用と主体的学習を実践している傾向を確認できる（2022 年調査に回答した全児童生徒を用いても同様）．また，公立校の児童生徒に限定しても，小中学校の両方において家庭蔵書数と国・算／数の正答率に明確な関連が存在する（松岡 2023）．ただ，例外もある．たとえば，上位層同士の比較だと SES が高ければ被説明変数が必ずしも高いわけではない．学力に関しては小中学校の双方で「501 以上」とほぼ変わらないが「201-500」冊が最も高いし [20]，ICT 活用有無（表内記載は ICT 有無）についても「501 以上」が最も高いわけではない（表 3-13）．

(6) マルチレベルモデル分析

学力を被説明変数としたマルチレベルモデルの分析結果（表 3-14 左）によると，小中学校の両方で，児童生徒 SES と学校 SES が高いほど他の諸変数を統制しても学力偏差値が高かった．また，学校 SES とは独立して，教員期待と特に親期待が学力と関連していた [21]．一方，小 6 では三大都市圏は非三大

表3-14 マルチレベル分析の結果:小学校・中学校

被説明変数	学力偏差値				学校授業外学習時間			
	小学6年生		中学3年生		小学6年生		中学3年生	
個人(児童生徒)水準 Within	$N=160,665$		$N=262,941$		$N=160,665$		$N=262,941$	
	係数	標準誤差	係数	標準誤差	係数	標準誤差	係数	標準誤差
児童生徒SES	1.889	0.025***	1.558	0.021***	0.719	0.016***	0.223	0.013***
女性	2.293	0.053***	2.117	0.045***	0.536	0.033***	0.879	0.029***
性別不明	1.379	0.713†	−0.369	0.238	−0.509	0.412	−0.024	0.127
学力	—	—	—	—	1.186	0.023***	1.236	0.017***
レベル1残差分散	88.065	0.431***	88.175	0.389***	34.872	0.22***	36.075	0.147***
学校水準 Between	$N=2,256$		$N=2,164$		$N=2,256$		$N=2,164$	
	係数	標準誤差	係数	標準誤差	係数	標準誤差	係数	標準誤差
ランダム切片(Random Intercept)								
切片	49.648	0.052***	49.984	0.071***	9.947	0.031***	11.584	0.045***
学校SES	1.335	0.058***	1.391	0.089***	0.406	0.042***	0.098	0.041*
国立	1.884	0.810**	5.593	0.472***	1.558	0.800†	1.300	0.348***
私立	1.120	0.544*	1.615	0.473**	2.752	0.477***	−0.913	0.374*
児童生徒数	0.356	0.050***	0.208	0.049***	−0.044	0.030	0.089	0.034**
三大都市圏	−0.331	0.110**	−0.052	0.102	0.002	0.063	0.222	0.064**
大都市	1.195	0.232***	0.746	0.208**	0.547	0.132***	0.336	0.133**
中核市	0.747	0.225**	0.271	0.204	0.174	0.130	0.477	0.138**
その他の市	0.527	0.220*	0.494	0.194*	0.086	0.124	0.184	0.129
教員期待:非常によく〜	0.476	0.266†	0.541	0.261*	−0.099	0.182	−0.045	0.160
教員期待:あてはまる	0.316	0.143*	0.406	0.139**	−0.002	0.091	0.024	0.079
親期待:非常によく〜	1.961	0.265***	1.994	0.262***	0.333	0.183†	0.249	0.170
親期待:あてはまる	1.184	0.186***	0.979	0.222***	0.003	0.114	0.050	0.138
学校平均学力	—	—	—	—	1.094	0.039***	0.914	0.052***
レベル2残差分散	4.226	0.188***	4.157	0.206***	1.524	0.069***	1.676	0.073***

†$p<.1$, *$p<.05$, **$p<.01$, ***$p<.001$

都市圏より学力が低い傾向にあるが,町村を参照群としてその他の市,中核市,大都市[22]の順で高い学力と関連していた.

個人水準と学校水準の両方でSESによる学力格差の存在を確認したうえで,児童生徒の学力と学校平均学力を説明変数,通常授業時間外の週当たりの学習時間を被説明変数としたモデルで分析した.この結果(表3-14右)によると,階層性のある学力を統制しても,児童生徒SESと学校SESが努力の代理指標である学校授業外学習時間と関連していた.学力と学校平均学力を説明変数として含めないモデル(表は割愛)だと児童生徒SESと学校SESの係数はより

大きいので，個人水準と学校水準それぞれで，SESが学力を介して児童生徒の学習行動と関連していると解釈できる．

　紙面の制限により表を割愛するがICT活用毎日とICT活用時間有無を被説明変数とした結果によると，児童生徒SESは学力を統制してもすべて有意だった．出身家庭のSESが高い児童生徒は学力の高低とは別にICT活用に授業内外で積極的だといえる．小中学校と2つの被説明変数の計4モデルで共通する学校水準の結果は，「教員スキル」が児童生徒のICT活用行動の学校間差異を有意に説明していることである（$p<.001$）．

　授業内外のICT活用時間有無については，小中学校両方で学校SESや学校平均学力を含む諸変数を統制しても家庭の通信環境が有意だった（$p<.01$）．学校SES自体は小中学校ともに有意ではないが，一定の階層性がある家庭の通信環境（松岡 2023）と学校平均学力，それに，私立（小6・中3），国立（中3），三大都市圏（中3）も学校間差異を説明していた．総じて，SESは個人・学校のそれぞれの水準で様々な変数を介す形でICTを勉強のために利用するという児童生徒の学習行動と関連していた．授業内利用についてのICT活用毎日に関しては，小6では学校SES，中3では国立，私立，家庭の通信環境，学校平均学力に階層性がみられる．

　紙面の制限により主体的取組と課題設定・発表についての表も割愛する．主な知見をまとめると，小中学校と2つの被説明変数の計4モデルで児童生徒のSESと学力は有意である．SESと学力それぞれが高い児童生徒は「主体的」に取り組んでいると自己評価する傾向を意味する．学校水準では，学校授業外学習時間を被説明変数としたモデル（表3-14右）と同じ説明変数を統制しても，学校SESは3モデル（小6の主体的取組と小中学校両方の課題設定・発表）で，学校平均学力は全4モデルにおいて学校間の違いを説明していた．SESは各水準の学力変数を介して2種類の「主体的」学習行動と関連しているといえる．

4 ── 議　論

(1) SES による結果の格差（教育格差）がコロナ禍前と比べてわずかに拡大

　第 2 節ではコロナ禍以前の時点を含む学校単位のパネル分析を，第 3 節ではコロナ禍から約 2 年が経過した時点のデータを用いて児童生徒水準と学校水準のマルチレベル分析をおこなった．まず，コロナ禍前を含む 3 時点で国語の教科選好（表は割愛）や中学校の主体的取組のように学校 SES による差が平行推移である項目がある一方で，小学校の各時点における相対的な学力は時点間で拡大傾向だった．コロナ禍前後で全体の学力分布に大きな変化はない（文部科学省・国立教育政策研究所 2022）ようだが，各時点の相対的な学力の階層性は強まったことになる．この結果は米国の貧困率による学区間の学力格差の拡大（Fahle et al. 2024）と同じ傾向[23]といえる．

　パンデミック曝露期間が長い年齢コホートのほうが SES による学力格差が大きいという小学校の結果は，不利の蓄積論（Cumulative disadvantage theory）仮説を支持したといえる．一方，中学校ではコロナ禍の前と後だと学力格差の拡大がみられたが，その後は平行推移であった．2021 年から 2022 年にかけて格差が拡大したのは小学校だけであったので，低年齢でのコロナ禍への曝露となる小 6 のほうが中 3 よりも影響が大きかったと考えられる[24]．

　学習時間については小中学校の双方で，コロナ禍前の 2019 年からコロナ禍中の 2021 年の間に差がやや拡大し，その後の 2021 年から 2022 年は平行推移だった．よって，コロナ禍への曝露期間の蓄積と曝露の年齢が低いほうが悪影響を受けるという不利の蓄積論はあてはまらなかった．

　コロナ禍への対応として期待された ICT 活用に関しては学校 SES による拡大がみられた．他国と比べて学校教育における ICT 活用の低調さが知られていたコロナ禍以前である 2018 年度は，全体的に活用されていないし SES による差も確認できない．しかし，コロナ禍によって「望ましい」教育実践として脚光を浴びた後は，全体的に増えるなかでも高 SES 層がより実践することで大きくはないが SES による差が生じたと解釈できる．

　「主体的・対話的で深い学び」については，学習指導要領が移行期間中のコロナ禍前の時点において，大きい差とは言い難いが，SES 上位層においてよ

り実践・修得されていた．この SES による初期の格差は，学力の SES 格差（松岡 2019, 2022 など）のように時間が経過しても縮小せず，項目と学年によっては平行推移あるいはわずかな拡大傾向がみられた．学習指導要領の全面実施後も平行推移，あるいは高 SES 校がより適応することで SES 格差が拡大したのである．換言すれば，学習指導要領が求める教育を実践できる学校かどうかは，児童生徒の出身家庭 SES と無縁ではないのである．このような階層性が顕著に出たのは児童生徒の自己評価の変数より「主体的学習（校長評価）」だった．悉皆の学校調査は匿名ではなく校長の責任において回答するようにと明記されているので，学習指導要領に沿った教育実践ができていると報告しなければならない暗黙の圧力があるといえるが，それでもなお児童生徒票項目から作成された学校 SES 指標で階層性が確認されたのである．ただ，これらは驚くべき結果ではない．SES によって児童生徒間と学校間に学力，学習努力量，通塾率，大学進学期待，親による子への大学進学期待など様々な格差が存在する（松岡 2019）以上，学習指導要領が求める教育の実践と修得のしやすさに SES による学校間格差があると考えられるのである．

　総じてコロナ禍の前と後で比べるとおおむねわずかな SES による拡大傾向が小中学校でみられたが，その程度をどう評価するかに揺るぎない 1 つの解釈があるわけではない．たとえば，学校平均学力の標準偏差は正答率換算で 6% 台（表3-2・表3-3）に過ぎない．それに，そもそもコロナ禍前の時点で存在する学力偏差値格差は小学校の SES 上下位 10% の比較で 15.0 あるので，その差が 2022 年に 19.0 になったところで 4.0 の拡大に過ぎないともいえる．一方で，コロナ禍前の研究（松岡 2019, 2022 など）で平行推移だった SES による学力格差がコロナ禍前と比べて拡大傾向にあることは軽視すべきではないという見解もあるだろう．同様に，ハイブリッドモデルの結果では学校 SES による学習時間のわずかな拡大傾向があったが，学習時間の 1 標準偏差は平日 1 日あたり 15〜16 分なので取るに足らないという指摘もあるかもしれない．ただ，中学校では，公立校の 3 年生は高校受験という選抜前なので，SES による学校間格差拡大は少しでも無視できないという評価もあり得る．

　これらの学校 SES による様々な学校間格差は記述的であるが，2 時点モデルの結果は，児童生徒の集合的な SES によって学校単位の結果が変動するこ

とを示している．同じ学校でも学年によって児童生徒の学力と行動に差があるのは自然なことだが，そのような違いと学年の平均SESは無縁ではない．同じ地域の学校だから毎年度児童生徒のSESがまったく同じというわけではないし，学校SESによって平均学力を含む教育結果が変わるのである．

　学力以外の被説明変数については学力を含めないモデルと含めたモデルの両方の結果を比較した（結果の詳細は割愛）．たとえば，学校内（時点間）水準の結果によると，観察されない異質性を統制しても，学校SESは部分的に学校の平均学力を介して「主体的・対話的で深い学び」の状況と関連していた．よって，学校SESによる教育実践の格差のメカニズムの1つは，基礎学力の有無と考えられる．言い換えれば，学力が高くなければ，応用的な実践と修得は難しいといえる．

(2)　コロナ禍中の教育格差

　2022年調査と抽出学校調査を組み合わせた1時点のマルチレベル分析の結果は，第2節の学校単位のパネルデータ分析による知見と同じ傾向を示した．児童生徒SESは被説明変数の児童生徒間分散を，学校SESは学校間分散を一部説明していた．児童生徒水準と学校水準のそれぞれで，SESが高いほど学力が高く，週あたりの通常授業外学習時間が長く，授業内外でICTを活用し，主体的学習を実践していると自己評価している傾向が確認された．

　これらの結果から，高SES家庭出身の児童生徒の割合が高い学校とそうではない学校では，「望ましい」とされる教育を実際におこなう際の難易度が異なる実態が浮かび上がる．このようなSESによる学校間格差は，コロナ禍における学校のICT活用方針にもみられた（松岡 2023）．

　具体的には，公立校に限定しても，児童生徒に配布されたICT端末に関して「毎日持ち帰り，毎日・時々利用」運用しているか否かに学校SESによる格差があった．2021年5月時点では小学校では一貫した差はなかったが，中学校，それに2022年2月時点の小中学校の両方において高SES校はより積極的なICT端末の運用をおこなっていた（松岡 2023）．令和3年度（2021年度）に「（コロナ禍で）やむを得ず登校できない児童生徒に対してオンラインを活用した学習指導を行いましたか」に対して「行った」と回答した学校の割合に

ついても，公立の小中学校で学校 SES による差がみられた．公立校の学校の方針（School policy），それに，第 3 節の分析が明らかにしたように児童生徒の授業内外の ICT 活用は，学校の SES から自由ではないのである．

5——政策的示唆

(1) SES による様々な学校間格差とわずかな拡大傾向を議論の前提にする

　学校 SES による学校間格差はコロナ禍以前から存在し，コロナ禍中に学力を含む教育指標に関してわずかな拡大傾向がみられた．同じ時期に，ICT 活用が推進され，「主体的・対話的で深い学び」を柱とする学習指導要領の全面実施もあったが，これらの教育がすべての学校で等しく実践されていたわけではない．標準化された制度を持つ義務教育であっても様々な SES 格差がコロナ禍以前の時点で家庭間・学校間に存在し（松岡 2019 など），それらの SES による学校間格差はやや拡大していた．コロナ禍以前の SES による差が小さくないので拡大分は些末という見方もあり得るし平行推移に留まる項目もあるが，大規模な予算をつけて ICT 活用を推進し学習指導要領が全面施行となっても縮小はしていない．指標によってはコロナ禍がなければ緩和した可能性はあるが，そもそも出身家庭の SES による学力や最終学歴などの結果の差は近年だけではなく戦後日本社会で継続して観察されてきた（松岡 2019 など）．パンデミックの割には著しく拡大していないといった雑感で総括して追加の対策を実施しないのであれば，教育格差とその拡大傾向を放置することになる．

　第 2 節のハイブリッドモデルで諸変数を統制しても学校 SES が成長曲線（時点間変化）を説明していたことから明らかなように，社会経済的に不利な家庭出身者の割合が高い学校は，そうではない学校と比べたとき，よりコロナ禍による困難を抱える傾向にあった．この教育指標の SES 格差のわずかな拡大は終わった話ではなく，次の教育実践に影響を与える可能性がある．コロナ禍収束後も，児童生徒の出身家庭 SES によって学力，学習努力量，ICT 活用や主体的学習の実践経験などに差がある以上，各学校において「望ましい」教育実践を行う難易度には差があり続けることになる．このような教育実践の難易度の学校間格差とその拡大傾向は，個々の教員や校長の責任ではない．

もっとも，すべてにSES格差があるわけではない．第3節で使用したICT活用条件は2022年調査の約2カ月前に実施された第2回抽出学校調査の回答に基づいて指標化したが，コロナ禍最初期の臨時休業中や第1回調査の2021年1月と比べると（松岡 2023），全体として学校内ネットワーク環境と教員ICTスキルに関する課題認識は減少していた．このような行政が供給すれば充足し得る学校内の条件整備はすべての学校で課題認識がなくなるまで今後も欠かせない．学校内ネットワーク環境などには財政措置，教員スキル不足には研修や大学の教員養成課程の改善といった従来の政策の延長で対応可能だろう．

　一方で，実際に児童生徒がICTを最大限に活用するために必要な家庭の通信環境には，通信機器の貸出をおこなっている自治体などがあるにもかかわらず全国データでみると明確なSES格差がコロナ禍になって約2年が経過した時点でも存在した（松岡 2023）．親支援についても大きくはないがSES格差がないわけではない．学校内の条件を標準化しても家庭における条件の差は残るし，第3節の分析によると，家庭の通信環境については学校SESや学校平均学力を含む諸変数を統制しても有意に小6と中3のICTを活用した勉強時間の有無と関連していた．学校の授業外でもICTを勉強のために使う児童生徒の割合が高い学校とそうではない学校では，授業時間内での活用やICT利用を前提とした宿題を出せるかどうかなどにも差があると思われる．学習指導要領に準拠した紙の教科書を無償配布したり，教員や学校施設を揃えたりといった学校制度内の条件整備という標準化政策だけではSESによる学力や進学などの結果の差を縮小できてこなかったわけで（松岡 2019など），全学校にモノ（ICT端末やネットワーク環境）と人（スキルのある教員）を供給するという従来の行政手法「だけ」では，家庭が関係する条件や実際の学校のICT活用に関する格差がなくなることはないと考えられる．

　これはICT活用だけの話ではない．日本全国で普及させようとしている「主体的・対話的で深い学び」といった「新しい」教育実践についても，児童生徒と校長の回答に基づいた分析結果によると，すべての学校で同じような実践・修得はできていない．文部科学省が理念的に「望ましい」とする教育政策を現場に下ろす際，学校SESによって児童生徒の学力や親による期待といった教育をおこなううえでの条件に差がある．特に中学校では，公立校に限定し

ても学校SES上位層において生徒の成績に対する教員の期待が比較的高い（松岡 2023)[25]．SESによって様々な差が個人間・学校間にある（松岡 2019）以上，「個別最適な教育」といった理念を画一的・標準的にすべての学校で同じように実践させることは容易ではない．学校SESによる教育実践の困難の度合いを考慮せずに，すべての学校に対して同程度の資源配分といった「同じ扱い」をするだけでは，結果的に実態としての機会と結果の不平等の維持への加担となる可能性がある（松岡 2019）．

(2) 困難を抱えている学校への追加支援とSES層別に効果のある実践の模索

　第2節の分析は，社会経済的に不利な家庭出身者の割合が高い学校は，そうではない学校と比べたとき，よりコロナ禍による困難を抱えていた傾向を明らかにした．教育実践遂行の難易度にSESによる学校間格差があるという実態から導き出される対応策は，すべての公立校において同じ量と質の教育の提供を試みる標準化政策は継続しつつ，低SES層に追加支援をおこなうことである．具体的には，自治体が低SES家庭とそのような家庭の割合が高い学校を把握し，優先的に介入したうえで，実際にどのような効果がどの程度あるのかを実証し，得られた研究知見を政策にフィードバックするサイクルを確立することが求められる（松岡 2019，松岡編 2021 など）．社会経済的に困難を抱えている地域の学校に手厚く配分・介入しなければ，既に存在する格差の維持を実質的に容認していることになる．

　今までの教育行政は，「好事例の横展開」を推奨してきた．評価の高い事例を他の地域や学校で再現する試みだが，問題は2点ある．まず，そもそも効果があると科学的に実証されていない実践を好事例として周知していることである．学校SESを考慮しないで実践だけに注目すると，どのような児童生徒だから可能な実践か，という点が捨象されてしまう．SESに恵まれ，高い学力や学習意欲を持つ児童生徒ばかりでうまくいっているようにみえる実践に効果があるかは疑わしい．この点について，第2節の分析は具体的な示唆を与える．2時点モデルの結果によると，就学援助受給率だけではなく学校SES（家庭蔵書数平均）が学力と学習時間などの年度間変動を説明していた．他に同じ時期に同じ方向に変動している要因がある可能性は残るが，指標化できる様々な可

変変数を投入しても就学援助受給率と学校 SES は有意なままだった．同じ学校であっても学年間で異なる SES によって学力などが変わると解釈できる．学力や学習習慣などの（学校内の）学年間の違いを「今年度の A 先生の授業がよかったからだ」といった教育実践と結び付けた議論は因果的な効果を前提としている．しかし，対象学年の児童生徒の出身家庭 SES が前年度より高くなったことで学校の平均学力や「主体的・対話的で深い学び」の実践・修得が「望ましい」状態になった可能性を考えないと，効果がない実践でも因果的効果ありと誤認し好事例として扱ってしまうことになりかねない．教育活動が円滑に進んだとき，それは授業担当者の能力や工夫によるのか，それとも教育を受ける側の理解が早いのかを識別しなければ，効果がない実践を無批判に継続あるいは拡散することになる．同じことは学校の運営方針や自治体と国の政策にもいえる．「好事例の横展開」行政の問題の2点目は，たとえ効果がある実践だとしても，SES を背景にして学力や進学意欲など様々な特性が異なる他の児童生徒・学校で同じ実践ができるのか，また，実践できたところで同じ効果が出るかもわからないことである．

　どのような児童生徒・学校で効果があるのかを特定しなければ，他の地域・学校で実際的に応用できる知見とならない可能性があるにもかかわらず，抽出学校調査の分析結果（松岡 2023）によると，文部科学省の研究指定校は特に中学校において公立校であっても高 SES 校に偏っていて，これらは平均的に高学力校だった．高 SES かつ高学力な国立校も指定されている割合が明らかに高かった（松岡 2023）．過去の研究（松岡 2019）をふまえれば，このような高 SES 校は学校教育や大学進学と高い親和性を持つと考えられる．そのような教育しやすい学校でおこなった実践は，様々な困難に直面する低 SES 校で再現できるのだろうか．因果関係も特定できず，学力と学習意欲などが高い児童生徒でしか実践できないような授業事例が増えるだけなのであれば，それに公的な予算措置をおこなうことは適切なのだろうか．少なくとも学校 SES や学力層別に指定校の数を振り分けるといった改善が必要である．

(3) すぐに構築可能な学校パネルデータ
　時点間で比較可能なデータをみる限り，SES による学力などの格差だけで

はなく平均学力も過去20年前後にわたって大きく向上していない（松岡編 2021）．定期的なデータ収集で実態把握を継続しながら，追加支援とその効果検証によって知見を蓄積しながら実際に結果を改善する行政への転換が求められる．その第一歩として，定期的に実施されている全調査の学校パネルデータ化を提言する．第2節の分析のように既存の調査を学校パネルデータ化すれば，どの学校に追加資源を投入すべきかは明確になる．また，「児童生徒の問題行動・不登校等生徒指導上の諸課題に関する調査」や「公立学校教職員の人事行政状況調査」などを学校単位で整理し，「全国学力・学習状況調査」などと学校IDで繋げることで，どのような特性を持つ学校で不登校や教員の病気休職が増えているのかといった分析，それに，それらの増加による様々な影響についての検証も可能となる．児童生徒単位が最善だが，少なくともこのように学校単位でデータを整理しておくことで，今後のパンデミックや大地震を含む自然災害による教育への影響と追加支援の効果を検証できるようになる．その際，本章の実証知見が示しているようにSESによる学校間格差を前提とする必要がある．

　2020年にはじまったコロナ禍の影響についても，今後も継続的な検証が求められる．本章の第2節が明らかにしたSESによる学力などの格差は維持されるのか，それとも年月の経過によって縮小するのか，あるいは，拡大するのか．コロナ禍収束後に小学校に入学した年齢コホートについてはパンデミック前である2019年時点の格差水準に戻るのか．このような基本的な問いに回答できるようにデータを整備しなければ，パンデミックや自然災害のたびに教育の機会と結果の格差が騒がれ，結局のところ何がどの程度あったのか曖昧なまま次の話題に議論が移る，という過去の教育政策議論（松岡 2019, 松岡編 2021）の繰り返しになってしまう．そして後に，出身家庭のSESによって最終学歴を含む到達SESに格差があるという傾向が社会調査で明らかにされるが，対象となった個人はすでに成人していて何か救済措置があるわけでもなく，そのような知見が次の教育政策の議論の前提になるわけでもない，という不毛な堂々巡りが続くことになる（松岡 2019, 2021, 松岡編 2021 など）．

　既存の調査の学校パネルデータ化に加えて，様々な抽出パネル調査の継続的な実施も欠かせない．たとえば，本章は学校SESによる学力などの学校間格

差が拡大した正確な時期を特定できていない．今回利用可能なデータでみるとやや拡大傾向であったが，臨時休業直後であればもっと SES による格差は大きく，その後，学校が再開するなかで縮小していたのかもしれない．データがあれば，どのような特性を持つ学校がより早く回復したのか／レジリエント（Resilient）だったのかを明らかにできたはずである．データがないあまりに教育政策に対する知見を得ることができずに何となく思いつきで次の政策が決まり，その効果もわからないままという非生産的な「やりっ放し」行政の「改革」こそが不可欠である．

【注】
1) 小中学校ともに国語は分布にほぼ変化はないが，算数／数学はやや向上していると解釈可能な結果（文部科学省・国立教育政策研究所 2022）と報告されている．
2) 各学校の児童生徒回答数を 15 以上や 10 以上に変更しても主な分析結果に変わりはない．
3) 悉皆の「全国学力・学習状況調査」の児童生徒票に家庭の蔵書数項目が含まれたのは令和 3 年度（2021 年調査）が初．
4) 各年度の設問数は，2019 年調査では小学校 2 教科（国語・算数）それぞれ 14 問，中学校は国語 10 問・数学 16 問，2021 年調査は小中学校ともに国語 14 問・算数／数学 16 問，2022 年調査の小学校は国語 14 問・算数 16 問，中学校は 2 教科（国語・数学）ともに 14 問である．
5) 悉皆の「全国学力・学習状況調査」の回収率は国公私立と小中学校で異なる．たとえば 2021 年調査だと公立校は小学校で 99.4%，中学校で 98.4% と高いが，国立校は小学校 81.3%・中学校 78.8%，私立校は小学校 50.0%・中学校は 39.0% に過ぎない（文部科学省 2021）．よって，悉皆調査であっても国私立，とくに回収率の低い私立中学校については全体を代表していない可能性が高いので，ダミー変数の結果については留意する必要がある．より具体的には，国立は小中学校の両方で学校 SES と学力（国語・算数／数学の平均正答率）が明確に公立校よりも高い．特に小学校では高 SES 層で，約 2% の児童が通う国私立小学校の大半（国立 65 校中 63 校・私立 81 校中 79 校）は表 3-4 の「上位 10%」，全校が「上位 20%」に含まれる．私立の学校数と在籍者数が増える中学校では小学校ほど階層性は明瞭ではない．小学校はほぼ全校が回答したので実態を反映しているといえるが，回収率の低い中学校については高 SES かつ高学力な学校は調査に参加していない．よって，家庭蔵書数平均である学校 SES の下位や中下位にも私立校がみられる．一方で経済的指標といえる就学援助受給率でみると私立中学校の 3 時点の平均は 3.7% と全体の平均 14.9% より明らかに低い．
6) 性別が不明の児童生徒割合を分析に用いても結果の傾向に変わりはない．

7) 成長曲線を非線形としたモデルにしても主な結果に変わりはない．
8) 各水準で変数を中心化した．また，「主体的学習（校長評価）」は 0 か 1 の 2 値変数なのでロジスティックモデルで分析した．
9) 全時点で児童生徒回答が 20 以上あり 2 教科の正答率が揃っている学校に限定した．小中学校それぞれで含まれる学校数は表 3-2 と表 3-3 にある通り．可変変数である就学援助受給率のみ小学校は年度によって最大 38 校，中学校は 36 校が欠損．
10) 20 人未満の小規模な公立校が含まれていないので，全数と比べると国私立の割合がやや高い．私立中学校の割合が低いのは調査不参加校の多さの反映である．
11) 2021 年調査の児童生徒回答に基づく．学校間で大きく通塾率は異なり，小学校は全難易度で最小値 0%～最大値 96.2%，同様に進学塾で 0%～77.4%，中学校は全難易度で 0%～100%，同じように進学塾で 0%～70.8% である．
12) 2022 年調査の児童生徒回答を用いて分析すると，学校 SES によってメディア消費量の学校間格差がみられる．比較的メディア消費に抑制的なゲーム 1 時間以下割合は小学校で 0%～77.1%，動画だと 8.0%～90.9% で，中学校についてはゲームと動画の両方とも 0%～100% である．学校によってメディア消費量に関する規範が大きく異なるといえる．
13) 日本語指導が必要な調査対象学年の児童数，通塾率，それに，三大都市圏ダミーの代わりに，たとえば東京都を参照群に設定し，残りの 46 道府県をダミー変数として学校間のランダム切片と成長曲線に追加しても，主な結果に変わりはない．
14) これらの学校 SES（家庭蔵書数平均）の結果は（自治体によって基準の異なる）就学援助受給率の 3 時点平均を含めても変わらない．
15) 中学校の ICT 活用を被説明変数としたモデルの学校間水準と主体的学習（校長評価）の成長曲線の 2 つを除く．これらについては学校 SES では説明できない．
16) 学力に対して 3 時点存在する他の被説明変数を説明変数として学校内（時点間）水準に追加しても同じ結果だった．学力と就学援助受給率を含む教育指標は，観察されない異質性を統制しても相互に関連しているといえる．
17) 小中学校の ICT 活用，中学校の課題設定・発表を除く．これらについては就学援助受給率が学力を媒介して被説明変数と関連していない．
18) 2022 年調査は 2022 年 4 月 19 日，抽出学校調査の第 2 回は同年 2 月に実施．年度をまたいでいる点は留意する必要があるが，抽出学校調査を用いた変数は特定の学年ではなく「あなたの学校」についての設問に対する回答に基づいているので，分析対象の小 6 と中 3 の学力と行動を説明する学校変数として適切と考えられる．
19) 回答形式，義務教育学校，へき地指定などを追加しても主な結果は変わらない．
20) 項目によって傾向には多少の差がある．たとえば，読書時間は SES が上位ほど長く，「501 冊以上」が最も長い（表は割愛）．
21) 教員と親の期待の階層性については報告書論文（松岡 2023）を参照．
22) 学校 SES と都市規模の関係は小学校では SES 上位 10% の半分近く（48.8%）が大都市にあり，下位 10% の学校のうち同じ大都市にあるのは 23.7%．中学校では SES 上位 10% の学校のうち 42.3%，下位 10% の 25.2% が大都市にある．

23) 学力指標や分析単位が学区など様々な点で異なるので厳密な比較はできない．
24) 中学校のほうがコロナ禍前時点でのSESによる格差が大きいので，そこからさらに拡大するほどではなかっただけかもしれないし，小中学校では問題も点数分布も同じではないので，そもそも厳密な比較はできない．
25) このような実態があるにもかかわらず，大半の教職課程で教育格差は十分に教えられていない（松岡 2019）．教職課程における必修科目化と現職教員に対する研修必須化を通して教育格差について体系的に知る機会を提供する必要がある（中村・松岡編 2021）．

【付記】本章は報告書論文（松岡 2023）を大幅に加筆修正した原稿であり，文部科学省の委託に加え，日本経済研究センター研究奨励金とJSPS科研費（21K02318）の助成を受けて可能となった成果である．

本章は，学術研究振興を目的とする枠組みにおいて貸与を受けた「全国学力・学習状況調査」個票データの情報を一部用いている．利用にあたっては，「全国学力・学習状況調査」の個票データ等の貸与に係るガイドライン，利用規約及び文部科学省より事前に説明・確認を受けた内容を遵守した．

【文献】

Allison, Paul. D., 2009, *Fixed Effects Regression Models*, SAGE.
Bernardi, Fabrizio, 2014, "Compensatory advantage as a mechanism of educational inequality: A regression discontinuity based on month of birth," *Sociology of Education*, Vol. 87, No. 2: 74–88.
Fahle, Erin, Thomas J. Kane, Sean F. Reardon and Douglas O. Staiger, 2024, *The First Year of Pandemic Recovery: A District-Level Analysis*, The Education Recovery Scorecard（2025年1月1日取得 https://educationrecoveryscorecard.org/wp-content/uploads/2024/01/ERS-Report-Final-1.31.pdf）.
浜銀総合研究所，2023,『新型コロナウイルス感染症と学校等における学びの保障のための取組等による児童生徒の学習面，心理面等への影響に関する調査研究報告書』（2025年1月1日取得 https://www.mext.go.jp/a_menu/coronavirus/index_00023.html）.
Lareau, Annette, 2011, *Unequal Childhoods: Class, Race, and Family Life, Second Edition, with an Update a Decade Later*, University of California Press.
松岡亮二，2019,『教育格差――階層・地域・学歴』筑摩書房（ちくま新書）．
松岡亮二，2021,「新型コロナ禍と教育格差」日本教育社会学会第73回大会.
松岡亮二，2022,「進級しても変わらない格差――児童間・学校間における格差の平行推移」川口俊明編『教育格差の診断書――データからわかる実態と処方箋』岩波書店，pp. 49-86.
松岡亮二，2023,「コロナ禍における教育格差――ICT活用の学校間格差」浜銀総合研究所『新型コロナウイルス感染症と学校等における学びの保障のための取組等に

よる児童生徒の学習面，心理面等への影響に関する調査研究報告書』pp. 192-207.
松岡亮二編著，2021，『教育論の新常識——格差・学力・政策・未来』中央公論新社（中公新書ラクレ）．
文部科学省，2021，『令和3年度 全国学力・学習状況調査報告書・調査結果資料』．
文部科学省・国立教育政策研究所，2022，『令和3年度 全国学力・学習状況調査「経年変化分析調査」実施結果報告書』（2025年1月1日取得　https://www.nier.go.jp/21chousakekkahoukoku/kannren_chousa/pdf/21keinen_report.pdf）．
中村高康・松岡亮二編著，2021，『現場で使える教育社会学——教職のための「教育格差」入門』ミネルヴァ書房．
中村高康・苅谷剛彦・多喜弘文・有海拓巳，2023，「コロナ禍の教育調査とEIPM——行政と研究者の相互学習によるエビデンス形成」『教育社会学研究』第112集：5-29.
多喜弘文・中村高康・香川めい・松岡亮二・相澤真一・有海拓巳・苅谷剛彦，2021，「コロナ禍のもとで学校が直面した課題——文部科学省委託調査の概要と小中学校調査の基礎分析」『理論と方法』Vol. 36, No. 2: 226-243.

4章

コロナ禍における生徒たちの学習習慣格差

相澤　真一

1——はじめに

　本章では，2020年休校時における生徒の学習習慣の全国的・階層的状況を「勉強していない生徒」を中心に検討する．

　2020年の新型コロナウイルス感染症拡大（以下，コロナ禍）において，世界で論じられていたのは「学習の喪失」(Learning Loss) であった．すなわち，学校の休校期間が長くなることにより，児童・生徒たちが学習内容や学習習慣を失うことが予期され，それについての調査研究も行われた．既に，相澤（2023）でも紹介したように，2020年にコロナ禍によって，学校を休校した事態に対する学習損失は世界的にみれば莫大なものと見積もられている．2021年の世界銀行の報告では，世界全体で失われた学習損失の額は世界全体で17兆ドル（約2,000兆円）にのぼると推計されている（世界銀行 2021）．

　この学習損失については，とくに学校教育制度の脆弱な低中所得国での損失が大きいと見積もられている．一方で，先進国ではどのような問題があるのか．この点について，既に多くの先進国では独自のデータを取った分析検討がなされている．例えば，エンゼルら（Engzell et al. 2021）はオランダについて，クーフェルドら（Kuhfeld et al. 2020）がアメリカについて研究を行っている．

　日本の研究では，比較的学習の喪失が少なかったのではないか，と見られる実証的な結果が少なくない．例えば，2021年の学力調査について，第1報でも，その後の経年分析でも大きな影響はなかったと報じられている[1]．

　本書で用いられているデータ収集プロジェクトの最初の趣旨の1つは，まさに，コロナ禍による「学習損失」において，日本でどのようなことが起きてい

るのかについて，国際的な政策論争・研究論争に耐えうるデータを継時的に集めた研究をおこなうことであった．本章では，一斉休校による「学習損失」の分析として，休校期間中の生徒の学習習慣に焦点を当てた分析をおこなう．

相澤（2023）でもまとめたように，日本における学習損失の研究として見逃せない教育研究上の歴史的経験は「学力低下論争」であろう．1998年・1999年におこなわれた学習指導要領の改訂内容に対して，「学力低下」とする批判が論争となった．当時の学力低下論争については教育心理学者の市川伸一が整理している（市川 2002）．また，学力低下論争は学校自体に原因があるのではなく，子供を学びに定着させない社会状況の変化があることを教育学者の佐藤学は指摘している（佐藤 2000）．

この学力低下論争に対して，実証的な研究を教育社会学から試行した研究のひとつが，苅谷剛彦と志水宏吉の編からなる『学力の社会学』である．ここで苅谷と志水は学力のカーブが「ふたこぶラクダ」のようになっていることを指摘し，苅谷は勉強しない子供として，NSK（NSK: No Study Kidsの略称）の存在に注目した分析結果を報告している（苅谷 2004）．その後，勉強しない子供の存在については，松岡（2019）が社会階層の影響に注目した分析結果を報告しており，本章でもこの関係を含めた分析をおこなう．

2──2021年度（令和3年度）学力調査による検討

コロナ禍による休校期間の学習状況がどうだったかについては，若干ではあるものの，文部科学省のいわゆる学力調査（正式名称：令和3年度 全国学力・学習状況調査）でも行われている．この年の学力調査では，例年と同様の質問項目に加えて，コロナ禍関係の質問が追加されている．具体的には次のものである．

> 新型コロナウイルスの感染拡大で多くの学校が臨時休校していた期間中，勉強について不安を感じましたか
> 新型コロナウイルスの感染拡大で多くの学校が臨時休校していた期間中，計画的に学習を続けることができましたか

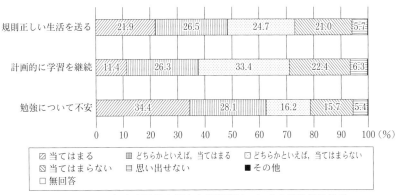

図 4-1 2021 年度全国学力調査生徒質問紙における基礎集計結果
注：その他，無回答はそれぞれ 0.1％ 台しかいない．
出典：2021 年度（令和 3 年度）学力調査報告書から筆者が作成．

新型コロナウイルスの感染拡大で多くの学校が臨時休校していた期間中，規則正しい生活を送っていましたか

以上 3 問については，選択肢として「①当てはまる／②どちらかといえば，当てはまる／③どちらかといえば，当てはまらない／④当てはまらない／⑤思い出せない」の 5 択としている．これに加えて，複数選択可の設問として，次の設問がある．

新型コロナウイルスの感染拡大で多くの学校が休校していた期間中，学校からの課題で分からないことがあったとき，どのようにしていましたか（複数選択）（選択肢）①先生に聞いた／②友達に聞いた／③家族に聞いた／④上記①，②，③以外の人に聞いた／⑤自分で調べた／⑥分からないことをそのままにした／⑦分からないことがなかった／⑧思い出せない

2021 年度の学力調査では，基礎集計表と選択肢別の平均点が掲載されているので，その情報を参照して図表を作成すると，図 4-1〜図 4-3，表 4-1 のようになる．
複数回答可の「新型コロナウイルスの感染拡大で多くの学校が休校していた

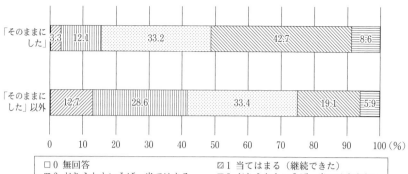

図 4-2 「分からないことをそのままにした」と休校時の学習の継続
出典：令和3年度学力調査・生徒質問紙データより筆者が集計．

表 4-1 選択肢別の正答率

	中学国語	中学数学	全体からの割合	N
学習の継続・当てはまる	68.7	64.3	11.4	106,058
学習の継続・当てはまらない	64.0	55.1	22.4	209,366
学習の継続・思い出せない	59.4	49.6	6.3	58,858
分からないことをそのままにした	59.7	48.4	14.3	133,271
分からないことがなかった	74.8	71.8	6.3	58,943
全体の平均正答率	64.9	57.5	100.0	932,995

出典：令和3年度学力調査報告書から筆者が作成．
注：特に差が見られる項目から作成したため，「全体からの割合」の合計は 100.0 にならない．

期間中，学校からの課題で分からないことがあったとき，どのようにしていましたか」については，自分で調べたのが 61.5％ で，家族に聞いた 44.1％ と友達に聞いた 43.9％ が多かった．また，「分からないことをそのままにした」は 14.3％（生徒数にして 13 万 3,271 人）いた．

この「分からないことをそのままにした」という 14.3％ の生徒は，学習の継続において著しい困難があった可能性がある．このことを示唆するのが図 4-2 である．図 4-2 では，「分からないことをそのままにした」と休校時の学習の継続についてのクロス表を作成したところ，「計画的に学習を続けることができましたか」について，否定的な回答をした生徒が実に 75.9％（33.2％ ＋ 42.7％）に及んでいる．

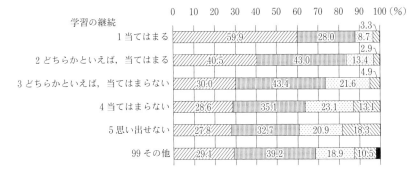

図4-3 臨時休校していた期間における学習の継続と現在の数学の授業の理解度
出典：令和3年度学力調査・生徒質問紙データより筆者が集計．

　これらのコロナ禍における休校期間の学習の有無は，その後にどのような影響を及ぼしたのだろうか．そこで，選択肢別の学力調査・生徒質問紙データの平均正答率の集計表を用いて作成したのが表4-1である．**表4-1**は，特に差が見られる項目について作成している．

　差が見られるのは，「計画的に学習を続けることができましたか」の項目と「分からないことをそのままにした」の選択肢である[2]．例えば，中学生の数学では，コロナ禍中の学習の継続が当てはまると当てはまらないでは，正答率が1割近く異なるし，思い出せないという生徒と「当てはまる」という生徒では15％近い差がある．また，「分からないことをそのままにした」という生徒は特に際立って正答率が低い．

　また，図4-3では，臨時休校していた期間における学習の継続と現在の数学の授業の理解度のクロス表を見たところ，休校時の学習の継続が「当てはまらない」という生徒で数学の授業が「よく理解できる」が「当てはまらない」生徒は13.1％，「思い出せない」生徒では18.3％にのぼり，他の選択を選んだ生徒よりも現在の授業がよくわからない割合がかなり多い．

　以上に見たように，コロナ禍での休校時の学習の継続の影響は，2021年の学力調査のデータを見る限りにおいても，見られないわけではない．そこで，次節以降では，このような休校時の学習の継続ができなかった生徒がどのよう

な生徒なのかを，教育社会学と社会階層論の文脈からデータを用いて検討する．

3 ── データと方法

(1) 使用データ

以下の分析では，文部科学省委託調査として行われた「新型コロナウイルス感染症と学校等における学びの保障のための取組等による児童生徒の学習面，心理面等への影響に関する調査研究」の一環で集められたデータのうち，2020年度調査（2021年3月実施）の第1回のデータのみを用いる．

第1回のデータに絞る最大の理由は，脱落サンプルへの配慮である．堀（2023）などでも言及されているが，パネルで脱落していないサンプルは，全体的に社会的状況において良好な生徒の割合が高くなっている．細かい数字は注に示したが[3]，全体で2％台となっている休校期間中に全く勉強しなかった生徒の割合がパネルデータの第2波までのデータではかなり減少する．第2回までのデータを分析した結果，休校期間中に学習習慣のなかった生徒の影響が残っていることは既に分析したため（相澤 2023），本章ではこのような状況に至った休校期間中における学習習慣に絞った検討を行う．なお，本章では基本的に中学生の分析に限っている．

(2) 使用変数

まず，従属変数は以下の変数を用いている．休校期間中に「学校の宿題をする」と「学校の宿題以外の勉強をする」のクロス集計をしたものが表4-2である．表4-2は，この両者のそれぞれのセルが全体に対してどのくらいの割合かがわかりやすくなるように，行列の総和の合計を100％としている．ここで，「学校の宿題をする」も「学校の宿題以外の勉強をする」のどちらも「しなかった」という生徒（2.3％，208人）をNSK（あるいは「完全NSK」）とし，「学校の宿題をする」は「週に数日した」ものの「学校の宿題以外の勉強をする」は「しなかった」とした生徒（16.4％，1,456人）も含めた生徒を「ほぼNSK」（18.7％，1,664人）とした．

多変量解析で投入した変数は表4-3の変数である．「休校期間中全く勉強し

表 4-2 休校時の学習状況についてのクロス表（N=8,856）

			学校の宿題以外の勉強をする（塾や家庭教師に教わっている時間を含む）			
			1 ほぼ毎日した	2 週に数日した	3 しなかった	行合計
学校の宿題をする	1	ほぼ毎日した	23.7%	18.4%	10.0%	52.2%
	2	週に数日した	6.0%	22.0%	16.4%	44.4%
	3	しなかった	0.3%	0.7%	2.3%	3.4%
	列合計		30.1%	41.2%	28.8%	100.0%

ていないダミー」と「休校期間中ほぼ勉強していないダミー」を従属変数として，それ以外の変数を独立変数として投入した．従属変数のもととなる2つの変数ならびに休校時の行動についての中学校生徒調査票の問26の選択肢では，「ほぼ毎日」「週に数日」「まったくない」の3択で構成されている．例えば，表4-3の4行目の変数である「休校時毎日テレビダミー」とは，休校時にテレビを見ていましたか，について「ほぼ毎日」「週に数日」「まったくない」という3択で答えられたうちの「ほぼ毎日」を1としたダミー変数を作成している．上記の従属変数同様に，当該活動をしていたのか，していなかったのかの違いを明確にするために，「ほぼ毎日した」か否かのダミー変数とした．階層変数としては，中央教育審議会（中教審）の報告でも用いた両親の有無と学歴についての変数（中村・松岡・苅谷 2022）を用い，両親が揃っており，共に大卒であることを基準カテゴリーとして，他の変数をダミー変数として投入した．

(3) 分析の手順

本章では，第1節に示したNSK（No Study Kids）がコロナ禍の影響によって，どのような関係のもとで現われているのかが主な分析の焦点となる．そこで，休校時におけるNSKの出現の仕方について，ロジスティック回帰を用いた多変量解析をおこなう．

推定にあたり，次の4つのモデルの比較をおこなう．モデル1からモデル4では，属性変数に加えて，生徒の当時の生活についての変数を加えていく．モデル1は，性別と階層変数のみのモデルである．モデル2では，休校時に行っていた活動と階層との関係を見るモデルである．上記の変数のうち，生徒調査票の変数で休校時のメディア接触や家の内外での活動によって構成する．モ

表 4-3 分析に使用した変数一覧

変数名	観測度数	平均	標準誤差	最小値	最大値
休校期間中まったく勉強していないダミー	9141	0.02	0.15	0	1
休校期間中ほぼ勉強していないダミー	9141	0.18	0.39	0	1
男子ダミー	8806	0.49	0.50	0	1
休校時毎日テレビダミー	9141	0.78	0.42	0	1
休校時毎日スマホ携帯ダミー	9141	0.76	0.43	0	1
休校時毎日PC, タブレットダミー	9141	0.38	0.48	0	1
休校時毎日TVゲームダミー	9141	0.51	0.50	0	1
休校時毎日読書ダミー	9141	0.22	0.41	0	1
休校時毎日外遊びスポーツダミー	9141	0.23	0.42	0	1
休校時毎日家の手伝いダミー	9141	0.41	0.49	0	1
友達と外に出かける毎日ダミー	8927	0.06	0.24	0	1
やる気起きなかった毎日ダミー	8917	0.29	0.45	0	1
宿題よくわからなかった毎日ダミー	8903	0.06	0.24	0	1
勉強を手伝ってくれる人いなかった毎日ダミー	8914	0.11	0.31	0	1
両親ともに非大卒ダミー	9141	0.33	0.47	0	1
両親片方大卒ダミー	9141	0.26	0.44	0	1
シングルマザー非大卒ダミー	9141	0.08	0.26	0	1
シングルマザー短大卒以上ダミー	9141	0.03	0.17	0	1
シングルファーザーダミー	9141	0.01	0.11	0	1
学校での声掛け頻度ダミー	8977	1.87	1.88	0	7
国私立ダミー	9140	0.15	0.35	0	1

ル3では，さらにある程度の主観性による歪みも含めて，「やる気が起きなかった」「宿題がよくわからなかった」「勉強を手伝ってくれる人がいなかった」の変数も投入したモデルによって分析する．さらに，モデル4では，これらに加えて，学校調査票における生徒の学習状況への声かけの頻度の変数と，国私立か公立かの変数を生徒調査票の値から投入した[4]．

4──分析結果

分析の結果について，休校時にまったく勉強していなかった生徒たち（完全NSK）の推定結果が表4-4，ほぼ勉強していなかった生徒たち（ほぼNSK）の推定結果が表4-5である．

⑴ 完全 NSK のロジスティック回帰分析の結果

表4-4 からわかるように，学校の宿題もそれ以外の勉強もまったくしなかった生徒（完全 NSK）の規定要因については，モデル 1 からモデル 4 を通じて，次の点が言える．男子生徒の方が休校期間中，まったく勉強しなかったことになりやすく，また，モデル 1 の階層変数よりも，モデル 2 から 4 で見られるように，「休校時毎日友達と外に出かけること」や「やる気が起きなかったこと」，「宿題がよくわからなかったこと」もまったく勉強しなかったことへのなりやすさを高めている．いっぽうで，「休校時毎日家の手伝いをする」および「休校時毎日テレビを見る」については，むしろ，まったく勉強しなかったことになりにくくなるという結果が出た．

次に示す「ほぼ勉強しなかった」の分析とは異なり，両親の有無や学歴は有意な影響としては明確に見づらい．すなわち，モデル 1 からわかるように，階層変数からまったく勉強しなかった生徒への関係を統計的に明確に把握することはできなかった．どちらかといえば，モデル 3 に見られるように，階層的な変数とはある程度独立して，「やる気が起きなかったこと」や「宿題がよくわからなかったこと」と勉強しなかったことが結びついているように見える．なお，補足として，「やる気が起きなかった」「宿題がよくわからなかった」「勉強を手伝ってくれる人がいなかった」を従属変数にして，モデル 1 と同様の変数を投入した分析を行ったところ，共通して非大卒シングルマザーの影響が見られた．よって，階層的要因のなかでも唯一 10% 水準で有意であった「非大卒シングルマザー」は，直接効果に加えて，間接効果として完全 NSK に影響していると考えられる．

⑵ ほぼ NSK のロジスティック回帰分析の結果

表4-5 が「ほぼ勉強していなかった生徒」についての推定結果である．

まず，表4-4 と異なり，「両親非大卒」「シングルマザー非大卒」「シングルファーザー」は「ほぼ勉強しなかった」になりやすくなる有意な影響がある．結果として，この「ほぼ NSK」の場合には，親とのかかわりの多さがあるか否かによってかなり明確な影響が見られた．また，表4-4 と同様に，男子生徒の方が，ほぼ勉強しなかったことになりやすく，また，「休校時毎日友達と外

表4-4 二項ロジスティック回帰による休校時にまったく勉強していなかった生徒たちの推計

	Model1		Model2		Model3		Model4	
	b	S.E.	b	S.E.	b	S.E.	b	S.E.
親学歴（基準：両親大卒）								
両親非大卒	0.059	0.180	0.029	0.184	−0.088	0.193	−0.164	0.199
シングルマザー非大卒	−0.310	0.210	−0.359†	0.212	−0.414†	0.219	−0.437*	0.222
シングルマザー大卒	0.487†	0.251	0.408	0.259	0.224	0.268	0.060	0.282
シングルファーザー	−1.036	0.723	−1.014	0.725	−1.134	0.734	−1.177	0.736
シングルファーザー大卒	−0.149	0.728	−0.294	0.733	−0.207	0.744	−0.276	0.746
男子ダミー	1.002***	0.162	0.863***	0.178	0.998***	0.183	1.014***	0.186
休校時毎日テレビダミー			−0.805***	0.162	−0.814***	0.171	−0.799***	0.173
休校時毎日スマホ携帯ダミー			0.128	0.186	0.114	0.198	0.127	0.202
休校時毎日PC、タブレットダミー			0.435**	0.153	0.407*	0.160	0.399*	0.162
休校時毎日TVゲームダミー			0.196	0.175	−0.036	0.182	−0.054	0.185
休校時毎日読書ダミー			−0.424*	0.212	−0.351	0.218	−0.325	0.219
休校時毎日外遊びスポーツダミー			−0.585**	0.215	−0.502*	0.229	−0.496*	0.230
休校時毎日家の手伝いダミー			−0.531**	0.169	−0.471**	0.177	−0.428*	0.177
休校時毎日友達と外に出かけるダミー			0.933***	0.266	0.812**	0.281	0.831**	0.282
やる気起きなかった毎日ダミー					1.280***	0.177	1.310***	0.180
宿題よくわからなかった毎日ダミー					1.577***	0.191	1.574***	0.193
勉強を手伝ってくれる人いなかった毎日ダミー					−0.091	0.205	−0.120	0.208
学校での学習声掛け頻度							0.032	0.051
国私立ダミー							−0.445	0.309
定数	−4.382	0.176	−3.764***	0.253	−4.514***	0.283	−4.520***	0.300
Pseudo R²	0.029		0.065		0.162		0.164	
−2対数尤度	1802.274		1716.498		1496.399		1462.041	
N（生徒数）	9,141		8,664		8,602		8,451	

†p<.10　*p<.05　**p<.01　***p<.001

表4-5 二項ロジスティック回帰による休校時にほぼ勉強していなかった生徒たちの推計

	Model1		Model2		Model3		Model4	
	b	S.E.	b	S.E.	b	S.E.	b	S.E.
親学歴（基準：両親大卒）								
両親非大卒	0.510***	0.072	0.421***	0.074	0.410***	0.076	0.301***	0.079
両親片方大卒	0.089	0.081	0.019	0.082	0.018	0.085	-0.064	0.086
シングルマザー非大卒	0.867***	0.104	0.794***	0.107	0.732***	0.111	0.603***	0.113
シングルマザー大卒	0.438**	0.167	0.427*	0.170	0.439*	0.176	0.419*	0.178
シングルファーザー	0.952***	0.222	0.891***	0.228	0.905***	0.235	0.811***	0.237
男子ダミー	0.220***	0.056	0.126*	0.063	0.206**	0.065	0.207**	0.066
休校時毎日テレビダミー			-0.148*	0.071	-0.170*	0.073	-0.169*	0.074
休校時毎日スマホ携帯ダミー			0.215**	0.074	0.187*	0.077	0.200**	0.078
休校時毎日PC、タブレットダミー			0.016	0.060	-0.018	0.062	0.007	0.063
休校時毎日TVゲームダミー			0.299***	0.065	0.174**	0.067	0.148*	0.068
休校時毎日読書ダミー			-0.621***	0.081	-0.591***	0.083	-0.572***	0.084
休校時毎日外遊びスポーツダミー			-0.399***	0.077	-0.318***	0.080	-0.320***	0.080
休校時毎日家の手伝いダミー			-0.393***	0.060	-0.352***	0.063	-0.342***	0.063
休校時毎日友達と外に出かけるダミー			0.526***	0.121	0.408***	0.125	0.423***	0.126
やる気起きなかった毎日ダミー					1.008***	0.063	1.007***	0.064
宿題よくわからなかった毎日ダミー					0.626***	0.105	0.616***	0.106
勉強を手伝ってくれる人いなかった毎日ダミー					0.130	0.088	0.129	0.090
学校での学習声掛け頻度							0.049*	0.020
国私立ダミー							-0.622***	0.117
定数	-1.916***	0.063	-1.702***	0.103	-2.078***	0.109	-2.034***	0.115
Pseudo R²	0.015		0.042		0.091		0.093	
-2対数尤度	8237.729		7945.617		7478.526		7307.343	
N（生徒数）	8,806		8,664		8,602		8,451	

⁺p<.10　*p<.05　**p<.01　***p<.001

に出かけること」や「やる気が起きなかったこと」「宿題がよくわからなかったこと」もほぼ勉強しなかったことへのなりやすさを高めている．また，「休校時毎日読書をする」「休校時毎日外遊びやスポーツをする」「休校時毎日家の手伝いをする」などの変数は負の有意な傾きであるため，ほぼ勉強しなかったことにはなりづらくなる．

すなわち，学校の宿題という最低限の学習については，階層的不利の少ない形で広く取り組まれていたものの，追加的な学習については，学校外教育に触れるだけの資力があることは要因としてあげられると言える．

(3) 分析結果のまとめ

以上の表 4-4，表 4-5 からみた点をまとめる．学校の宿題もそれ以外の勉強もしていなかった生徒について，特にまったく勉強してなかったことは「休校時毎日友達と外に出かけること」や「やる気が起きなかったこと」「宿題がよくわからなかったこと」との関連が強く見られる．

完全 NSK では階層面での違いが見づらかった一方，宿題以外の勉強は「週に数日した」を含む「ほぼ NSK」は，保護者の有無や学歴の影響も見られた．また，一般的なイメージとは異なり，休校時のテレビは学習の妨げにはなっていなかったと見ることができるようである．

5 ── 議論と結論

全体の結果を踏まえた考察をおこなおう．コロナ禍についての設問が追加された 2021 年度の学力調査を見る限り，休校時，特に宿題について「分からないことをそのままにした」生徒たちの学習の継続に困難があった．この結果は，本書で主な分析をしている委託調査データにおいても，「休校時毎日友達と外に出かけること」や「やる気が起きなかったこと」「宿題がよくわからなかったこと」がまったく勉強しなかったことへのなりやすさを高めているという結果と一致する．

まったく勉強してこなかった生徒については，以上のような直接的な学習面での心理的要因のみに明確な影響が見られた一方，宿題以外の勉強を週に 2,

3日程度したケースを含む「ほぼNSK」では，親の学歴などの影響が見られた．この点については，次のように解釈している．そもそも休校時に学校の宿題をまったくしていなかった生徒はわずか 3.4% であった．すなわち，学校の宿題は，生徒を完全に学習から離れさせなかったという点で，それなりに大きな役割を果たしていたと見ることができる[5]．ただし，休校時の学校の宿題はあくまで最低限の学習であった．追加的な学習については，学校外教育に支出できるだけの資力があるかどうかが影響したと考えられる．この点で，環境面や家庭での整備で充分補える程度での学習の離脱があったと見ることもできよう．また，完全 NSK，ほぼ NSK のどちらにおいても，テレビについては，学習面での悪影響は見ることができなかった．この理由は当時の放送内容も含めた検証が必要であろう．

　繰り返しを恐れずに言えば，そもそも学校の宿題も学校外の勉強もまったくしていない生徒が 2.3% という結果は，質問紙に答えているという時点で少なめに調査されている可能性はあるものの，冒頭に紹介したような他国で推定される膨大な学習損失に比べると少ないと見ることができる．また，その結果は 2023 年 12 月に報告された PISA2022 の結果（例えば，国立教育政策研究所 2023）ともある程度一致する．しかしながら，学習面でコロナ禍以前から置き去りになっていた生徒がさらに置き去りになった可能性は否定できない．コロナ禍で宿題などを勉強しなかった生徒は，その内容にわからないところがあった生徒に集中していることが学力調査からも今回の調査からも裏付けられるからである．ただし，この点についてのより正確な検証のためには，本調査も含めて日本におけるデータ入手環境の根本的な限界があることを指摘せざるを得ない．例えば，本章で「勉強していなかった生徒たち」として推計された生徒たちは，それ以前も勉強していなかったのか，それ以前は勉強していたのかはわからない．川口（2020）が指摘するように，日本の「全国学力テスト」は，実態把握としてどちらつかずの中途半端な調査となっている．本章が明らかにしてきたような生徒の学習状況の把握のためには，何もない時期でも生徒の学習状況を追跡できるようなデータが必要である．当初，本調査プロジェクトは，そのようなデータ整備プロジェクトの一環として考案されたものであった（苅谷 2023）．その点では，苅谷も示す通り「その小さな一歩」（苅谷 2023: 243）

ではあるものの，まだ道半ばの結果しか示すことができていないことを改めて確認する．

最後に，宿題も学校の勉強も含めてまったく勉強していなかった生徒について，シングルマザー非大卒の直接／間接効果以外に属性的要因ではあまり明確に見ることができなかったという点は，学校の教員から見える「教育格差」と教育社会学の研究者から見る「教育格差」の見え方の違いとして現れていると考える．教育社会学者はしばしば階層格差に注目することの重要性を論証する一方で，学校教員にとっては，目に見える問題としては，階層格差ではなく，具体的な行動（例えば，今回の分析では「休校時毎日友達と外に出かけること」）と勉強していないこととの関係がみえやすいし，実際にそこをみたほうが学校現場の指導としては効果的に勉強していない生徒を発見できる．また，そのほうが今回の分析が示したように，直接，効率的に勉強していない生徒を把握しやすい可能性も示唆された．教育格差の議論は，このような認識主体やそれによる認知の違いを共有しながら言葉を紡いでいく必要がある[6]．

【注】
1) 新聞メディアによる報道としては，次の 2021 年 8 月 31 日の読売新聞や日本経済新聞の報道が一例として挙げられる（https://www.yomiuri.co.jp/kyoiku/kyoiku/news/20210831-OYT1T50222/ https://www.nikkei.com/article/DGXZQOUE263LD0W2A320C2000000/）．
2) 逆に言えば，当時規則正しい生活を送っていたかいなかったかにおいて，学力調査で大きな差が見いだせないことは生活指導においては興味深いこととも言える．
3) 全体では 2.3% の全く勉強しなかった生徒の割合は，パネルデータとして揃ったサンプルだと 1.7% に下がる一方，第 1 回調査だけに答えたサンプルに絞ると 3.6% に上昇する．
4) なお，調査の設計上，マルチレベルモデル分析を行うことが可能なデータであり，実際に本章の分析でもマルチレベルの分析は行ってきた．しかし，大きくモデルが改善されなかった点および知見が全く変わらなかったという 2 点により，個人レベルの分析にとどめた結果の提示を行う．
5) ただし，この調査が学力調査との整合性の関係上，小学 6 年生と中学 3 年生に実施された点で，学校の宿題の役割が過大推計されている可能性はある．学校段階が変わってしまった中学 1 年生や高校 1 年生で見た場合には，休校時の学習損失の影響がより大きく推計される可能性はある．
6) 相澤（2023）では，継続的な影響としてのスマートフォンの使用に着目して同様

の指摘をおこなっている．

【付記】　本章は，学術研究振興を目的とする枠組みにおいて貸与を受けた「全国学力・学習状況調査」個票データの情報を一部用いている．利用にあたっては，「全国学力・学習状況調査」の個票データ等の貸与に係るガイドライン，利用規約及び文部科学省より事前に説明・確認を受けた内容を遵守した．

【文献】

相澤真一，2023，「コロナ禍における学習時間の短い生徒の状況と変化」浜銀総合研究所『新型コロナウイルス感染症と学校等における学びの保障のための取組等による児童生徒の学習面，心理面等への影響に関する調査研究報告書』(2024年4月2日取得　https://www.mext.go.jp/a_menu/coronavirus/index_00023.html).

Engzell, Per, Arun Frey and Mark D. Verhagen, 2021, "Learning loss due to school closures during the COVID-19 pandemic," *Proceedings of the National Academy of Sciences*, 118. 17 (2021): e2022376118.

堀兼大朗，2023，「新型コロナウイルス感染症 (Covid-19) の影響下における小中学生のメンタルヘルスと主観的健康のパネルデータ分析」浜銀総合研究所『新型コロナウイルス感染症と学校等における学びの保障のための取組等による児童生徒の学習面，心理面等への影響に関する調査研究報告書』(2024年4月2日取得　https://www.mext.go.jp/a_menu/coronavirus/index_00023.html).

市川伸一，2002，『学力低下論争』筑摩書房．

苅谷剛彦，2004，「『学力』の階層差は拡大したか」苅谷剛彦・志水宏吉編『学力の社会学』岩波書店，pp. 127-152．

苅谷剛彦，2023，「補論：この調査に伴走して――Evidence informed policy makingは可能か」浜銀総合研究所『新型コロナウイルス感染症と学校等における学びの保障のための取組等による児童生徒の学習面，心理面等への影響に関する調査研究報告書』(2024年4月2日取得　https://www.mext.go.jp/a_menu/coronavirus/index_00023.html).

川口俊明，2020，『全国学力テストはなぜ失敗したのか――学力調査を科学する』岩波書店．

国立教育政策研究所，2023，「OECD生徒の学習到達度調査 (PISA)」(2024年4月2日取得　https://www.nier.go.jp/kokusai/pisa/).

Kuhfeld, M., J. Soland, B. Tarasawa, A. Johnson, E. Ruzek and J. Liu, 2020, "Projecting the potential impact of COVID-19 school closures on academic achievement," *Educational Researcher*, 49(8): 549-565.

松岡亮二，2019，『教育格差――階層・地域・学歴』筑摩書房．

中村高康・松岡亮二・苅谷剛彦，2022，「臨時休業時における児童生徒・保護者の対応――家庭・学校間の格差に注目して」第134回中央教育審議会2022年1月14日報告 (https://www.mext.go.jp/content/20220119-mxt_syoto02-000019968-6.pdf).

佐藤学，2000，『「学び」から逃走する子どもたち』岩波書店．
世界銀行，2021，「新型コロナウイルスによる学習損失で約17兆ドルの生涯年収を失う可能性」（2023年1月25日取得　https://www.worldbank.org/ja/news/press-release/2021/12/06/learning-losses-from-covid-19-could-cost-this-generation-of-students-close-to-17-trillion-in-lifetime-earnings）．

II　コロナ禍と学校生活

5章

コロナ禍での部活動の実施状況と生徒の意識
中学生にとって部活動の中止・縮小は残念だったのか

山口　哲司

1——コロナ禍における部活動の実態と残念度

　本章で取り上げるのは，コロナ禍における中学生の部活動である．コロナ禍のもとで，学校現場では 2020 年 2 月 27 日の休業要請に端を発する全国一斉臨時休業を受け，様々な日常が制限されてきた．そして，生徒にとってのそうした日常のひとつとして部活動がある．全国調査をもとにした既存研究からは，中学 1・2 年生時点での部活動加入率は約 9 割であり，そのうち部活動に加入している生徒については 7 割以上が週 5 日以上部活動に参加していて，週あたりの平均部活動時間は 13–14 時間であることが示されている（木村 2018，須藤 2020）．このように，多くの中学生の学校生活において部活動が占めるウェイトは非常に大きいといえる．しかしながら，コロナ禍に際しておこなわれた全国的な調査では，授業時数の確保や ICT の活用状況の解明などの目的が主眼であり，教育課程外にある部活動に着目した集計や分析は必ずしも十分におこなわれてこなかった．そこで本章では，多くの生徒にとって，学校の授業と同じようにもうひとつの「日常」だった部活動に焦点を当て，①コロナ禍での部活動はどのようにおこなわれていたのか，②どのような生徒が部活動の中止・縮小に対して残念だと感じていたのかという 2 つの問いについて検討する．

　第 1 の検討課題は，「コロナ禍での部活動はどのようにおこなわれていたのか」という基本的な実態の確認である．コロナ禍における部活動の実施状況を取り上げている数少ない調査研究からは，一斉臨時休業期間中には部活動の実施がほとんど取りやめられ，学校が再開した後も通常通りの実施が制限されていたことや，部活動の大会も一部中止になっていたことが示されている（木

村・朝永 2022，日本財団・三菱 UFJ リサーチ＆コンサルティング 2021，日本財団 2021)．

　ただしこれらの調査研究は，地域（都道府県）や学校ごとの部活動実施状況の違いについては十分に考慮していない．まず，当然ながら新型コロナウイルス感染症の拡大過程は地域によって大きく異なっており，学校の運営に直接的に影響していたと考えられる緊急事態宣言が発出された期間も異なるため，部活動の実施状況は常に地域との関係のもとで確認する必要がある．また，2020 年の 5 月 22 日以降，政府から部活動実施に関わるガイドラインが示されてきたものの（文部科学省 2020a），教科活動や ICT の活用等に関する政府の指針に比べると，部活動実施については必ずしも統一的な方針が打ち出されなかった．ここには，部活動があくまで教育課程外の活動であり，「生徒の自主的・自発的な参加により行われる」という「グレーゾーン」としての性質をもっていること（内田 2017）が少なからず関わっていると考えられる．ゆえに，コロナ禍で部活動をどのように実施していくのかについては，各学校の判断に委ねられた側面が大きかったと予想される．以上をふまえると，コロナ禍での部活動実施状況をとらえるうえでは，地域・学校ごとの違いを考慮することが不可欠だといえる．

　幸い，本章で用いる「新型コロナウイルス感染症に係る小中学校等の対応と現状に関する調査」データは，調査対象地域について十分なばらつきが確保されており，かつ生徒調査に加えて各学校を対象とした学校調査がおこなわれているため，上記の関心をふまえた集計・分析が可能である．そこで本章では，コロナ禍での部活動実施について，地域・学校によってどのように対応が異なっていたのかを中心に，基本的ではあるが未だ明らかでない実態を把握したい．

　第 2 の検討課題は，「どのような生徒が部活動の中止・縮小に対して残念だと感じていたのか」についてである．コロナ禍による部活動の中止・縮小は，学校生活に大きな変化をもたらし，部活動の大会が中止になって肩を落とす生徒の様子もしばしば報じられた．このように，コロナ禍という非常事態のもとで，部活動の中止・縮小を生徒自身がどのように受け止めていたのかを明らかにすることは，部活動が生徒にとってどのような意味をもっているのかを改めて確認する契機になるだろう．

部活動の中止・縮小が生徒にもたらした影響について取り上げた調査研究では，中止・縮小が生徒に様々な形で受け止められていたことが示唆されている．たとえば，部活動に加入している中学生についてみると，部活動の制限によって「学校の楽しさが減った」(28.9%)，大会が中止されたことで「学校生活の目標が失われた」(17.0%) というマイナスの側面を挙げた生徒が一定数みられる一方で，「部活動が少なくなって生活にゆとりができた」(25.7%) と感じている生徒も一部みられる（木村・朝永 2022）．また，中高生に対する質問紙調査の自由記述回答に対して計量テキスト分析をおこなった結果からは，コロナ禍の影響を「マイナス」に受け止めていると選択肢で回答した生徒に限定した場合，自由記述の抽出語として「部活」という単語が多くみられ（出現回数 243 回），部活動や大会が制限されてできなかったという記述が多くを占めた．他方で，コロナ禍の影響を「プラス」に受け止めている生徒に限定した場合も，頻出語のひとつとして「部活」という単語がみられ（出現回数 30 回），部活動がなくなってゆっくり過ごせるといった記述がみられたことが示されている（佐藤 2022）[1]．

　しかし，これらの調査研究では，どのような生徒でそうした多様な反応がみられたのかという点が定かではない．具体的には，部活動の中止・縮小をマイナスに受け止めているのは，中止・縮小される度合いが実際に大きかった生徒なのか，もともと部活動に対して熱心に取り組んでいた生徒なのかといった点である．本章ではこの点について，「部活動の中止・縮小がどのくらい残念だったか」（以下，残念度）という，中止・縮小が生徒に与えた心理的影響を直接的に反映する変数を用いて明らかにしたい．

　部活動の中止・縮小に対しては，「一生に一度の大会」「二度と戻らない青春」といった印象的なフレーズとともに，その再開がセンセーショナルに求められる場面がしばしばみられた．むろん，部活動の再開を多くの生徒が求めていたことは事実であるとしても，その中止・縮小について「どのような生徒が，どのように受け止めているのか」という基本的な事実の確認がおろそかなままに政策的な判断が推し進められていた面があったのではないか．本章の分析によって，部活動の中止・縮小に対して多様な反応がみられたことを改めて理解することで，それがデータをふまえた政策的検討に結びつくことについても議

論したい．

2 ── 分析の枠組み

　次に，本章の分析枠組みを示す．データには，「新型コロナウイルス感染症に係る小中学校等の対応と現状に関する調査」のうち，中学生調査と学校調査のデータを使用する．このうち，検討課題①「コロナ禍での部活動はどのようにおこなわれていたのか」に取り組むうえでは各 Wave1 調査（中学 2 年生時点）を用い，検討課題②「どのような生徒が部活動の中止・縮小に対して残念だと感じていたのか」には Wave2 時点の中学生調査（中学 3 年生時点）を用いる．

　まず検討課題①について，中心的に用いるのは部活動実施頻度の変数である．調査では，2020 年 4 月から 5 月頃にかけての一斉臨時休業期間中の部活動頻度（「しなかった」「週に数日した」「ほぼ毎日した」）と，Wave1 調査時点である 2021 年 2 月から 3 月頃における部活動頻度（週に 0-7 日の数値回答）をたずねており，前者を数値回答として集計する際には「しなかった」を 0 日，「週に数日した」を 3 日，「ほぼ毎日した」を 6 日とみなした[2]．こうした部活動頻度が地域における感染状況とどのように関係しているのかを明らかにするため，分析では各都道府県における 2020 年度の緊急事態宣言日数の情報を使用する．具体的には，各都道府県について，2020 年度の緊急事態宣言日数が 60 日以上であったか否かを基準としている[3]．また，部活動実施の判断を下すうえで重要な主体であったと考えられる各学校の特徴をとらえるため，学校調査より，教職員の多忙化の度合い[4]と，各学校であてはまる度合いを「重要な意思決定は校長のリーダーシップのもとにおこなう」「教育委員会からの要求にそのつど対応することを重視している」「保護者の懸念に対処することを重視している」「周りの学校との足並みをそろえることを重視している」「学校は，必要な場合には，変化に即座に対応する」「学校は地域のコミュニティと協力している」の 6 項目についてたずねた変数を使用する[5]．

　次に，検討課題②で主に使用するのは部活動の中止・縮小残念度の変数である．これはコロナ禍での部活動を振り返って，「通常の部活動」の縮小と「部

表 5-1 分析に用いた変数の記述統計量

	平均／割合	標準偏差	最小値	最大値
部活動実施頻度（一斉臨時休業期間中）	0.77	1.70	0	6
部活動実施頻度（Wave1調査時点）	3.13	2.25	0	7
2020年度緊急事態宣言日数60日以上	0.55	0.50	0	1
学校設置者				
公立	0.85	0.36	0	1
私立	0.09	0.28	0	1
国立	0.06	0.24	0	1
教職員多忙化（一斉臨時休業期間中）	3.76	2.03	1	10
教職員多忙化（Wave1調査時点）	5.38	2.28	1	10
校長のリーダーシップ	0.53	0.50	0	1
教委への対応重視	0.27	0.44	0	1
保護者の懸念対処重視	0.30	0.46	0	1
周囲の学校との足並み重視	0.82	0.39	0	1
変化への即座対応	0.43	0.50	0	1
地域コミュニティとの協力	0.80	0.40	0	1
女子ダミー（Wave1）	0.51	0.50	0	1
親学歴（Wave1）				
親大卒者数0	0.43	0.50	0	1
親大卒者数1	0.31	0.46	0	1
親大卒者数2	0.26	0.44	0	1
成績（Wave1）	2.91	1.23	1	5
N	7,815			
部活動縮小残念度	3.13	0.99	1	4
大会中止残念度	3.30	0.93	1	4
部活動熱心ダミー	0.73	0.45	0	1
大会熱心ダミー	0.72	0.45	0	1
女子ダミー（Wave2）	0.56	0.50	0	1
親学歴（Wave2）				
親大卒者数0	0.41	0.49	0	1
親大卒者数1	0.32	0.47	0	1
親大卒者数2	0.27	0.44	0	1
成績（Wave2）	3.06	1.20	1	5
N	3,668			

活動での大会やコンクール」の中止がどのくらい残念だったのかを,「まったく残念ではなかった」から「とても残念だった」の4件法でたずねたものである．この残念度が高いのがどのような生徒なのかを検討するうえで，本章では「通常の部活動」と「部活動での大会やコンクール」のそれぞれについて，熱心に取り組んでいたかどうかをたずねた項目（あてはまる／あてはまらない）を使用する．加えて，残念度の高低がコロナ禍による部活動の中止・縮小の影響を大きく受けている可能性を鑑み，検討課題①で用いるコロナ禍での部活動実施頻度や，2020年度の緊急事態宣言日数との関係についても検討する．

そのほかの変数には，学校設置者（公立／私立／国立），女子ダミー，親学歴（親大卒者数0・1・2）[6]，成績（自己評価で「下の方」から「上の方」までの5段階で，値が大きいほど成績が高い）を使用する．以上の変数の記述統計量は表5-1に示したとおりである．

3 ── コロナ禍での部活動はどのようにおこなわれていたのか

(1) 部活動実施頻度の実態

まず，本章では検討課題①「コロナ禍での部活動はどのようにおこなわれていたのか」に取り組む．

はじめに，一斉臨時休業期間中とWave1調査時点の部活動実施頻度の分布を確認する．図5-1より，一斉臨時休業期間中は，当然ながら部活動を週に1日もしていなかった生徒が全体の約8割を占めていた．他方で，「週に数日した」「ほぼ毎日した」という生徒の割合を合わせると全体のおよそ2割を占めることから，一斉臨時休業期間中でも部活動には参加していたという生徒が意外にも一定数いたことがわかる．次にWave1調査時点をみると，週に1日もしていない生徒が27.55％を占める一方で，最も多いのは週に5日（28.00％）であり，4日以上の生徒が全体の5割以上を占めることから，部活動の実施状況が一斉臨時休業以前の水準に戻りつつあったことがうかがえる．ただし，実施頻度が週に0日から2日だった生徒が全体のおよそ3分の1を占めることからもわかるように，部活動をすぐに再開することができた学校と，コロナ禍の影響を受け続けた学校に分かれていたのだと考えられる．

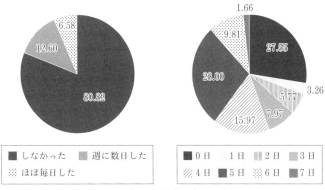

図 5-1 部活動実施頻度の度数分布（%）

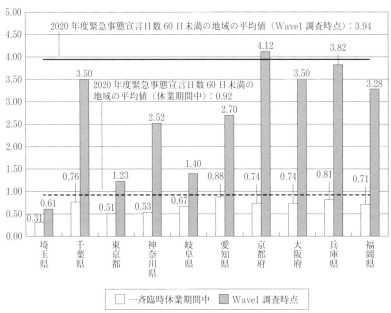

図 5-2 都道府県別の部活動実施頻度（日）

注：サンプルサイズの関係から，山形県・石川県・鳥取県・島根県・高知県は集計に含まれない．

次に，都道府県別に部活動実施頻度の平均値を確認したい．ここでは，コロナ禍の影響が大きかったと考えられる地域に着目すべく，2020年度緊急事態宣言日数が60日以上の各都府県における平均値と，60日未満だった地域全体の平均値をそれぞれ示している．一斉臨時休業期間中について，図5-2をみると，2020年度の緊急事態宣言日数が60日以上のすべての都府県において，60日未満だった地域の平均を上回っていることがなく，部活動実施頻度が相対的に低かったことが読み取れる．また，Wave1調査時点では，2020年度緊急事態宣言日数が60日以上だった場合でも60日未満の地域の平均に近い，または上回るケースがみられる一方で，やはりその平均を下回っているケースが目立つ．ここからは，コロナ禍の影響をより強く受けた地域では，部活動の実施や再開が容易ではなかったという傾向が読み取れるだろう．

(2) 部活動の中止・縮小に関わる要因

では，コロナ禍の部活動実施に対して，学校による対応の違いはどのように生じていたのだろうか．ここでは地域・学校による対応の違いを同時に検討するために，表5-2で一斉臨時休業期間中の部活動実施ダミーを従属変数としたロジスティック回帰分析と，Wave1調査時点の部活動実施頻度を従属変数としたマルチレベル分析の結果を示した[7]．ここでの従属変数は，中学生調査から各生徒個人の部活動頻度についてたずねたものを使用している．なお，ロジスティック回帰分析の値には限界効果を示している．これは独立変数が1単位（ダミー変数の場合は基準カテゴリから別のカテゴリに）変化したとき，従属変数の値が1になる確率がどのくらい変化するのかを意味し，解釈が容易になる．また，マルチレベル分析の係数については，独立変数の変化にともなって部活動実施頻度が週に〜日増える／減るという形で解釈することが可能である．

表5-2をみると，まず都道府県の2020年度緊急事態宣言日数が60日以上であった場合，休業期間中の部活動実施率が6.4%減少し，Wave1時点では週の部活動実施頻度が1.366日少ないことがわかる．図5-2で確認した，コロナ禍の影響をより強く受けた地域での部活動実施頻度の低さがここからも読み取れるだろう．また，学校変数をみると，休業期間中においてのみ，意思決定にあたって「校長のリーダーシップ」が重要である学校だと，部活動実施頻度が

表 5-2　部活動実施頻度を従属変数とした回帰分析

	一斉臨時休業期間中 部活動実施ダミー		Wave1 調査時点 部活動実施頻度	
	限界効果	標準誤差	B	標準誤差
2020 年度緊急事態宣言日数 60 日以上	−0.064***	0.009	−1.366***	0.274
学校設置者（基準：公立）				
私　立	−0.031	0.017	−0.861***	0.183
国　立	−0.086***	0.016	−0.680**	0.243
教職員多忙化	−0.002	0.002	−0.010	0.022
校長のリーダーシップ	−0.039***	0.010	−0.174	0.117
教委への対応重視	−0.009	0.012	0.034	0.133
保護者の懸念対処重視	0.013	0.012	0.009	0.129
周囲の学校との足並み重視	0.028*	0.013	0.196	0.142
変化への即座対応	0.021*	0.011	0.094	0.120
地域コミュニティとの協力	−0.004	0.013	0.136	0.140
女子ダミー	−0.056***	0.009	0.013	0.041
親学歴（基準：親大卒者数 0）				
親大卒者数 1	−0.009	0.009	0.080	0.050
親大卒者数 2	−0.016	0.016	0.020	0.058
成　績	−0.035***	0.004	0.039*	0.017
定数項			3.814***	0.251
Pseudo R^2	0.034			
−2 対数尤度	7382.642		31671.990	
N（生徒数）	7,815		7,815	
N（学校数／都道府県数）			308／42	
ランダム効果（カッコ内は標準誤差）				
学校レベル切片			0.538 (0.057)	
都道府県レベル切片			0.482 (0.126)	

*$p<0.05$　**$p<0.01$　***$p<0.001$
注：ロジスティック回帰分析の標準誤差はクラスタロバスト標準誤差を使用.

低い傾向が読み取れる（−3.9％）．コロナ禍の部活動実施に関する統一的な政府方針が示されないなかで，学校全体の意思決定がトップダウン的におこなわれやすい学校ほど，部活動の中止・縮小という判断が下されやすかったのかもしれない．他方で，同じく休業期間中のみ，「周囲の学校との足並み」をそろえることを重視する学校や，「変化に即座に対応する」学校である場合，部活動実施頻度が高い（それぞれ 2.8％，2.1％）．トップダウンで意思決定がなされるというより，周囲の学校での部活動実施状況をふまえた判断がおこなわれ，コロナ禍による変化に柔軟に対応できた場合，部活動が一部実施されていた可

能性がある．こうした学校ごとの対応の違いが，コロナ禍に対する緊急の対応が求められた休業期間中にはみられた一方で，それから間を置いた Wave1 調査時点では，部活動実施に対する各学校の方針が平準化していたのかもしれない．以上のことからは，地域の感染状況，または休業期間中に限っては各学校の意思決定における特徴によって，コロナ禍の部活動実施状況が異なっていたことが示唆された．

4 ── どのような生徒が部活動の中止・縮小を残念だと感じていたのか

(1) 中止・縮小残念度の実態

次に，本章では検討課題②「どのような生徒が部活動の中止・縮小に対して残念だと感じていたのか」を扱う．

はじめに，部活動の中止・縮小残念度の分布を確認したい．図 5-3 をみると，通常の部活動と大会・コンクールともに，7-8 割程度の生徒が「残念だった」と回答しており，部活動の中止・縮小が生徒に与えたインパクトの大きさを改めて確認することができる．ただし，とりわけ通常の部活動については，「残念ではなかった」と回答している生徒も全体の 4 分の 1 程度を占めていることから，コロナ禍で部活動が制限されたことを必ずしも残念だと思っていない生徒が一定数存在するという見方もできる．

続いて，都道府県ごとに通常の部活動と大会・コンクールについて，中止・縮小残念度の平均値を確認する．ここでも，図 5-2 と同様，コロナ禍の影響が大きかったと考えられる地域に着目するために，2020 年度緊急事態宣言日数が 60 日以上の各都府県における平均値と，60 日未満だった地域全体の平均値を示している．図 5-4 と図 5-5 から共通して読み取れるのは，コロナ禍の部活動実施頻度に比べると都道府県間での値のばらつきが小さく，また 2020 年度緊急事態宣言日数が 60 日以上である場合でも，中止・縮小残念度がとくに高いというわけではないことである．ここからは，コロナ禍の影響を強く受けた地域にいることが，部活動の中止・縮小残念度の高さと直接的に結びついているわけではない可能性が示唆されている．

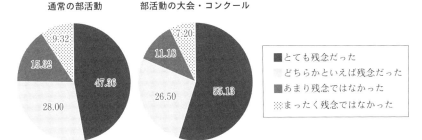

図 5-3 部活動の中止・縮小残念度の度数分布（%）

(2) 中止・縮小残念度が高いのは誰か

　では，部活動の中止・縮小に対する残念度が高いのはどのような生徒なのだろうか．まず，通常の部活動や大会・コンクールに対して熱心に取り組んでいたかどうかに着目し，中止・縮小残念度とのクロス集計をおこなった結果が図5-6 である．ここからは，部活動に対する熱心度と中止・縮小残念度の間には強い関連性があり，部活動に熱心に取り組んでいた生徒ほど，中止・縮小残念度が高いという傾向が明確に読み取れる．部活動に対して熱心に取り組んでいた生徒に限定すると，部活動の中止・縮小が「残念だった」と回答している生徒はおよそ 8-9 割を占めており，ほとんどの生徒が中止・縮小をマイナスに受け止めていたことがわかる．しかし他方で，熱心に取り組んでいなかった生徒に限定した場合，中止・縮小が「残念ではなかった」と回答している生徒が 4-5 割程度を占めていることも重要である．つまり，部活動への熱心度が低い生徒に目を転じれば，およそ半数の生徒が部活動の中止・縮小をマイナスにとらえているわけではないということだ．以上のことからは，中止・縮小残念度が部活動に対する個人的な熱意によって大きく規定されており，熱心度の高低によって部活動の中止・縮小の受け止め方に明確な対比がみられることがわかった．

　次に，一斉臨時休業期間中と Wave1 調査時点の部活動実施頻度別に中止・縮小残念度の分布をみたのが図 5-7・図 5-8 である．ここでの関心は，コロナ禍で部活動が実際に中止・縮小された度合いが大きかった生徒ほど，残念度が高くみられるかどうかを検討することにある．図 5-7・図 5-8 をみると，意外なことに，全体的な傾向としてはコロナ禍での部活動実施頻度が高かった生徒

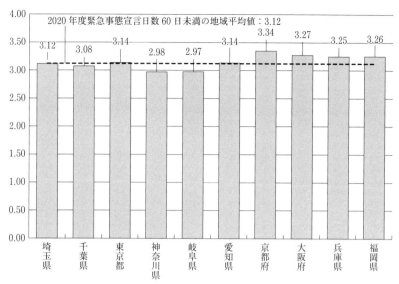

図 5-4　都道府県ごとの部活動縮小残念度

注：サンプルサイズの関係から，山形県・石川県・鳥取県・島根県・高知県は集計に含まれない．

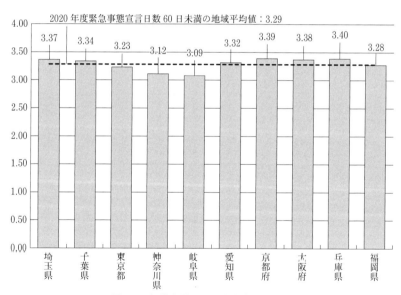

図 5-5　都道府県ごとの大会中止残念度

注：サンプルサイズの関係から，山形県・石川県・鳥取県・島根県・高知県は集計に含まれない．

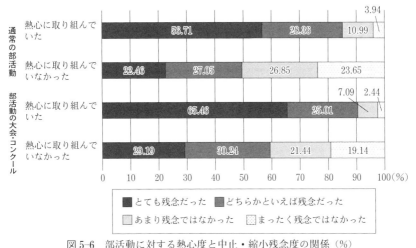

図 5-6 部活動に対する熱心度と中止・縮小残念度の関係（％）
注：（通常の部活動）$\chi^2=604.023$, Pr=0.000, V=0.406,（部活動の大会・コンクール）$\chi^2=613.153$, Pr=0.000, V=0.409.

ほど，中止・縮小残念度が高いという傾向が読み取れる．「部活動の中止・縮小残念度が，コロナ禍で部活動がさほど中止・縮小されていなかったほうが高い」という事態は，一見矛盾しているようにも思える．しかし，図 5-6 で示した，「部活動に熱心に取り組んでいた生徒ほど，中止・縮小残念度が高い」という傾向をふまえれば，コロナ禍でも部活動に積極的に参加することのできた生徒で中止・縮小残念度が高いという傾向も理解することができる．重要なのは，「コロナ禍で部活動ができなかったから残念」という傾向よりも，「もともと部活動に積極的に参加していたから残念」という傾向のほうが目立って表れているということである．なお，図 5-8 からは，Wave1 調査時点の部活動実施頻度が週に「0 日」だった生徒でも残念度がやや高くみられることから，「部活動の中止・縮小度合いが大きかった生徒ほど残念度が高い」という傾向もまったくみられないわけではない点に注意が必要である．

最後に，部活動への熱心度やコロナ禍での部活動実施頻度と残念度との関係を同時に検討するべく，通常の部活動と大会・コンクールのそれぞれの残念度を従属変数とした重回帰分析の結果を表 5-3 に示した[8]．まず 2020 年度緊急事態宣言日数 60 日以上の係数をみると，部活動縮小残念度のモデル 1 を除き正に有意で，緊急事態宣言日数が 60 日以上だった場合は残念度が 0.07 程度高

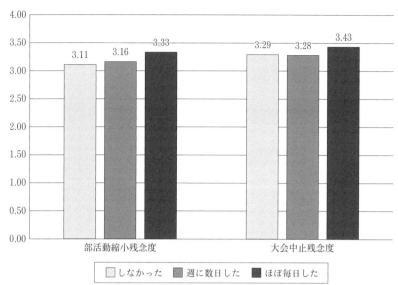

図 5-7 部活動実施頻度（一斉臨時休業期間中）別の中止・縮小残念度

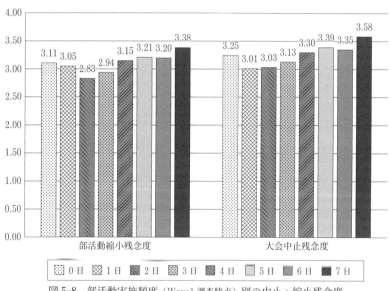

図 5-8 部活動実施頻度（Wave1 調査時点）別の中止・縮小残念度

表 5-3　部活動の中止・縮小残念度を従属変数とした重回帰分析

| | 部活動縮小残念度 | | | | 大会中止残念度 | | | |
| | Model1 | | Model2 | | Model1 | | Model2 | |
	B	標準誤差	B	標準誤差	B	標準誤差	B	標準誤差
2020年度緊急事態宣言日数60日以上	0.053	0.031	0.066*	0.033	0.059*	0.029	0.071*	0.031
学校設置者（基準：公立）								
私　立	-0.030	0.066	-0.025	0.066	0.189**	0.061	0.193**	0.061
国　立	0.109	0.058	0.120*	0.059	0.075	0.060	0.081	0.060
女子ダミー	-0.032	0.030	-0.027	0.030	0.103***	0.028	0.104***	0.028
親学歴（基準：親大卒者数0）								
親大卒者数1	-0.020	0.036	-0.022	0.036	0.009	0.033	0.008	0.033
親大卒者数2	-0.052	0.041	-0.053	0.041	-0.045	0.038	-0.045	0.038
成　績	-0.002	0.013	0.003	0.014	-0.013	0.012	-0.012	0.012
部活動／大会熱心ダミー	0.897***	0.038	0.896***	0.038	0.859***	0.037	0.854***	0.037
部活動実施ダミー（一斉臨時休業期間中）			0.108**	0.038			0.029	0.036
部活動実施頻度（Wave1調査時点）			0.003	0.008			0.006	0.008
定数項	2.491***	0.057	2.437***	0.068	2.625***	0.055	2.592***	0.064
N	3,668		3,668		3,668		3,668	
F値	71.35***		58.57***		72.13***		57.74***	
R^2	0.164		0.166		0.174		0.174	

*$p<0.05$　**$p<0.01$　***$p<0.001$
注：標準誤差はクラスタロバスト標準誤差を使用。

いことが読み取れる．これは都道府県別に中止・縮小残念度の平均値を確認した図5-4・図5-5では明確にみられなかった傾向であり，係数はやや小さい．また，通常の部活動または大会・コンクールに対して熱心に取り組んでいたかどうかについては，すべてのモデルで正に有意であり，熱心に取り組んでいた場合は残念度が0.9程度高い．さらにコロナ禍での部活動実施状況をみると，通常の部活動の縮小残念度について，一斉臨時休業期間中の部活動実施ダミーが有意になっている．ただし，関連の方向性としては，休業期間中に部活動をしていた生徒ほど，残念度が0.108高いという正の関連であり，これは図5-7で示された傾向とも整合的である．以上を総合すると，緊急事態宣言日数が多く，コロナ禍の影響を強く受けた地域にいた場合に残念度がやや高い傾向がみられるがその係数は小さく，それ以上に部活動に対する熱心度の高さ（または部活動に積極的に参加していたかどうか）が残念度の高さと関連していたといえる[9]．

5──コロナ禍での部活動の分析からみえてきたこと

本章は，コロナ禍における中学生の部活動の実態と残念度に着目して分析を進めてきた．以下，分析結果をまとめる．

まず検討課題①「コロナ禍での部活動はどのようにおこなわれていたのか」では，緊急事態宣言日数の発出期間が長かった地域で，部活動の実施や再開が容易ではなかった様子が明らかにされた．また，各学校の特徴をみると，一斉臨時休業期間中に限り，「重要な意思決定は校長のリーダーシップのもとにおこなう」という学校ほど部活動実施頻度が低く，「周りの学校との足並みをそろえることを重視している」「必要な場合には変化に即座に対応する」という学校ほど部活動実施頻度が高いという傾向がみられた．

次に検討課題②「どのような生徒が部活動の中止・縮小に対して残念だと感じていたのか」については，コロナ禍の影響を強く受けた地域にいることや，コロナ禍での部活動実施頻度が低かったことが残念度の高さと結びついている関係は必ずしもみられなかった．本章の分析では，部活動に対して熱心に取り組んでいたことや，コロナ禍でも部活動に積極的に参加していたことが残念度

の高さと関連していた．

　では，以上の分析結果からは何がみえてくるだろうか．まず検討課題①からは，地域・学校によってコロナ禍の部活動実施に関する対応が異なっていたことが新たに示された．地域については，やはりコロナ禍の影響を強く受けた都道府県で，部活動を中止・縮小せざるをえなかったという実態が浮かび上がった．また，学校については，休業期間中においてのみ，各学校の意思決定における特徴によって，コロナ禍での部活動をどのように実施するかについての対応に違いがみられた．授業時数の確保等とは異なり，部活動実施の対応については統一的な政府方針が打ち出されていなかったからこそ，校長のリーダーシップに頼ることや，周囲の学校の様子をうかがうといった形で，学校ごとの違いが顕在化しやすかった可能性がある．こうした休業期間中における学校ごとの対応の違いが，部活動の実施可否に対する生徒の不公平感につながっていた可能性もあるが，これについては別途検討すべき論点である．いずれにせよ，地域の感染状況の影響に加え，それとは一部独立した形で，学校ごとの判断がコロナ禍での部活動の実施状況に影響していたことを明らかにした点に，本章の意義がある．

　また検討課題②からは，一般的な想定をやや裏切る結果がみられた．つまり，部活動の中止・縮小に対する残念度が高いのは，コロナ禍で中止・縮小の影響をより強く受けた生徒というよりも，部活動に熱心に取り組んでいた生徒や，コロナ禍でも部活動に積極的に参加していた生徒だったのである．部活動に熱心な生徒で残念度が高いという結果は想定可能だが，実際に部活動が中止・縮小された度合いが残念度の高さに結びついていないという点はやや意外な結果だといえる．これが意味するのは，コロナ禍による部活動の中止・縮小という統制できない構造的な要因よりも，部活動への熱心度をはじめとする生徒側の個人的な要因によって残念度が規定されやすかったということである．新型コロナウイルス感染症が猛威を振るった2020年度には，「コロナ禍で部活動ができなくなったことを生徒は皆残念に思っている」という想定が一般的な風潮としてみられた．しかし，部活動に熱心に取り組んでいなかった層では残念度が相対的に低かったという結果を考慮すれば，少なくとも中学生については，そうした想定が必ずしも妥当しないことが本章の分析から示された．むろん，中

止・縮小残念度が総じて非常に高かったことも事実であり，個々の質的な語りに耳を傾ければ，部活動の中止・縮小が生徒に与えたインパクトがまた違った形でみえてくる可能性がある．加えて，部活動に対する熱心度以外にも，中止・縮小残念度を規定する要因が存在する可能性があり，データの限界から運動部・文化部での違いも考慮していないため，コロナ禍での部活動の中止・縮小が生徒に与えたインパクトについて，より多角的な変数を含めた検討が求められる．

　コロナ禍における政策過程を振り返ると，一斉臨時休業の開始から間もない2020年4月から5月頃にかけて，9月入学の導入の是非に関する議論が大々的におこなわれたが（文部科学省 2020b），様々な批判的議論の末に最終的には見送られた（竹内 2020）．そして，その導入論のきっかけのひとつとなったのが，春のセンバツ高校野球をはじめとする大会の中止や，部活動の縮小を嘆く生徒の声であった．本章の議論をもとに指摘できるのは，一部の事例から早急な政策決定がなされることは避けるべきであり，適切なデータに基づく実態把握を経なければ，現実を見誤ってしまう危険性があるということである．

【注】
1) 平時における部活動の調査研究をみても，部活動に加入している中学生のうち，「部活動が楽しい」と感じている割合が9割近くを占める一方で，「部活動の回数が多くて大変だ」と感じている割合も5割程度であり，平時から部活動を負担に感じている生徒が一定数いることがわかる（木村 2018）．
2) なお，各生徒の部活動への加入状況については，中学生調査の質問項目として含まれていないため，部活動頻度が週に0日だった生徒のなかには，部活動に加入していない生徒が含まれている点に注意する必要がある．
3) この基準に該当するのは，埼玉県・千葉県・東京都・神奈川県・岐阜県・愛知県・京都府・大阪府・兵庫県・福岡県である．これらは，2020年4月に指定された特定警戒都道府県のうち，北海道・茨城県・石川県を除いた10都府県と重なっている．なお，各都道府県に対して緊急事態宣言が発出されていた期間については，法務省（2022）を参照．
4)「教職員の人員が不足している」「教職員の労働時間が新型コロナウイルス感染症流行前よりも多くなっている」「教職員の業務量が新型コロナウイルス感染症流行前よりも多くなっている」という3つの項目について，値が大きいほどあてはまる度合いが高くなるよう合成した．クロンバックの α 係数は，一斉臨時休業期間中については0.701，Wave1調査時点については0.795．

5) 分布の偏りを考慮し，これらの変数は「あてはまる」を 1,「あてはまらない」を 0 としたダミー変数にしたうえで使用しており，「校長のリーダーシップ」「教委への対応重視」「保護者の懸念対処重視」「変化への即座対応」の項目については，「非常にあてはまる」を 1，それ以外（「ややあてはまる」以下）を 0 という形でダミー変数化している．
6) なお，母親の場合は大学・大学院に加えて短期大学・高等専門学校の卒業者も大卒者に含めている．
7) 表 5-2 の分析には個人レベルの変数に加え，都道府県レベルの変数（2020 年度緊急事態宣言日数 60 日以上）と学校レベルの変数（学校設置者，その他各学校の特徴に関する変数）が含まれているため，従属変数の分散をもとに算出した級内相関係数（ICC）の値によっては，マルチレベル分析をおこなうことが適切となる．各従属変数について ICC を算出した結果，一斉臨時休業期間中部活動実施ダミーについては低い値がみられた一方で（都道府県レベル：0.039，学校レベル：0.088），Wave1 調査時点部活動実施頻度については一定の ICC がみられた（都道府県レベル：0.191，学校レベル：0.380）．これをふまえ，表 5-2 では Wave1 調査時点部活動実施頻度を従属変数とした分析についてのみマルチレベル分析の結果を示している．
8) ここでもデータの階層性を考慮し，従属変数の級内相関係数（ICC）の値によっては，マルチレベル分析をおこなうことが適切である．各従属変数について ICC を算出した結果，いずれについても高い値がみられなかった（部活動縮小残念度…都道府県レベル：0.007，学校レベル：0.031，大会中止残念度…都道府県レベル：0.008，学校レベル：0.019）．そのため，ここではマルチレベルモデルによる分析の必要性はないと考えられる．
9)「一斉臨時休業期間中・Wave1 調査時点の部活動実施状況と残念度の関連性は，コロナ禍の影響の強さを表す緊急事態宣言日数によって異なり，緊急事態宣言日数が多かった場合は部活実施状況が残念度と負に関連するのではないか」という関心から，2020 年度緊急事態宣言日数 60 日以上×部活動実施ダミー／実施頻度の交互作用項を投入したモデルについても検討した．しかし，いずれについても明確な交互作用効果はみられなかった．

【文献】

法務省，2022，「令和 4 年版犯罪白書 新型コロナウイルス感染症と刑事政策――犯罪者・非行少年の生活意識と価値観」（2024 年 1 月 28 日取得 https://www.moj.go.jp/content/001387336.pdf）．

木村治生，2018，「第 1 回 部活動の役割を考える――子どもたちに適切な活動の機会を提供するために」（2024 年 1 月 28 日取得 https://berd.benesse.jp/special/datachild/comment01.php）．

木村治生・朝永昌孝，2022，「中高生の休校中の生活時間――休校になると生活はどう変わるのか」ベネッセ教育総合研究所編『調査報告書 コロナ禍における学びの

実態——中学生・高校生の調査にみる休校の影響』pp. 17-28.
文部科学省，2020a,「学校における新型コロナウイルス感染症に関する衛生管理マニュアル——『学校の新しい生活様式』Ver1」.
文部科学省，2020b,「『9月入学』に移行する際の主な課題と対応」(2024年1月28日取得 https://www.mext.go.jp/content/20200730-mxt_soseisk01-000009115_10.pdf).
日本財団，2021,「18歳意識調査 第42回 コロナ禍と社会参加 詳細版」(2024年1月28日取得 https://www.nippon-foundation.or.jp/app/uploads/2021/10/new_pr_20211027_02.pdf).
日本財団・三菱UFJリサーチ＆コンサルティング，2021,「コロナ禍が教育格差にもたらす影響調査——調査レポート」(2024年1月28日取得 https://www.nippon-foundation.or.jp/app/uploads/2021/06/new_pr_20210629.pdf).
佐藤昭宏，2022,「コロナ禍を中高生はどのように受けとめたのか——自由記述の回答に着目して」ベネッセ教育総合研究所編『調査報告書 コロナ禍における学びの実態——中学生・高校生の調査にみる休校の影響』pp. 97-108.
須藤康介，2020,「中高生の部活動時間が学習時間に与える影響——パネルデータ分析による効果推計」東京大学社会科学研究所・ベネッセ教育総合研究所編『子どもの学びと成長を追う——2万組の親子パネル調査から』勁草書房，pp. 252-278.
竹内健太，2020,「9月入学導入の見送り——新型コロナウイルス感染症拡大を契機とした議論を振り返る」『立法と調査』426: 178-195.
内田良，2017,『ブラック部活動——子どもと先生の苦しみに向き合う』東洋館出版社.

6章

学校行事が学校への満足度と帰属意識にもたらす影響
コロナ禍にともなう行事中止というイベントに着目して

田垣内　義浩

1──学校行事の役割・再考

　新型コロナウイルスの流行によって，学校行事の多くは中止・縮小を余儀なくされた．香川（2023）によると，コロナ禍に突入した2020年度には，入学式・卒業式など儀式的行事が中止されることは少なかった反面，「運動会，競技会，球技会」（17.6％，17.0％），「学芸会，文化祭」（54.4％，30.8％），「遠足」（37.4％，45.1％），「修学旅行」（13.5％，27.6％）などの行事は一定の比率で中止された（カッコ内は小学校，中学校の順）．ただ，2021年度になると，計画通り（例年通り）実施に戻ったケースはあまりないにせよ，その多くは規模縮小，行き先・内容変更等を伴いながら実施されるようになったという．

　本委託調査研究では，2020年度と2021年度の2回調査を行っており，これらはそれぞれ行事中止・縮小の多かった時期と再開された時期に該当する．そこで本章は，行事が中止から再開へと移行する時期に照準を合わせ，コロナ禍における行事実施状況が児童生徒に影響したのかどうか，そして影響があった場合，それはいかなる層に現れたのかを検討する．

　学校行事による児童生徒への影響はさまざまに想定できるが，本章では主に学校生活満足度と学級への帰属意識に着目していく．まず，学校生活満足度について検討してみよう．学校行事は，本調査が対象とする小中学生にとって非常に重要な位置づけとなっている．たとえば，ベネッセ教育総合研究所（2005）によると，学校行事を「とても好き」「まあ好き」と回答したものの比率は，主要5教科など他の教育活動と比べても非常に高くなっている（小学生85.8％，中学生74.3％）．山本（2021）は，これをふまえ学校行事を部活動とと

もに教育活動の「二大花形」であり「影の主役」とさえいっている．さらに山田（1999）によると学校行事が勉強の苦手な生徒に活躍の機会を与える場となっている可能性が指摘されており，とくに学習面で困難を抱えるものにとって，学校行事実施の意味は大きいと考えられる．これらの点を考慮すると，児童生徒の学校生活満足度に対して学校行事の重要性はかなり大きいと想定できる．それゆえ，コロナ禍を経て学校行事が中止から再開に向かうことによって，小中学生の学校生活満足度が上昇することが仮説的に推測できる．

　次に，学級への帰属意識について検討する．先行研究によれば，学校生活満足度を左右する側面と並んで，学校行事には集団としてのまとまりを強め，児童生徒の自己肯定感を高めるなど教育的な役割が期待されてきた．そのなかで，学級への帰属意識は，多くの研究で学校行事の果たす重要な役割のひとつと指摘されてきた（樽木・石隈 2006 など）．学習指導要領でも，学校行事の目標のなかで「集団への所属感や連帯感を深め」ることが言及されている（文部科学省 2017）[1]．ここからも，学校行事によって集団としてのまとまりを強めること，集団への理解を深めること，そして集団への帰属意識を高めることがその役割として示唆されている．以上の議論を本章の関心に照らすと，学校行事が中止から再開へと向かうことによって，児童生徒の学級への帰属意識が高まることが仮説的に予測される．

　しかし，以上にみた行事実施による児童生徒の学校生活満足度や学級への帰属意識へのありうる影響については，これまで学校行事がもつ教育的・社会的機能を社会学的観点から検討する研究が立ち遅れてきたこともあいまって（山田 1999），ほとんど焦点を当てられてこなかった．そこで，本章では新型コロナウイルス感染症の拡大による行事中止というイベントに着目して，学校行事が実施されることは実際に小中学生へと重大なインパクトを与えていたのか検討する．

　そのなかで本章の独自性となるのは，学校行事の中止という前代未聞の事態に着目することである．感染拡大という予期せぬ事態による半ば強制的な中止がなければ，学校行事は小中学生や保護者にとって実施が求められるもの，学校生活にとってなくてはならないものとして，中止・縮小や隔年実施などの代替案が検討されるまでもなく，当然のごとく継続されていただろう．ただし，

一度立ち止まって考えてみると，行事が実際に大きな影響をもっているのか，そして影響するとしてそれはいかなるものであるかは，行事が中止されてみないと把握できない点が多いのも事実である．本章は，学校行事中止という希少な機会を掴むことで，行事が中止から再開に変化することによる影響，そのなかでもとりわけ学校生活満足度と学級への帰属意識に焦点を絞って，その役割を再考することを試みる．

　具体的な課題は次のとおりである．学校生活満足度と学級への帰属意識の両者について，小学校と中学校を分けたうえで，(1)学校行事実施によるポジティブな影響があったかどうかパネルデータ分析を通じてより厳密に実証する，(2)成績，親学歴，性別という基本的な要因を考慮に入れたときにどこで行事実施の影響が強くみられたのかその効果の異質性に迫る．この2点を主な分析課題として設定し，学校行事の実施・再開がもつ意味や機能の一端を詳らかにすることを目指す[2]．繰り返しになるが，本章で用いるデータは，行事が中止・縮小していた状態から，実施・再開へと復活する局面を偶然捉えるかなり希少なデータである．そのため本章の分析は，今後の学校行事のあり方を考える上で重要な意味をもつだろう．

2──学校行事研究の状況と問われるべき課題

(1) 学校行事と児童生徒の学校生活に関する先行研究

　前述のとおり，学校行事は小中学生にとって非常に重要な意味をもつと考えられる．にもかかわらず，学校行事を主眼に置いた研究の蓄積はけっして多いとはいえない（山田 1999，河本 2013）．その中で，近年の学校行事に関する研究は，大きくまとめると次の2つの関心から行われてきた．第1に，行事参加や積極性を独立（説明）変数とし，それが児童生徒にとっていかなる効果をもたらしているか明らかにする，たとえば（教育）心理学の領域の研究である．そこでは，鈴木（2018）も指摘するとおり，行事が児童生徒の自己効力感や学校適応に対してポジティブな影響をもたらすことが明らかにされてきた（樽木・石隈 2006，樽木 2013など）．

　それとは対照的に，第2の研究領域は，学校行事への参加や積極性を従属

（被説明）変数として，それに対して成績などの児童生徒の基本的な諸特徴や友人関係などの学校適応度がどのように影響しているかについて明らかにする（教育）社会学的な視点からの研究である（長谷川 2009，鈴木 2018，山本 2021 など）．そこでは共通して，学校行事が必ずしもすべての児童生徒から肯定的に受け止められているわけではないことが指摘されている．また，学校行事への積極的な参加のメカニズムをみても，体育祭や文化祭への消極的な参加態度には友人関係を媒介として男女で異なるメカニズムがあることが報告されている（鈴木 2018）．たしかに学校行事は人間関係や学校満足度に対して全体としてポジティブな側面がある．ただし前提として行事熱心度には個人による小さくない差異が存在すること，それによって行事のもたらす影響に差異がある点を指摘した点で意義ある試みといえる．

　以上のとおり，学校行事に関する研究は少ないながら，一方では行事を独立変数としてその効果や影響を検証する研究，他方では行事を従属変数として行事への積極的な参加がどのような層によってなされているか明らかにする研究が蓄積されてきた．しかしながら，本章の関心である新型コロナウイルスの感染拡大による行事中止・再開というイベントの影響力を適切に検討するとなった場合，既存の研究には次の2点に大きな限界がある．

　第1の限界は，従来の研究では当然ながら学校行事を実施することが前提となっており，学校行事が「未実施」の場合と比較して「実施」した場合に実際に児童生徒の学校生活にポジティブな影響があるのかどうかは不明であることである．これまで指摘されてきた学校行事実施による影響は，学校行事が「中止」されたときの実態と比べることでより厳密に測ることのできる現象である可能性が高い．今回コロナ禍によって全国的な行事中止・縮小という前代未聞の事態に直面した．偶然のタイミングではあるものの，この時宜を捉えて行事の役割を再考することには非常に重要な意味がある．

　第2の限界は，学校行事を検討する場合に，使用可能なデータ・対象が限定されていたことにある．学校行事に関する研究蓄積の限界は前述のとおりだが，それらの研究をみても，いくつかの都立高校を対象としたものや（鈴木 2018），広島県のある公立中学校を対象としたものなど（長谷川 2009），地域の文脈と絡めて行事の意味をとらえるには適切であっても，日本全国の実態を一般化可

能な形で把握することには限界があった．

　また，ほとんどの研究は一時点での横断的データを用いていたために，行事の実施・非実施が児童生徒にもたらす影響について厳密に測定することは難しかった．これまでの研究でいうと，公益財団法人日本財団・三菱UFJリサーチ＆コンサルティング（2021）やベネッセ教育総合研究所（2022）は全国規模で学校行事の実施や中止が与える影響についてたずねた希少な例であるものの，一時点での調査であるためその影響力を精緻にとらえるには限界があった．たとえば，本章の関心である学校生活満足度については，成績などに加えて，社交性など児童生徒の性格・個性や能力が影響することが推測される．しかし，これらの多くは数値化しづらいため分析において考慮することが難しく，こうした「観察されない異質性」が結果を歪めることがこれまで指摘されてきた．ただし，複数時点のパネルデータを用いることにより，性格など基本的には変化を想定しない変数を念頭に置く必要がなくなるため，こうした限界はある程度克服することができるのである（詳細は，中澤（2012）を参照のこと）．

　以上をまとめると，本章の分析では，(1)全国規模のデータを対象とすることで一般化可能な形式で行事実施の影響力を測定できる，(2)パネル調査データを用いることで，行事実施・中止と学校生活満足度や学級への帰属意識に関する情報を複数時点で入手し，行事の実施状況の変化が学校生活の満足度や学級への帰属意識の変化にどの程度結びついているのか，（横断的なデータと比べると）因果的な推論に立ち入って検討できる．この2点のメリットを活かし，学校行事が小中学生に与える影響について新たな知見を提供することを目指す．

(2) 学校行事の再開が児童生徒に与える影響の分析課題

　学校行事の中止・再開は児童生徒の学校生活満足度や学級への帰属意識にどのような影響を与えるのか．本章では，学校行事と児童生徒の学校生活に関する研究の蓄積が限られていることをふまえ，厳密な仮説を設定するのではなく，行事の再開が影響力をもっていたか，またもっていたとしてどのような層に影響があったのか，学校への関わり方を左右すると指摘されてきた主要な変数から検討する．

　まず，学校行事の再開が実際に影響力を持っていたかについて全体の実態を

検討する．本研究のデータは小中学生を対象としていることから，以下では小学生と中学生を分け，学校段階によって行事実施が与える影響に違いがあるかどうかを検証する．具体的な作業としては，「運動会（体育祭），競技会，球技会」や「学芸会・文化祭」を含む10個の学校行事に関する変数を用いて，それらの実施率を表す変数を作成することで，実施率が上がったり下がったりすることが児童生徒に影響するか分析する．すなわち，第1の分析課題は，小中学校別に行事の実施率が学校生活満足度や学級への帰属意識と関係するかどうかを検討することである．

次に，小中学生全体の影響をみるにとどまらず，そのなかでもどの児童生徒層に行事実施の影響力が出やすいか検証する．ここでは，教育（社会）学の領域において学校教育に対する意識や行動を左右すると指摘されてきた，成績・親学歴・性別の3点を検討する．すなわち，第2の分析課題は，学校段階別に成績・親学歴・性別と行事実施率の交互作用項を投入することで，行事実施と学校生活満足度や学級への帰属意識の関係に児童生徒層によって異質性があるかどうかを検証することである．

3──データと方法

本章では，文部科学省が委託し，浜銀総合研究所が実施した「新型コロナウイルス感染症と学校等における学びの保障のための取組等による児童生徒の学習面，心理面等への影響に関する調査研究」の調査データを利用する．同データを用いることの意義は大きく次の3点に集約される．第1に，全国データであることにより，従来の地域限定的な調査以上に行事の影響を一般化することが可能なこと，第2に，複数時点を設けることで，一時点のデータと比べると行事実施の因果的な影響力に迫ることができること，そして第3に，児童生徒データに学校データが接続されていることで行事実施・非実施に関する客観的な情報を取得できることである．本章では，行事の実施状況により学校生活満足度や学級への帰属意識がどのように変化するかに関心があるため，第1回調査（Wave1）と第2回調査（Wave2）の2回にわたる調査データを組み合わせて分析する．

次に，本章で用いる変数について説明する．従属変数には，学校生活満足度と学級への帰属意識を表す変数として次の質問項目を用いる．学校生活満足度を反映する項目として，児童生徒調査から「この 1 年の学校生活はつまらなかった」を用いる．本変数は学校生活満足度というより不満足度を測定するといえるが，この項目への否定的な回答は，間接的に学校生活への満足度を示しているとみなすことができる．直接的な満足度の測定ではないが，行事が中止から再開に向かうことで，学校生活満足度が上がるかどうかの検証が可能となる．この項目は「あてはまる」から「あてはまらない」までの 4 値の変数であり，「あてはまらない」ほど満足度が高い状態とみなすことができるため，数値をそのまま用いて 1 から 4 までの値をとる連続変数として扱う．

　次に，学級への帰属意識を表す項目として，「自分のクラスが好きだ」を用いる．この項目は「あてはまる」から「あてはまらない」までの 4 値の変数であり，学級への帰属意識が高いほど値が高くなるよう数値を反転し，1 から 4 までの値をとる連続変数として扱う．

　独立変数には，学校調査に含まれる学校行事を中止したかどうかに関する質問項目を用いて作成した行事実施率を用いる．具体的には，「次の学校行事や活動について，令和 2 年度（※ Wave2 は令和 3 年度）に新型コロナウイルス感染症対策として，どのような対応を行いましたか（または行う予定ですか）」という質問に対して，「入学式」「卒業式」「運動会（体育祭），競技会，球技会」「音楽会・合唱コンクール」「学芸会・文化祭」「遠足」「芸術鑑賞会」「職場見学・職場体験活動」「修学旅行」「集団宿泊活動（修学旅行以外）」という 10 個の行事について「中止した（予定含む）」に該当しない（＝「実施した」）行事の比率を算出し，「行事実施率」という変数を作成した．ただし，もともとある行事を実施していない学校の場合には，感染状況に関わりなく本項目には回答しない事態が想定できる．この影響を取り除くために，本項目に無回答である場合は当該行事をコロナ禍に関わりなく実施していない学校と想定し，次の操作をおこなった．まず行事実施に関する 10 個の項目に回答している行事を合計することで当該学校における行事の実施数を求める．さらにこのもともとの実施数を分母，「中止した（予定含む）」に該当しない行事の合計を分子とし，その比率を計算する．それにより行事の実施率を導き出すという手順である．

このような操作によって，当該学校の行事実施率を実態以上に低く見積もってしまう危険性を低減することができる．

分析方法として，本章ではパネルデータ分析における固定効果モデルを用いる．固定効果モデルでは複数時点における観測値の偏差を求めることで，ある特徴の変化（学校生活満足度，学級への帰属意識）が他の特徴の変化（行事実施）とともに生じているかどうかを推定する手法である．重要なことは，固定効果モデルでは，時点によって基本的には変化を想定しない変数（性別，親学歴，出身地域，性格など）の効果は考慮する必要がなくなるということである．

この前提を置いたうえで，個人内で変化のある変数を設定する．本章では従属変数である学校生活満足度や学級への帰属意識に影響する可能性が考えられる変数として，「行事以外の教育活動の中止率」「友だち付き合い」「緊急事態宣言期間」の3つの変数を用いる．「行事以外の教育活動の中止率」は，新型コロナウイルス感染拡大によって学校全体の教育活動が中止したことの影響を統制するために投入する．そうすることで，学校全体の教育活動の実施・非実施にかかわりなく，行事の実施状況がもたらす独自の効果を抽出するという意図である．変数の作成方法については，先述の行事実施率と同様である．すなわち，「次の学校行事や活動について，令和2年度（※Wave2は令和3年度）に新型コロナウイルス感染症対策として，どのような対応を行いましたか（または行う予定ですか）」という質問に対して，「授業参観・学校公開」「児童会・生徒会主催の対面での集会活動」「グループワーク等の集団で行う学習活動」「ディスカッション等の発話を伴う学習活動」「定期的な学力テスト（定期試験）※中学校のみ」「対面での保護者会」「教員の授業研究会・校内研修会」という7個の教育活動について「中止した（予定含む）」に該当しない（＝「実施した」）行事の比率を算出し，「行事以外の教育活動実施率」という変数を作成した．

次に，「緊急事態宣言期間（日数）」は地域の感染拡大の状況により，学校での活動も制限され，学校生活満足度や学級への帰属意識も左右されるのではないかと想定し投入する．地域全体のマクロな影響を取り除くためである．ここで，コロナ感染者数ではなく緊急事態宣言期間を投入するのは，香川（2023）が指摘しているとおり，分析対象となる2年間については感染者数と行動制限

の程度が関連していないからである．以下では，2020年度と2021年度の2時点における都道府県レベルの「緊急事態宣言期間（日数）」を用いてパネルデータを作成し，各ケースの都道府県IDに紐づける[3]．

最後に，「友だち付き合い」については，コロナ禍で全体的に学校の友だちとの触れ合いが減少したことで学校生活への満足度が変わることの影響を統制するために投入した．この変数を投入することで，友人との交流の多寡の影響によらず，行事実施というイベントの独自の影響を検出することが可能となる．本章では，「友だちと外に出かける」という連続変数を投入する[4]．具体的には，回答選択肢の「しない」の0から「7日」の7までの値をそのまま連続変数として使用した．

さらに，パネル調査分析を用いるときの通例として，これらに加えて調査年ダミー（「2021年度（ref. 2020年度）」）を投入している．調査年ごとの違いを統制するためである．今回の場合，2020年度（Wave1）と比べて2021年度（Wave2）において，学校生活満足度や学級への帰属意識が変化したのかをみるためである．単純に想定すれば，新型コロナウイルス感染症流行の初期よりそれ以降に教育活動が元通りにおこなわれていると考えられる．それゆえ，この変数（「2021年度ダミー」）は学校生活満足度や学級への帰属意識を高める方向に影響すると考えられる．

以上が主要な変数となるが，本章ではどの層で行事実施の影響が強いのか検証するため，成績・親学歴・性別という生徒の属性変数と実施率の交互作用項も投入する．交互作用項をとることで，親学歴・性別という時点によって変化しない属性変数の影響を検討することが可能となる．成績は「上の方」「やや上の方」「真ん中のあたり」「やや下の方」「下の方」，親学歴は「両親とも大卒」「どちらか大卒」「両親とも非大卒」，性別は男女と分割したうえで，成績・親学歴・性別と行事実施率の交互作用が有意かどうかみることで，行事実施による影響がこれら諸変数により異なるのかを検討する．いずれの変数もWave1の変数を使用し，親学歴は保護者調査から作成している[5]．本章で使用する変数の記述統計量を表6-1に示す．

本章で用いる変数の平均値の変化を記述すると，第1の従属変数である学校生活満足度は小学校（第1回：3.55，第2回：3.64），中学校（第1回：3.40，第

表6-1　記述統計量

	小学校				中学校			
	平均値	標準偏差	最小値	最大値	平均値	標準偏差	最小値	最大値
学校生活満足度	3.583	0.741	1.000	4.000	3.433	0.798	1.000	4.000
学級への帰属意識	3.556	0.680	1.000	4.000	3.483	0.725	1.000	4.000
学校行事の実施率	0.715	0.182	0.200	1.000	0.674	0.201	0.000	1.000
行事以外の教育活動の実施率	0.851	0.167	0.333	1.000	0.828	0.183	0.000	1.000
友だちと外出	1.209	1.594	0.000	7.000	0.655	1.005	0.000	7.000
緊急事態宣言期間	63.728	42.287	0.000	136.000	65.160	40.890	0.000	136.000
N		12,754				13,326		

2回：3.50)，第2の従属変数である学級への帰属意識は小学校（第1回：3.55，第2回：3.56)，中学校（第1回：3.46，第2回：3.53)であった．コロナ禍で教育活動が縮小した第1回の時点でさえ，満足度や帰属意識が低いわけではなく，学校生活にポジティブな意味付与がなされていることがわかる．ただ，小さいながら第2回にかけてそれらの平均値が上昇している点は留意しておく必要がある．一方，独立変数である学校行事の実施率は，小学校（第1回：0.648，第2回：0.858)，中学校（第1回：0.609，第2回：0.802)であり，やはり第2回にかけて行事を実施する方向に進んでいることが読み取れる．以上から，独立変数の行事実施率も従属変数の学校生活満足度や帰属意識も時点を追うごとに数値は上がっているのであり，本章ではこれら2つの現象がともに生じているのかを検証する．

　分析には個体内偏差を用いた固定効果モデルを用いる（Allison 2009)．分析方法に関する詳細な説明は省略するが，この方法を利用することで，ある変数（ここでは行事実施率）が変化することによって，他のある変数（ここでは学校生活満足度と学級への帰属意識）が変化しているかどうかを確認することが可能になる．これにより，個人内で変化することのない諸特徴を考慮する必要がなくなるとともに，個人内の変化によりその他の変化が促されるかを検証することができ，一時点調査と比べるとより正確な因果的関係の推論が可能という利点がある．

4──分析結果

(1) 学校行事実施が学校生活満足度に与える影響

　はじめに，行事実施率の変化が学校生活満足度に影響をもたらすのかどうか，小学校と中学校に分けて検討を加えていこう．表6-2の小学校についてモデル1をみると，小学校では学校行事の実施率が有意なプラスの影響，すなわち実施率が高いほど学校生活の満足度が高くなる影響があることがわかった．ただし，サンプルサイズがこれほど大きいなかで10％水準の有意性にとどまることから，学校生活満足度に対する行事実施率の影響はそれほど重要なものとはいえない可能性もある．

　次に，児童生徒の諸特徴，なかでも教育（社会）学において学校生活や学校適応との関連が繰り返し指摘されてきた，成績・親学歴・性別という3つの変数と行事実施率の交互作用項を投入した（モデル2〜モデル4）．成績と行事実施の交互作用を投入したモデル2の結果をみると，成績下位のみで有意な結果が現れる．つまり，成績中位と比べて成績下位において行事実施率が高まることは学校生活満足度にポジティブに影響することが読み取れる．これは学業に困難を抱えている層にとって，学校行事が補償的に学校への適応度を高めるとする山田（1999）の指摘を裏づける結果といえる．成績下位層は従来，行事積極層が少ないとされていたが（山本 2021），行事再開のポジティブな影響がこの層で現れるという点は興味深い．

　次に親学歴と行事実施率の交互作用を投入したモデル3の結果をみる．親学歴と行事実施率の交互作用項は有意とはなっていないことから，先にみた成績の場合とは異なり，親学歴によって行事実施率の影響に違いがないことがここから読み取れる．最後に，性別と行事実施率の交互作用を検討したモデル4をみても，性別により行事実施の影響に違いがあるとはこの分析結果からはいえない[6]．

　次に表6-3から中学校について検討していこう．まず，交互作用項を考慮しないモデル1をみると，中学校では統制変数を考慮するまでもなく行事実施の影響がみられない．これは小学校とは対照的な結果である．行事以外の教育活動実施率が有意にポジティブな影響を与えている結果をみると，学校における

表 6-2　固定効果モデルでみた学校生活満足度の規定要因（小学校）

	モデル1		モデル2		モデル3		モデル4	
	推定値	標準誤差	推定値	標準誤差	推定値	標準誤差	推定値	標準誤差
学校行事の実施率	0.122	0.067†	0.117	0.091	0.133	0.092	0.047	0.080
学校行事の実施率×成績（ref. 中位）								
上　位			0.035	0.139				
やや上位			−0.128	0.126				
やや下位			−0.006	0.145				
下　位			0.421	0.192*				
学校行事の実施率×親学歴（ref. 両親とも非大卒）								
両親とも大卒					−0.048	0.131		
両親とも非大卒					−0.144	0.117		
学校行事の実施率×性別（ref. 女子）								
男　子							0.139	0.093
行事以外の教育活動実施率	0.123	0.071†	0.127	0.072†	0.138	0.077†	0.122	0.071†
緊急事態宣言期間（日数）	0.001	0.000*	0.001	0.000*	0.001	0.000†	0.001	0.000*
友だちと外出	0.000	0.008	−0.001	0.009	0.004	0.009	0.001	0.008
2021年度（ref. 2020年度）	0.051	0.019**	0.052	0.020**	0.058	0.021**	0.053	0.019**
切　片	3.320	0.077***	3.320	0.079***	3.345	0.084***	3.332	0.078***
決定係数（within）	0.010		0.012		0.009		0.010	
決定係数（between）	0.000		0.010		0.000		0.001	
決定係数（overall）	0.001		0.005		0.000		0.000	
sigma_u	0.709		0.720		0.698		0.702	
sigma_e	0.584		0.587		0.579		0.581	
rho	0.595		0.601		0.592		0.593	
corr (u_i,Xb)	−0.045		−0.240		−0.079		−0.100	
観測数	12,754		12,132		10,475		12,443	
個体数	8,826		8,338		7,195		8,581	

***$p<.001$　**$p<.01$　*$p<.05$　†$p<.10$

表6-3 固定効果モデルでみた学校生活満足度の規定要因（中学校）

	モデル1		モデル2		モデル3		モデル4	
	推定値	標準誤差	推定値	標準誤差	推定値	標準誤差	推定値	標準誤差
学校行事の実施率	0.062	0.063	0.044	0.092	0.119	0.085	0.050	0.077
学校行事の実施率×成績（ref.中位）								
上　位			0.245	0.160				
やや上位			0.008	0.126				
やや下位			−0.136	0.133				
下　位			0.118	0.152				
学校行事の実施率×親学歴（ref.両親とも非大卒）								
両親とも大卒					0.054	0.134		
両親とも非大卒					−0.155	0.113		
学校行事の実施率×性別（ref.女子）								
男　子							0.047	0.094
行事以外の教育活動実施率	0.199	0.066**	0.203	0.066**	0.190	0.071**	0.203	0.067**
緊急事態宣言期間（日数）	0.001	0.000*	0.001	0.000*	0.000	0.000	0.001	0.000*
友だちと外出	0.006	0.014	0.005	0.014	0.002	0.015	0.000	0.014
2021年度（ref.2020年度）	0.043	0.019*	0.042	0.019*	0.030	0.021	0.044	0.020*
切　片	3.151	0.073***	3.145	0.073***	3.190	0.078***	3.171	0.074***
決定係数（within）	0.008		0.009		0.008		0.009	
決定係数（between）	0.000		0.000		0.000		0.000	
決定係数（overall）	0.000		0.000		0.000		0.001	
sigma_u	0.751		0.755		0.747		0.667	
sigma_e	0.626		0.625		0.612		0.623	
rho	0.590		0.593		0.598		0.534	
corr（u_i,Xb）	−0.054		−0.132		−0.094		−0.058	
観測数	13,326		13,250		10,819		9,876	
個体数	8,900		8,824		7,156		5,580	

***$p<.001$　**$p<.01$　*$p<.05$　†$p<.10$

教育活動実施の影響はありそうだが，行事についてはそれほど大きな影響をもっていない可能性が読み取れる[7]．

　成績・親学歴・性別との交互作用を検討すると，モデル2～モデル4の結果が示すように，いずれの要因についても有意とはなっていない．今回確認した変数に関する限り，中学生の場合は行事実施による強いインパクトを受けていないことが示唆される．

(2) 学校行事実施が学級への帰属意識に与える影響

　先と同様に，学校行事の実施率の変化が学級への帰属意識に影響をもたらすのかどうか，小学校と中学校に分けて検討を加える．小学校について表6-4のモデル1をみると，小学校では学校行事の実施率の変化は学級への帰属意識に影響を与えていないことがわかる．

　次に成績と行事実施の交互作用を投入したモデル2をみると，先の学校生活満足度と同様，下位層（「やや下位」）の場合に有意となり，成績中位と比べて下位の場合に帰属意識を高めることがわかった．学校生活満足度とは違い，成績が下位ではなくやや下位である点には留意が必要であり，その解釈は難しいものの，少なくとも成績が低い児童にとって行事が実施されることにポジティブな意味があることは無視できないだろう．

　親学歴と行事実施率の交互作用を投入したのがモデル3である．結果をみると，親学歴と行事実施率の交互作用項は有意とはなっていない．ここから，成績とは異なり，親学歴によって行事実施率の影響に違いがないことが読み取れる．最後に，性別と行事実施率の交互作用を検討したのがモデル4である．この結果から，行事実施率の効果は男女で相違があるとはいえないことがわかる．

　次に表6-5から中学校について検討していこう．はじめに，交互作用項を含まないモデル1をみると，中学校でも同様に行事実施が影響することはなさそうである．

　成績・親学歴・性別との交互作用を検討しても（モデル2～モデル4），いずれの要因でも有意な影響はみられない．今回導入した変数に関しては，これらの属性によらず，行事実施は強いインパクトを与えていないことが示唆される[8]．

表6-4　固定効果モデルでみた学級への帰属意識の規定要因（小学校）

	モデル1		モデル2		モデル3		モデル4	
	推定値	標準誤差	推定値	標準誤差	推定値	標準誤差	推定値	標準誤差
学校行事の実施率	0.003	0.060	−0.014	0.081	−0.024	0.081	−0.023	0.072
学校行事の実施率×成績（ref. 中位）								
上　位			−0.064	0.123				
やや上位			−0.078	0.112				
やや下位			0.312	0.128*				
下　位			0.092	0.170				
学校行事の実施率×親学歴（ref. 両親とも非大卒）								
両親とも大卒					−0.064	0.115		
両親とも非大卒					0.004	0.103		
学校行事の実施率×性別（ref. 女子）								
男　子							0.036	0.083
行事以外の教育活動実施率	−0.153	0.063*	−0.141	0.064*	−0.136	0.068*	−0.131	0.064*
緊急事態宣言期間（日数）	0.000	0.000	0.000	0.000	0.000	0.000	0.000	0.000
友だちと外出	0.004	0.007	0.004	0.008	0.008	0.008	0.005	0.008
2021年度（ref. 2020年度）	−0.010	0.013	−0.011	0.018	−0.008	0.019	−0.013	0.017
切　片	3.704	0.062***	3.682	0.070***	3.720	0.074***	3.698	0.070***
決定係数（within）	0.002		0.004		0.003		0.002	
決定係数（between）	0.000		0.003		0.000		0.001	
決定係数（overall）	0.000		0.002		0.001		0.001	
sigma_u	0.639		0.647		0.631		0.632	
sigma_e	0.521		0.520		0.509		0.520	
rho	0.600		0.608		0.606		0.596	
corr (u_i,Xb)	−0.022		−0.208		−0.032		−0.005	
観測数	12,754		12,132		10,475		12,443	
個体数	8,826		8,338		7,195		8,581	

***$p<.001$　**$p<.01$　*$p<.05$　†$p<.10$

表 6-5　固定効果モデルでみた学級への帰属意識の規定要因（中学校）

	モデル 1		モデル 2		モデル 3		モデル 4	
	推定値	標準誤差	推定値	標準誤差	推定値	標準誤差	推定値	標準誤差
学校行事の実施率	0.008	0.055	0.049	0.080	0.008	0.074	−0.030	0.067
学校行事の実施率×成績（ref. 中位）								
上　位			0.022	0.139				
やや上位			−0.081	0.110				
やや下位			−0.138	0.116				
下　位			0.021	0.132				
学校行事の実施率×親学歴（ref. 両親とも非大卒）					0.059	0.117		
両親とも大卒					0.062	0.099		
両親とも非大卒								
学校行事の実施率×性別（ref. 女子）								
男　子							0.112	0.082
行事以外の教育活動実施率	0.069	0.058	0.073	0.058	0.078	0.062	0.078	0.059
緊急事態宣言期間（日数）	0.000	0.000	0.000	0.000	0.000	0.000	0.000	0.000
友だちと外出	0.030	0.012*	0.029	0.012*	0.028	0.013*	0.029	0.012*
2021 年度（ref. 2020 年度）	0.016	0.017	0.015	0.017	−0.001	0.018	0.012	0.017
切　片	3.393	0.064***	3.390	0.064***	3.408	0.069***	3.405	0.065***
決定係数（within）	0.002		0.003		0.002		0.003	
決定係数（between）	0.004		0.000		0.001		0.010	
決定係数（overall）	0.003		0.000		0.002		0.009	
sigma_u	0.686		0.687		0.675		0.612	
sigma_e	0.545		0.545		0.536		0.541	
rho	0.613		0.614		0.614		0.561	
corr (u_i,Xb)	0.010		−0.063		−0.019		0.020	
観測数	13,326		13,250		10,819		9,876	
個体数	8,900		8,824		7,156		5,580	

***$p<.001$　**$p<.01$　*$p<.05$　†$p<.10$

5──学校段階，個人の属性ごとで違う行事の影響

これまで学校行事実施の変化が，児童生徒の学校生活満足度や学級への帰属意識と関係しているかどうかについて，成績・親学歴・性別による効果の異質性を考慮しつつ検討してきた．その結果明らかとなったのは，主に次の点である．まず，学校生活満足度についてみると，全体として学校行事の実施率の上昇がポジティブな影響をもたらしているのは，中学校ではなく小学校であった．ただし，小学校についてもその影響は大きいといえるものではなかった．また，行事実施の影響がどの層で強く現れるか検討するため，成績・親学歴・性別と行事実施の交互作用を考慮した結果，小学校では下位層で実施率の有意な影響が認められた．全体としてみても小学校で行事中止の影響が認められる可能性があるが，そのなかでも強い影響を受けるのは成績下位の児童というように影響に差異がある．

次に，学級への帰属意識の結果をまとめると，小学校と中学校ともに全体としては行事実施による影響はなかった．ただし，小学校については，学校生活満足度と同様，成績下位の児童にとって，行事実施がポジティブな影響をもたらすことが示された．一方，中学校はこれらの属性によらず，行事実施が重要な役割を担っているという結果は得られなかった．

このように，小学生では学校生活満足度や学級への帰属意識に対する行事再開独自の影響が一定程度認められた．それに対し，中学生にとっては行事実施率の変化の影響はほとんどないという解釈ができる．たしかに新型コロナウイルスの感染拡大による学校生活満足度への影響は認められるが（行事以外の教育活動の実施率が有意となる），小学生の場合と異なり，行事を再開するかどうかがそのまま満足度に影響することはない．中学生にとってたしかに学校行事の中止・縮小を残念だと受け止めたことを示す先行研究はあるが（山口 2023），それは学校生活満足度に結びついていない可能性がある．また，小学生で行事実施による影響力が大きいという結果は，公益財団法人日本財団・三菱UFJリサーチ＆コンサルティング（2021）でも示されたが，本章ではそれが学校生活満足度でも現れた．コロナ禍という平常とは異なる状況による行事の中止・再開という変化を取り込んだパネル調査を用いたことにより，一時点の調

査よりも厳密に行事実施と学校生活満足度や学級への帰属意識の関係を検証できたことの意義は強調したい．

　ここから次の2点を指摘できる．第1に，学校行事を実施・再開したからといって，必ずしもすべての層に強い影響が出るわけではない点である．これまで学校行事は「二大花形」ともいわれるとおり（山本 2021），その人気度合いの高さから学校生活における重要度の高さが指摘されてきた．この指摘をふまえ単純にその影響を想定すると，学校行事の再開は児童生徒に良い影響を与えていると考えられる．しかし，本章の分析からはことはそう単純でないことも明らかとなった．具体的にいえば，中学生にとって行事実施は全体的にみても属性別にみても学校生活満足度や帰属意識を高めるほどの影響力はなさそうである．小学生の場合でも，成績上中位の児童にとって，大きなインパクトはなさそうである．たしかに，学校行事の位置づけは児童生徒にとって非常に重要だろう．しかし，行事が実施・再開されるようになったからといって，それはそのまますべての児童生徒における学校生活の満足度や帰属意識を高めるほどの影響があるわけではないかもしれない．この発見には非常に重要な意義がある．

　第2に，上記とは一見対立するようにみえるが，全体として大きな影響はなかったとしても，一部の層にとっては行事の再開がダイレクトに学校生活の満足度や帰属意識を上げる方向に結びついている可能性を忘れてはならない．本章の分析のなかでは，小学校で成績下位の児童にとって，行事の実施・再開によるポジティブな影響が見出された．同様に，本章では検討していないその他の変数との交互作用項を投入した場合に，ある児童生徒層で大きな影響を持つ可能性は否定できない．中学生についても，今回検討した変数以外に，行事のインパクトが現れることは考えられる．これらの点をふまえると，これからの行事実施について単純に全体としての影響力をみるにとどまらず，ある層にとっては強い影響が現れる可能性があることを念頭に置き，実施の有無やその形態について検討していくことが重要となる．

　最後に，本章の分析における今後の課題について述べておく．本章では学校行事と児童生徒の学校生活との関連に焦点を当てている．そのため，学校行事の中止が保護者や地域社会，学校など児童生徒を取り巻く多様な個人や組織に

対してどのような影響力をもっていたか検討することはできていない．学校行事は児童生徒にとどまらず，その他の個人や組織にとっても重要なイベントとなっている可能性は大きい．この点についても今後掘り下げて検討していくことが求められるだろう．また，児童生徒に関しても今回検討した変数とは異なる従属変数を設定することで，異なる影響が現れる可能性は否定できない．以上の点を包括的に検討することにより，学校行事の機能や役割に関する実態やメカニズムをより精緻に把握していくことが求められる．

【注】
1) 平成29年告示の学習指導要領では，「全校又は学年の生徒で協力し」と学級よりも大きな集団が想定されているが，その解説をみると学級集団も念頭に置かれていること，また，本調査を用いた分析からは学級ではなく学校への帰属意識を検討したとしても，おおよそ同様の結果が得られていることは付言しておきたい．
2) 本章は，田垣内（2023）をベースとして加筆・修正し再録するものである．
3) 都道府県内における異質性を検討の枠外においていることは本研究の限界である．
4) ほかに「友だちと連絡を取り合う」という変数を用いて分析をおこなったとしても，結果に大きな違いはなかった．しかし，これらの変数でとらえることのできない友だち付き合いの影響があることは否定できず，それらを考慮できる調査データの蓄積が望まれる．
5) 成績は時変であり，統制変数として分析モデルに投入することも考えられるが，その場合，固定効果モデルで検証されるのは，成績が「変化」したときの影響に限定されてしまう．そのため，時点を問わず下位など成績が不変の場合，その影響を検討することはできない．本章は，成績が変化した場合の影響というより，どのような成績層の児童生徒に行事中止・再開の影響があったかに関心があるため，あえて成績を性別などと同様ひとつの属性のように扱っている．ただし，時変の変数として成績をモデルに投入したとしても，本章が関心を寄せる行事実施率の影響にほとんど違いがないことを確認している．
6) ただし，成績を時変の変数と考え統制変数として投入すると，10%水準ではあるが，女子と比べ男子において，行事実施率が高くなると学校生活満足度が高くなることがわかった．ここからは，成績の変化が同等の場合に，学校行事が再開されることの影響は男子で強くなるといえる．
7) 細かくみていくと，「児童会・生徒会主催の対面での集会活動」「グループワーク等の集団で行う学習活動（※10%水準）」の2つが有意に中学生の学校生活満足度に影響することがわかった．
8) 本章の目的は説明力の高いモデルの探索ではなく，行事の中止・再開と児童生徒の意識との2変数間の関連の有無を検討することである．そのため本分析において，モデルの説明力を表す決定係数（R^2）の値は大きくはないが，関連が一部にある

（またはない）ということ自体に意味があることを強調しておきたい．なお，本分析において決定係数が大きくないことには，次の事情が関係していることを付言しておく．⑴意識を左右するものとして親学歴などの属性が重要な変数といえるが，これらは時点で不変なため固定効果においては除かれている，⑵人間の意識をたずねた変数であるため，自然科学における実験データや社会科学における学歴など客観的情報と比べてズレが大きくなり，説明力を上げることは難しい（吉川 2014）．以上をふまえると，行事実施に一部で有意な影響が出た時点で意義ある結果であるとも解釈できる．

【文献】

Allison, P., 2009, *Fixed Effects Regression Models*, Thousand Oaks: Sage Publication.

ベネッセ教育総合研究所，2005，『平成16・17年度文部科学省委嘱調査「義務教育に関する意識調査」報告書』．

ベネッセ教育総合研究所，2022，「コロナ禍における学びの実態——中学生・高校生の調査にみる休校の影響」（2025年3月16日取得　https://berd.benesse.jp/up_images/research/manabijittai2020_all.pdf）．

長谷川祐介，2009，「家庭背景別にみた学校行事の教育的意義——体育大会を事例に」『比治山大学現代文化学部紀要』16: 135-144.

香川めい，2023，「ウィズ・コロナの学校生活はどのように構築されたのか——学校行事に注目して」『社会学評論』74(2): 246-261.

河本愛子，2013，「日本の学校行事に関する教育心理学的展望——その教育的機能および発達的意義を問う」『東京大学大学院教育学研究科紀要』52: 375-383.

吉川徹，2014，『現代日本の「社会の心」——計量社会意識論』有斐閣．

公益財団法人日本財団・三菱UFJリサーチ＆コンサルティング，2021，「コロナ禍が教育格差にもたらす影響調査——調査レポート」（2025年3月16日取得　https://www.nippon-foundation.or.jp/app/uploads/2021/06/new_pr_20210629.pdf）．

文部科学省，2017，『小学校学習指導要領（平成29年告示）解説　特別活動編』116.

中澤渉，2012，「なぜパネルデータを分析するのが必要なのか——パネルデータ分析の特性の紹介」『理論と方法』27(1): 23-40.

鈴木翔，2018，「高校生の友人関係の状況が文化祭および体育祭への消極的な参加態度に与える影響——都立高校生を対象とした質問紙調査データの分析から」『日本高校教育学会年報』25: 28-37.

田垣内義浩，2023，「新型コロナウイルス流行に伴う学校行事の中止は学校生活の満足度を下げたのか？」浜銀総合研究所『新型コロナウイルス感染症と学校等における学びの保障のための取組等による児童生徒の学習面，心理面等への影響に関する調査研究報告書』pp. 51-69.

樽木靖夫，2013，『学校行事の学校心理学』ナカニシヤ出版．

樽木靖夫・石隈利紀，2006，「文化祭での学級劇における中学生の小集団の体験の効

果——小集団の発展，分業的協力，担任教師の援助介入に焦点をあてて」『教育心理学研究』54: 101-111.
山田真紀，1999，「『学校行事』研究のレビューと今後の課題——教育社会学の視点から」『日本特別活動学会紀要』7: 90-102.
山口哲司，2023，「学校行事と部活動の中止・縮小が児童生徒にもたらした影響——『どのくらい残念だったか』に着目して」浜銀総合研究所『新型コロナウイルス感染症と学校等における学びの保障のための取組等による児童生徒の学習面，心理面等への影響に関する調査研究報告書』pp. 70-83.
山本宏樹，2021，「特別活動と部活動に忍びよる格差」中村高康・松岡亮二編著『現場で使える教育社会学——教職のための「教育格差」入門』ミネルヴァ書房，pp. 250-270.

7章
コロナ禍における学校現場の多忙化

多喜　弘文

1──学校現場における多忙化の2つの側面　労働時間と多忙感

　2020年3月の一斉休業以降，学校現場はコロナ禍で新たに生じた多種多様な業務への対応を余儀なくされた．新学期になっても登校がかなわぬなか，学校現場では「子どもたちの学びを止めない」を合言葉に，できることを何でもおこなっていくことが要求されてきた．集団感染による学級閉鎖のような事態を避けるべく，消毒作業から一つひとつの学校行事の見直しまで，平常時のルーティンに頼れない状況にさらされ続けるストレスは大きかったと想像される．

　そもそも学校現場の負担は，コロナ禍以前から社会的注目を集めていた．2006年に実施された40年ぶりの教員勤務実態調査は，多くの教員の労働時間が過労死ラインを超える深刻な状況にあることを明らかにした．その後，2013年に実施されたOECDの国際教員指導環境調査（TALIS）ではそれが他国と比べても類をみない水準であることが示され，2016年の教員勤務実態調査や2018年のTALISでもその改善はみられなかった．新聞の記事数でみても，学校現場の負担への言及を伴う「教師の多忙化」言説は，とりわけ2016年以降大幅に増加していることが確認できる（粕谷・井筒 2023）．

　そうした状況をふまえ，コロナ禍直前の2019年には中央教育審議会の最終答申として，持続可能な学校教育のための働き方改革に向けた提言がおこなわれている．具体的には，教師の長時間労働を是正するために，業務の優先順位を見直すとともに，多様なスタッフや地域との連携による「チームとしての学校」の機能強化などが提案された．

　コロナ禍は，まさにこの「学校における働き方改革」がすすめられようとす

るなかで発生したわけだが，一斉休業以降，学校現場の多忙状況はどのように推移してきたのだろうか．文部科学省の実施する「教育委員会における学校の働き方改革のための取組状況調査」によると，時間外勤務が月45時間以下[1]の小学校教職員の割合（4月から7月を平均）は，2019年度に51.5％であったのに対し，2020年度69.9％，2021年度61.3％，2022年度63.2％と増加している（文部科学省 2022）[2]．同じく2022年度におこなわれた最新の教員勤務実態調査でも，過去の調査と比べて在校等時間は短くなっており，有給休暇の取得日数も増加傾向にある（文部科学省 2024a）．やや意外な感もあるが，労働時間に注目する限り，未曾有の状況のもとでも働き方改革は一定の成果をおさめていたようにみえる．

しかし，働き方改革の目標が，持続可能な学校教育の実現にあることからすると，その見通しは明るいとはいえない．教員採用試験の志願倍率は低下の一途をたどり，教師の足りていない小中学校は2割に達している．文部科学省が教職の魅力向上に向けた広報の取り組みとしてSNSを通じて呼びかけた「#教師のバトン」プロジェクトが，学校現場の過酷な状況についての投稿で「炎上」したことは記憶に新しい．教師不足が学校現場の負担感や多忙感を強め，さらなる教師離れにつながるという深刻な悪循環が生じている（内田ほか 2023, 氏岡 2023）．

このような負担感の高まりは，いくつかの調査の結果からも確認できる．文部科学省の実施する「公立学校教職員の人事行政状況調査」によると，うつ病などの精神的な疾患により前年度に休職した公立学校の教員は，2020年度の5,203人から2021年度は5,897人へと増えて過去最多となった．その後も，2022年度は6,539人，2023年度は7,119人と大幅な増加が続いている（文部科学省 2024b）．ほかにも，たとえば「さいたま市教員等の勤務に関する意識調査」では，「校務に対する負担や多忙感」を覚える教員等割合が2019年度の84.9％から2023年度には90.5％に増加しており（さいたま市 2023），千葉県の調査でも同様の結果がみられる（千葉県教育庁 2023）．

働き方改革が労働時間の短縮を具体的な目標として掲げることで，短期間に効果をあげてきたことは高く評価されるべきである．しかし，客観的には長時間労働が是正されつつあるにもかかわらず，主観的にこれだけ負担感や多忙感

が強まっているとするならば，これまでどおり労働時間に注目しているだけでは問題の本質を捉え損ねるおそれがある．教師という職業については，職務の範囲が無限定になりがちであること（久冨編 1994），多数の相互に重なり合う活動にマルチタスク状態で携わらなければならない複線性や同時並行性，複合性などの性質に特徴づけられること（油布 2020），本人の仕事への向き合い方によって負担のかかり方が左右されること（片山ほか編 2023）などが指摘されている．こうした教師の職業的性質をふまえるならば，労働時間で把握される狭義の多忙化だけではなく，より広義に多忙化の改善を目指すことが持続可能な学校教育の実現のために有効だと考えられる．とりわけ，コロナ禍を挟んでこの多忙化の2つの側面の乖離が先に示したように数値として進んだようにみえる以上，この期間に生じたことを丁寧に解明することが，現在の深刻な悪循環を断ち切るために不可欠であろう．

　以上の問題意識から，本章では文部科学省との連携のもとに実施した学校調査にもとづいて，コロナ禍における学校の状況を時間軸に沿って定量的に検討していくことにしたい．その際，これまで現場の負担を測る中心的な指標とされてきた労働時間以外の側面にも検討の範囲を拡張する．学校現場の多忙化の実態を多面的かつ定量的に捉えることで，そのメカニズムについての理解を深め，状況改善に向けた根拠を提供することが本章の目指すところである．

2──本章における2つの課題と分析枠組み

　前節で述べた目的に向けて，本章では2点の課題を設定する．1つ目は，コロナ禍における学校現場の多忙化を，時系列に沿って3つの指標から多元的に示すことである．一斉休業以降の実態については，そもそも調査が実施できるような社会状況になかったため，断片的なエピソードを超えて分かっていることは少ない．コロナ禍で実施された貴重な全国調査である学校調査データを用いて，まずは多忙化の実態を定量的な観点から示す．

　2つ目の課題は，1つ目の課題を通じて把握した多忙化の実態が，なぜどのように生じていたのかを検討することである．多忙だった学校と相対的にそうでなかった学校を比べることで，コロナ禍における多忙化がどのように生じて

いたのかについて，その一端を明らかにする．以下では，この2つの課題に沿って，分析の手続きを説明する．

(1) 1点目の課題——時点ごとの多忙状況の実態解明

本章で用いる学校調査は，2021年1月と2022年2月に実施された．これら2時点の調査では，「あなたの学校にはどのような課題がありましたか．それぞれについて，あてはまるものを選んでください」という質問を通じ，学校が時点ごとに抱えていた課題について，校長先生に尋ねている．この質問は，「教職員間のコミュニケーションが不足していた」「児童・生徒と教職員との間のコミュニケーションが不足していた」「保護者と教職員との間のコミュニケーションが不足していた」「児童・生徒同士の間のコミュニケーションが不足していた」「教職員の人員が不足していた」「教職員の労働時間が新型コロナウイルス感染症流行前よりも長くなっていた」「教職員の業務量が新型コロナウイルス感染症流行前よりも多くなっていた」「心身の不調を訴える教職員が多くなっていた」「養護教諭との連携がうまくできていなかった」「スクールカウンセラー（SC）との連携がうまくできていなかった」「スクールソーシャルワーカー（SSW）との連携がうまくできていなかった」「教育委員会との連携がうまくできていなかった」という12の項目について尋ねられており，それぞれ「あてはまる」から「あてはまらない」までの4段階で回答を求めている．

以上12項目のうち，本章が学校現場の多忙状況として注目するのは，「教職員の長時間労働」「教職員の業務量増加」「教職員の心身不調」の3項目である．これらの項目を用いることで今まで注目されてきた狭義の多忙化指標としての労働時間に加え，学校現場の負担や多忙感をあらわす業務量と教職員の心身不調というあらたな側面を扱う．なお，「教職員の人員不足」については，多忙化そのものというより学校運営にあたっての資源の不足をあらわしているため，課題の2点目を検討する際には多忙化指標としては用いないが，学校現場の負担を理解するためには必要不可欠であるので，1点目の課題検討の際には人員不足を合わせた4項目を広義の多忙化指標として用いる．

上で述べたとおり，学校調査が実施されたのは2時点だけであるが，これらの調査では過去のことについても回顧的にたずねている．第1回調査では「臨

時休業期間中」「全面再開後（1カ月程度）」「現在」の3時点，第2回調査では「夏休み明け」「現在」の2時点のことをたずねており，おおむね2020年4月，2020年6月，2021年1月，2021年9月，2022年2月の5時点について回答が得られていることになる[3]．以上の5時点における多忙状況の推移を多面的に把握することで，全国の小学校における多忙化の実態を明らかにする．

(2) 2点目の課題──多忙状況の規定要因

2点目は，どのような学校で多忙化がより顕著に生じていたのかを探ることである．1点目の課題の検討を通じ，全国の学校における労働時間や負担感の平均的な推移を示すことはできる．しかし，そうした回答分布の推移を追うだけでは，多忙化がなぜ生じているのかを十分に理解することはできない．学校現場の負担軽減に向けた道筋を考えていくためには，広義の多忙化の規定要因についても探っていく必要がある．

先行研究が十分にないため，ここでの仮説はやや探索的なものにならざるを得ないが，多忙化が生じる背景として，以下のいくつかの要因を想定することができる．まず，臨時休業にはじまる感染症拡大下での多忙化を検討するわけであるから，コロナ禍の影響が顕著であった学校ほど多忙化していたのではないかと考えることができる．これが多忙化を生じさせる経路についての第1の仮説である．

次に，教育社会学的な要因として，本書の他のいくつかの章と同様に，学力と家庭の社会経済的地位（SES）の影響に注目する．学校は特定の社会的文脈に埋め込まれているため，これらの要因が学校にかかわるアクターの行動を強く左右することが理論的にも経験的にも繰り返し示されてきた（松岡 2019，多喜 2021）．これらの要因を考慮に入れることは，教師や児童生徒および保護者が個人として取るさまざまな行動のうち，意識的かどうかにかかわらず，社会構造に規定されている部分を明らかにするうえで不可欠である．

第3に，学校現場の多忙化を資源の面で強く規定すると考えられる要因として，学校ごとの教職員数に注目する．教師不足は，昨今の学校を取り巻く喫緊の問題であり（内田ほか 2023，氏岡 2023），学校ごとの児童あたり教職員数はコロナ禍において発生する問題を考えるうえで適切に加味する必要がある．

以上の主に 3 種類の要因の影響に着目して，多忙化が生じるメカニズムの一端を多変量解析によって定量的に検討する．これに加え，第 1 の課題で検討した時点ごとの課題についての認識を後から独立変数として追加的に投入することで，多忙化していた学校ほどどのような課題を抱えていたのかについても，実態理解のために検討する．具体的な操作化の手続きについては，4 節であらためて説明する．

⑶　用いるデータと分析の手順

　本章で主に用いるのは小学校に対して実施した学校調査である．時系列での推移を検討するため，2 時点ともに回答が得られた全国の小学校 2,464 校を分析対象とする[4]．また，4 節の多変量解析では，全国学力・学習状況調査（以下，全国学調）の個票データから得られた学校情報を文部科学省の与えた学校共通 ID（リベルタス・コンサルティング 2020）を利用して紐づけ，独立変数の一部として利用する．

　なお，紙幅の関係から本章では小学校のみを扱うが，3 節で示す第 1 の課題である時系列での多忙状況の推移については，小中学校の間に大きな違いは確認されなかった．このことから，コロナ禍における多忙状況の推移については小中学校である程度似通っていたと考えてよいだろう．とはいえ，中学校における多忙化の規定要因については，本章の第 2 の課題での検討内容に加え，教師の部活動担当やその地域移行などを別途考慮する余地を残す（神林 2017）．本来の目的がまずは広義の多忙化実態の解明にあることに加え，校長に回答を求めた本調査から部活動の担当を詳細に把握するのが難しいことも，ここでの対象を小学校にしぼった理由である．

　このあとの構成としては，次の 3 節にて 1 つ目の課題を，その次の 4 節で 2 つ目の課題をそれぞれ扱い，最後の 5 節で知見のまとめと政策的なインプリケーションを述べる．

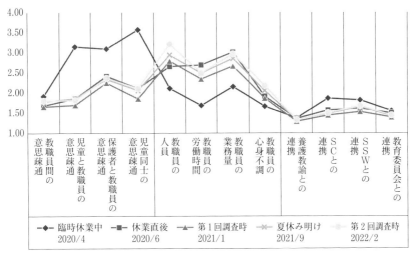

図7-1　学校の抱えていた課題認識の時点間推移

3 ── コロナ禍において学校は多忙化していたのか

(1) 学校現場が抱えていた課題の推移

まず，コロナ禍以降に学校現場が抱えていた課題について，多忙感以外の項目も含めてその全体像を確認する[5]．前掲の12項目について，それぞれ課題として認識していたほど得点が高くなるように1-4点を与え，その平均値を5時点についてプロットしたものが図7-1である．

図7-1より，12項目の5時点の推移が大きく3つのパターンを示していることを読み取れる．1つ目は，左側4つのコミュニケーションにかかわる項目である．これらの項目からは，コロナ禍発生直後の臨時休業中に意思疎通が大きな課題となっていたことが読み取れる．当初の予想以上に長期化した臨時休業は，教職員間のコミュニケーションにはさほど影響を及ぼしていないが，教職員と児童生徒や保護者との間，あるいは児童生徒同士のそれには深刻な影響を及ぼしていたことがうかがえる．ただし，意思疎通が深刻な課題であったのは最初の時点のみであり，学校が再開してからはある程度の落ち着きをみせている．

2つ目は，本章が注目する多忙化にかかわる項目である．先ほどの4項目と

は逆に，中央の4項目は臨時休業中に問題化しておらず，学校再開後に悪化している．しかも，詳しくは次項で確認するが，項目によってはその後も少しずつ深刻化しているようにみえる．

3つ目は，養護教諭およびその他のスタッフや教育委員会との連携である．これらは，最初に取り上げたコミュニケーションにかかわる項目と同様，臨時休業時に問題化したあと，学校再開後には落ち着いているようにみえる．平均点は高くないため，あてはまる学校数が多くなかったことはうかがえるが，後で述べるようにそこで生じていたことは別途検証の余地がある．

以上の検討より，本章の焦点である学校現場の多忙化にあらためて注目するならば，コロナ禍初期の臨時休業時よりも，それ以降の時期に問題化していたことがわかった．時間外勤務が臨時休業時に減少していたことは，1節で紹介した他調査でも確認されており，ここでの結果とも整合的である．

また，多忙化以外の課題を合わせて検討したことで，次のことについても指摘できる．この調査で尋ねている5時点の課題認識は，一部に過去を振り返った回顧的な回答を含んでいる．だが，もしそれぞれの学校が過去の実態にかかわらず，現在の課題ほど深刻であると評価するいわゆる現在バイアスにとらわれやすいのであれば，12項目すべてにおいて3時点目と5時点目にもっとも深刻な認識が観察されるはずであるが，校長の回答は全体としてそのような推移を示していない．以上のことは，多忙化についての学校の回答が，一定の信頼に足るものであることを示している．

(2) 多忙化指標の推移

次に，前項で確認した多忙化項目に焦点を絞り，それぞれの回答をより詳しくみていく．図7-2は，多忙化状況をあらわす3項目と教員の人員不足について，「あてはまる」と「ややあてはまる」を「あてはまる」，「あてはまらない」と「ややあてはまらない」を「あてはまらない」にまとめ，平均点ではなくカテゴリーごとの回答割合として再掲したものである[6]．

まず，労働時間については，1節で触れた文部科学省実施の働き方改革調査とも整合的な読み取りが可能である．臨時休業があけてから一旦長時間労働は増加しているものの，3時点目ではそれが再び減少している．3時点目から5

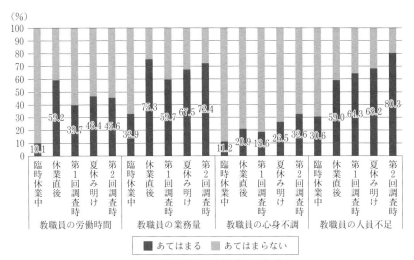

図 7-2 学校現場の多忙感の回答分布

時点目にかけて平均値は微妙に悪化しているものの,統計的に有意な変化とはいえない.また,3 時点目以降も「あてはまる」より,「あてはまらない」と答えた学校の方が多くなっている.労働時間の長期化が顕著に生じているとはいえないだろう.

次に,労働時間以外の多忙化の側面として,教職員の業務量に注目する.この項目については,課題であると認識する学校が労働時間よりも明らかに多く,しかも「あてはまる」と答えた学校は,3 時点目以降も 59.7%,67.5%,72.4% と増加傾向にある.これは,先述のさいたま市や千葉県の調査において,労働時間がやや短縮傾向にあるなかでも多忙感や負担感が微増していたこととも整合する.多くの小学校で,業務量が感染症の流行前より多くなったと認識されていることがうかがえる.なお,業務量については,2021 年 5 月に実施された全国学調でもほぼ同様の文言で質問されており,そこでもわれわれの調査と同様に,多くの学校がコロナ禍前と比べて教員の業務量が増加したと回答していることが確認できる[7].

3 つ目の教職員の心身不調については,課題として認識する学校数自体は他の項目と比べて相対的に少ない.しかし,時点を追うにつれて悪化していることが読み取れる.この結果についても,文部科学省の実施する全国調査である

7 章 コロナ禍における学校現場の多忙化——161

「公立学校教職員の人事行政状況調査」における休職者の増加と整合する.

　最後に,多忙化そのものの指標ではないが,一番右の教職員の人員不足についても確認しておこう.ここからは,学校における教師不足の問題が極めて深刻であり,しかも短期間に急速に悪化していることが一目瞭然である.最新時点の回答分布をみると,人員不足を課題としている学校は8割を超えており,もはや人員に課題のない学校のほうが珍しい状況である.この項目は,コロナ禍の影響というより構造的な問題であるためか,休業直後から3時点目にかけての回復も他の項目のようにみることができず,継続的に状況が悪化している.

　本節では学校の多忙化について,狭義の指標としての労働時間以外にも視野を広げながら全国調査の結果を確認してきた.ここでの検討結果から何がいえるだろうか.働き方改革調査と同様に,われわれの調査からもコロナ禍における労働時間の長期化ははっきりとは確認されなかった.しかしながら,この事実をもって,学校現場の働きやすさが改善したと判断することはできない.ここまでみてきたとおり,多くの小学校がコロナ禍以前よりも業務量が増加したと回答しており,しかもそのような認識は最近になるほど強まっているからである.これに加え,心身に不調をきたす教員についても,コロナ禍が発生してから約2年の間に増加してきていることが,1節でみた客観的な休職者数の増加とも整合する形で確認された.つまり,労働時間とは異なる次元において,教師の主観的な多忙状況を課題とする小学校は,コロナ禍と重なりながら着実に増加してきていたのである.

4——何が多忙化を生じさせているのか

(1) 分析に用いる質問項目

　前節では,学校現場の多忙感における全国的な推移を3つの指標で示した.その結果を踏まえ,ここからはどのような特徴をもった学校ほどより多忙であったのかを検討していく.本節では,前節の図7-2で検討した項目のうち,教職員の人員不足を除く3つの指標を従属変数に設定して,その規定要因を重回帰分析によって探っていく.

　2節(2)で述べたとおり,多忙化が生じる背景として,大きく次の3つの要因

が想定できる．第1は，コロナ禍の直接的な影響である．感染症は日本全国で均等に拡大したわけではない．感染症の影響の強さを捉えることは簡単ではないが，その時期の感染者数（都道府県レベル），3大都市圏であるかどうか（都道府県レベル），臨時休業および短縮・分散登校の実施日数（学校単位）の3つをコロナ禍およびそのリスクへの曝露の指標として用いることにする．

第2に，その学校が埋め込まれている社会的文脈をあらわす教育社会学的な要因として，学校に通う児童の平均テスト得点[8]と家庭の社会経済的地位（SES）の影響を検討する．それぞれの条件において有利な児童が多く通う学校ほど，多忙化しにくかったのではないかというのがここでの予測である．

第3に，その学校における児童1人あたりの教職員数を投入する．前節でも確認したとおり，感染症拡大からの約2年間で，教職員の人員不足は多くの学校で問題化していた．人員が足りなければ，その他の条件が同じであっても学校現場への負担は大きくなると考えられる．前節で用いた主観的な人員不足についての認識を変数として投入することもできるが，われわれの調査では教職員数を具体的に尋ねているため，その数を学校の児童数で割った児童1人あたりの教職員数を独立変数として投入する．

以上の3つの仮説を軸に，分析に用いる変数をできるだけコンパクトにまとめて表7-1に示した．次項では，前節でとりあげた3つの多忙化指標に対し，これらの変数がどのように影響を与えているかを重回帰分析で検討する．なお，表7-1に示したとおり，独立変数の一部は全国学調の個票データから得られた情報を学校単位で紐づけて用いている．従属変数と独立変数の測定時点が厳密に対応していないものがあることには一定の注意が必要である．ここでの分析は，厳密に因果を推論しようとするのではなく，結果的にどのような学校が多忙化していたのかを共変関係として示すことで，多忙化が生じるメカニズムについての理解を深めることを目的としている[9]．

(2) 多変量解析

表7-2は，3つの指標を従属変数として独立変数の影響を重回帰分析によって推定した結果である．通常の多変量解析においては，要因ごとの影響の経路を検討するために，意味のまとまりをもつ変数ごとに順次投入する手続きを取

表7-1 回帰分析で用いる独立変数

仮説	変数名	データ	操作化
コロナ禍の直接的影響	感染者数（都道府県）	NHKの新型コロナウイルスの特設サイトデータベース	従属変数が尋ねている5時点の1カ月前（①2020年3月1日〜4月30日、②2020年5月1日〜5月31日、③2020年12月1日〜12月31日、④2021年8月1日〜8月31日、⑤2022年1月1日〜1月31日）の1,000人あたり感染者数
	3大都市圏ダミー（都道府県）	委託調査	埼玉県、千葉県、東京都、神奈川県、愛知県、京都府、大阪府、兵庫県を1、それ以外の都道府県を0にコード
	2020年度休業・短縮・分散登校日数	2021年度全国学調	2020年4月以降の新型コロナウイルス感染症の影響による学校の臨時休業および短縮授業・分散登校の合計日数（春季休業や学校全面再開後に感染者が発生したなどの理由で個別に行われた臨時休業等は含まない）
	2021年度休業・短縮・分散登校日数	2022年度全国学調	2021年度の新型コロナウイルス感染症の影響による学校の臨時休業等の合計日数（夏季等の長期休業期間中の延長または臨時休業の日数と短縮授業・分散登校を合計）
教育社会学的要因	学校平均国語正答率	2021年度全国学調	国語の正答率の学校平均
	学校平均SES	2021年度全国学調	①調査対象学年の児童のうち、就学援助を受けている児童の割合と②児童の家庭の本の冊数にカテゴリの階級値を与えたものをそれぞれ標準得点化して、①を逆転させたうえで両者を足し合わせたもの
学校の資源（教職員）	児童1人あたり教職員数	委託調査と2021年度全国学調	委託調査で得られた時点1、時点3、時点5での①専任の教員（本務教員）、②臨時的任用教員、③非常勤講師、④学習指導員、⑤スクール・サポート・スタッフといった補助員、⑥スクールカウンセラー、⑦スクールソーシャルワーカー、⑧ICT支援員、GIGAスクールサポーター等のICT人材を合計した教職員数を全国学調から得られた全児童数で割ったもの

表 7-2　5時点における多忙化の規定要因（標準化回帰係数）

		臨時休業中	休業直後	第1回調査時	夏休み明け	第2回調査時
教職員の労働時間	感染者数（都道府県）	−0.032	−0.041	−0.015	0.052	0.067*
	3大都市圏ダミー（都道府県）	0.002	0.001	0.033	0.045	0.048⁺
	2020年度休業・短縮・分散登校日数	0.087**	0.109**	0.088**	0.079**	0.079**
	2021年度休業・短縮・分散登校日数				−0.008	−0.017
	学校平均国語正答率	0.020	−0.072**	−0.042⁺	−0.052*	−0.029
	学校平均SES	0.001	0.034	0.056*	0.006	−0.003
	児童1人あたり教職員数	−0.068**	−0.139**	−0.124**	−0.114**	−0.138**
	2021年度校長交代ダミー				−0.027	−0.015
	調整済み決定係数	0.010	0.041	0.035	0.045	0.053
教職員の業務量	感染者数（都道府県）	−0.045	−0.054*	−0.061*	0.057⁺	0.036
	3大都市圏ダミー（都道府県）	0.021	0.018	0.051	0.034	0.054⁺
	2020年度休業・短縮・分散登校日数	0.066**	0.107**	0.118**	0.097**	0.104**
	2021年度休業・短縮・分散登校日数				−0.007	−0.004
	学校平均国語正答率	−0.010	−0.082**	−0.052*	−0.042⁺	−0.007
	学校平均SES	0.027	0.042⁺	0.045*	0.011	−0.004
	児童1人あたり教職員数	−0.068**	−0.134**	−0.139**	−0.106**	−0.107**
	2021年度校長交代ダミー				−0.033	−0.019
	調整済み決定係数	0.010	0.043	0.044	0.047	0.044
教職員の心身不調	感染者数（都道府県）	0.023	0.014	0.071*	0.112**	0.098**
	3大都市圏ダミー（都道府県）	0.070*	0.046⁺	0.011	0.052⁺	0.071**
	2020年度休業・短縮・分散登校日数	0.060*	0.074**	0.035	0.031	0.076**
	2021年度休業・短縮・分散登校日数				0.004	−0.014
	学校平均国語正答率	−0.026	−0.060**	−0.053*	−0.009	−0.045*
	学校平均SES	0.022	0.022	0.043⁺	−0.007	0.005
	児童1人あたり教職員数	−0.088**	−0.103**	−0.118**	−0.139**	−0.139**
	2021年度校長交代ダミー				0.000	0.022
	調整済み決定係数	0.029	0.031	0.033	0.056	0.072

** $p<.01$　* $p<.05$　⁺ $p<.10$

る．しかし，5時点の結果を複数のモデルで示すのは煩雑であることから，ここではすべての変数を投入したモデルのみを示している．変数を順次投入した場合の結果から分かっていることについても，一部は文章で補足しながら述べることにしたい．

表7-2について，まずは1つ目の予測である新型コロナ感染症の直接的影響からみていきたい．上から4つがその影響を測っていると想定する変数である．

これら4変数のうち，労働時間と業務量に対して一貫して影響を与えているのが，コロナ禍の発生した2020年度の休業等日数である．標準化係数が統計的に有意な正の効果を示していることから，2020年度に通常通り開けなかった日数が多い小学校ほど労働時間が長く，またコロナ禍前と比べて業務が増えていたと認識する傾向にある．この項目は，労働時間や業務量に対してほどではないが，教職員の心身不調に対しても同様に影響を及ぼしている[10)][11)]．休業日数が感染症拡大の影響をダイレクトにあらわしているかどうかは判断が難しいが，2020年度に休業が長かった学校ほど多忙化しているという結果はそれなりに納得がいくようにも思える．

　なお表7-2には示していないが，休業等の日数を投入しないモデルでは，複数の時点において3大都市圏ダミーや自治体の総人口（表の分析モデルでは削除）がかわりに効果を発揮していた．本データにおける2020年度の平均休業等日数は，3大都市圏ではそれ以外の地域の小学校と比べて24日ほど多い．それ以上の具体的な多忙化の経路は分からないが，2020年度には，3大都市圏の方が感染症の影響で休業する学校が多く，結果としてそうしたところほど多くの教員が多忙化の影響を被っていたといえる．他方，2021年度には，休業等が生じるかどうかではなく，その地域における感染症拡大がよりダイレクトに多忙化に影響していたことがうかがえる．

　次に，学力とSESについて検討する．これらの要因については，想像されるほどの影響力を示していないが，いくつかのところで学力の係数が負の符号で有意となっている．特に休業直後の2時点目には正答率が低い小学校ほど業務が多忙化する傾向がみられるが，これは休業を終えて，多くの学校で遅れた分の復習や計画の見直しをしなくてはならなかったこととも整合的に解釈できる．ただし，学力の指標は2021年5月に実施された全国学調のものなので，この時期に学力面で不利な学校ほど多忙化していたのか，この時期に多忙化していた学校で学力の低下が生じたのかという順序の問題には注意が必要である．

　最後に，児童1人あたりの教職員の数である．この変数については，すべての多忙化指標に対する明確な影響を示していることがわかる．児童1人あたり教職員数の少ない小学校ほど，労働時間も業務量も多く，心身不調に陥る教職員が多い[12)]．

以上が学校現場の多忙化を促進する要因の基本的な構図であるが，次に前節で検討したコロナ禍での課題認識をあらわす8つの変数を独立変数として追加投入した重回帰分析の結果を示したのが表7-3と表7-4である．

　2つの表より，学校現場の多忙化をあらわすそれぞれの従属変数がここで投入されている独立変数によってどの程度説明されるかをあらわす調整済み決定係数をみると，いずれの指標についても表7-2より大きくなっていることがうかがえる．とりわけ心身不調の決定係数は学校再開以降0.2を超えており，ここに投入されている変数によって20%以上が説明されていることになる．

　これらの表で追加投入した学校の課題認識についての8変数については，3節の図7-1ですでにその平均値を検討している．そこでは，意思疎通やスタッフや機関との連携については，臨時休業以降は全体として落ち着きをみせていることを確認したが，表7-3と表7-4におけるこれらの変数の効果をみると，有意な効果を示しているものも多い．つまり，臨時休業以降にこれらを課題として抱えていた小学校は数として多くなかったわけだが，そうした課題を抱える数少ない小学校の多忙度は深刻な状況にあったということである．

　あらたに投入した変数の効果のうち，いくつか注目すべき結果に触れておこう．まず，意思疎通については，特に児童間の関係がうまくいっていない小学校において多忙化が生じていたことがわかる．また，教職員間における意思疎通の困難は，労働時間や業務量よりも，教職員の心身不調と結びついている．

　次に，下の4つの連携項目については，教育委員会との連携に課題を抱えていることが，すべての指標において多忙化に結びついていることが注目される．こうした連携の問題が多忙化の一因となっているのか，それとも多忙化が理由で予算や教職員配置などの資源配分を要求しているが実行されないといった課題を抱えることになったのか，具体的な内容や因果の向きは不明である．だが，意思疎通の問題と比べても，機関との連携は政策的な介入の余地を考えるうえで重要な論点であるといえるだろう．

　このほかに目立つのが，養護教諭との連携である．労働時間と業務量に対しては，この連携関係が最初の臨時休業中に影響を及ぼしている．コロナ禍において，養護教諭には感染予防の観点から様々な役割が要請されてきた．感染拡大初期において，養護教諭との連携がうまくいくかどうかによって，業務上の

表7-3 5時点における多忙化の規定要因（1）（標準化回帰係数）

		臨時休業中	休業直後	第1回調査時	夏休み明け	第2回調査時
教職員の労働時間	感染者数（都道府県）	−0.040	−0.059**	−0.042	0.006	0.041
	3大都市圏ダミー（都道府県）	−0.021	−0.011	0.039	0.059+	0.044
	2020年度休業・短縮・分散登校日数	0.059*	0.077**	0.063**	0.064**	0.063**
	2021年度休業・短縮・分散登校日数				−0.013	−0.020
	学校平均国語正答率	0.018	−0.063**	−0.033	−0.044*	−0.020
	学校平均SES	−0.004	0.032	0.052*	0.009	0.000
	児童1人あたり教職員数	−0.062**	−0.111**	−0.098**	−0.073**	−0.099**
	教職員間の意思疎通	0.012	−0.050+	−0.045	−0.065*	−0.073**
	児童と教職員の意思疎通	0.051	0.017	−0.038	0.020	−0.002
	保護者と教職員の意思疎通	0.012	−0.080**	−0.066**	−0.078**	−0.034
	児童同士の意思疎通	−0.052*	−0.106**	−0.111**	−0.115**	−0.097**
	養護教諭との連携	−0.182**	−0.005	0.012	0.001	−0.037
	スクールカウンセラーとの連携	−0.012	−0.033	−0.045+	−0.028	−0.019
	スクールソーシャルワーカーとの連携	−0.055+	−0.062*	−0.098**	0.008	−0.023
	教育委員会との連携	−0.097**	−0.061**	−0.048*	−0.104**	−0.084**
	2021年度校長交代ダミー				−0.035+	−0.023
	調整済み決定係数	0.074	0.099	0.120	0.105	0.107
教職員の業務量	感染者数（都道府県）	−0.050+	−0.069**	−0.088**	0.015	0.012
	3大都市圏ダミー（都道府県）	0.013	0.012	0.061+	0.049	0.053+
	2020年度休業・短縮・分散登校日数	0.037	0.080**	0.098**	0.081**	0.085**
	2021年度休業・短縮・分散登校日数				−0.012	−0.007
	学校平均国語正答率	−0.009	−0.072**	−0.045*	−0.032	0.004
	学校平均SES	0.025	0.040+	0.044*	0.013	−0.002
	児童1人あたり教職員数	−0.059**	−0.108**	−0.113**	−0.067**	−0.068**
	教職員間の意思疎通	0.044+	−0.040	−0.050+	−0.058*	−0.054+
	児童と教職員の意思疎通	−0.002	0.009	0.003	0.039	0.011
	保護者と教職員の意思疎通	0.030	−0.114**	−0.112**	−0.086**	−0.058*
	児童同士の意思疎通	−0.087**	−0.060**	−0.082**	−0.133**	−0.106**
	養護教諭との連携	−0.087**	0.012	0.025	0.023	−0.019
	スクールカウンセラーとの連携	−0.038	−0.021	−0.035	−0.005	0.009
	スクールソーシャルワーカーとの連携	−0.024	−0.046+	−0.057*	0.014	−0.015
	教育委員会との連携	−0.111**	−0.050*	−0.045+	−0.097**	−0.092**
	2021年度校長交代ダミー				−0.039*	−0.026
	調整済み決定係数	0.046	0.085	0.101	0.097	0.089

**$p<.01$　*$p<.05$　+$p<.10$

表 7-4　5時点における多忙化の規定要因（2）（標準化回帰係数）

		臨時休業中	休業直後	第1回調査時	夏休み明け	第2回調査時
教職員の心身不調	感染者数（都道府県）	−0.001	−0.016	0.021	0.025	0.048[+]
	3大都市圏ダミー（都道府県）	0.012	0.014	0.024	0.072**	0.068**
	2020年度休業・短縮・分散登校日数	0.013	0.026	0.008	0.012	0.051*
	2021年度休業・短縮・分散登校日数				0.002	−0.014
	学校平均国語正答率	−0.024	−0.044*	−0.034[+]	0.001	−0.031
	学校平均SES	0.018	0.016	0.032	−0.004	0.010
	児童1人あたり教職員数	−0.061**	−0.065**	−0.078**	−0.076**	−0.077**
	教職員間の意思疎通	−0.102**	−0.138**	−0.126**	−0.166**	−0.135**
	児童と教職員の意思疎通	0.003	−0.069*	−0.103**	−0.058[+]	−0.057[+]
	保護者と教職員の意思疎通	−0.031	−0.061*	−0.098**	−0.074**	−0.072**
	児童同士の意思疎通	0.004	−0.056*	−0.086**	−0.116**	−0.103**
	養護教諭との連携	−0.211**	−0.155**	−0.120**	−0.075**	−0.103**
	スクールカウンセラーとの連携	−0.020	−0.028	−0.037	0.015	0.008
	スクールソーシャルワーカーとの連携	−0.092**	−0.083**	−0.077**	−0.025	−0.012
	教育委員会との連携	−0.133**	−0.086**	−0.044*	−0.127**	−0.107**
	2021年度校長交代ダミー				−0.012	0.012
	調整済み決定係数	0.180	0.227	0.250	0.240	0.221

**$p<.01$　*$p<.05$　[+]$p<.10$

対応に違いが生じていたということかもしれない．また，この養護教諭との連携も含め，教職員の心身不調に対しては，全般的に意思疎通や連携関係の成否が強い影響力を及ぼしている．本章の検討結果からも，文部科学省が強調してきた「チームとしての学校」の機能強化が，持続可能な学校教育を考えるうえで重要であることがあらためて支持されたといえよう．

5 ── まとめと今後の課題

　本章での検討からわかったことをまとめたい．まず，3節では学校現場の多忙化を労働時間だけでなく，主観的な多忙感に拡張して検討した．その結果，コロナ禍以前と比べて労働時間が増えたと回答する学校はそれほど多くはなかったが，業務量が増えたと回答する学校はそれ以上に多いうえに時点を追うごとに増加する傾向にあった．また，心身に不調をきたす教職員が多いと回答した学校についても，コロナ禍において増え続けていることが確認された．時間

外勤務だけではなく，業務量や心身不調なども含めて教職員の多忙感や負担感を多元的にとらえなければ，学校現場の多忙化は過小評価されかねない．

　4節ではどのような特徴をもつ学校で多忙化がより深刻化していたのかを検討した．分析の結果，2020年度に休業期間が長引いた学校ほど多忙感や負担感が大きかったことや，児童1人あたりの教職員数が少ない学校ほど多忙化していたことがわかった．このほかにも，平均正答率の高い小学校の方がいくつかの時点で多忙化が抑制されていたことや，意思疎通や連携関係が教職員の心身不調とかかわりあっていることなどが示唆された．

　働き方改革が時間外労働に焦点化して改善をはかってきたことは，軽視されがちであった労働者としての教師の権利保障の観点からも適切であった．この問題は以前から指摘されてきたが，それを定期的に測定することで改善へと結びつけるスキームができたことは高く評価できる．だが，労働時間に改善の兆しがみられるようになっても，教師の負担感や多忙感には歯止めがかかっておらず，持続可能な学校教育には程遠いのが現状である．

　現在，学校現場の多忙化はもはや誰の目にも明らかに深刻な状況にあるが，本章では，これがコロナ禍と重なり合いながら進行していたことが示された．コロナ禍以前と比べて業務量が増えたと認識する小学校は，2022年2月の時点で7割に達していた．この多忙化が生じた要因を探るべくおこなった多変量解析の結果からは，構造的な要因としての教師不足とコロナ禍による臨時休業の累積的な影響があったことが示唆された．

　コロナ禍では，感染症の影響をより強くうけた都市部において，休業日数が長くなる傾向があった．そして，2020年度に休業が長かったかどうかは，次の年度以降の多忙感にも持続的に影響を与えていた．適切に設計された全国規模の継続的なパネル調査が存在しないため直接の統計的検証は難しいが，コロナ禍のもとでの多忙化は，教師不足をさらに加速させるという負のスパイラルを生じさせていたことが疑われる．

　働き方改革は，労働環境を改善することで，教師を目指す若者や潜在的な教師候補者としての教職免許保持者を呼び込もうという意図を持っている．だが，教職員の足りない学校は現状としてかなり多く存在しており，それらの学校では慢性的な負担感や多忙感が生じている．こうした現状に対処することなしに，

悪循環を断ち切ることはできない．

　われわれは教師の時間外労働の問題をかなり前から知っていた．だが，具体的に指標化したうえで，測定とフィードバックの回路がうまくつなげられるまで，それは改善されなかった．そして現在，われわれは教師不足の問題や，それと重なり合う多忙化の問題を認識しつつある（氏岡 2023）．だが，それがいつどこでどのように生じているかについて，まだ全体像は把握できていない．まして，問題を緩和するためにはどのような対策が有効であるかに基づき，改善のためのスキームを確立していくには程遠い状況にある．

　教職員の働き方についての実証研究は，これまで十分蓄積されてこなかった（神林 2020，川上 2020）．そもそも感染症拡大以前の平常時において，どのような学校の教職員ほど多忙であるかといった基本的な問いに対する答えすら十分明らかにはなっていないなかで，コロナ禍が追加的にもたらした影響を検証しようとしても，一朝一夕にうまくいくものではない．まっとうな調査によって状況を把握し，政策立案を進めようとすることは，根拠のない思いつきに基づいて政策が実施されるより望ましい（松岡編 2021）．今回の試みを行政と研究者の連携関係の構築（中村ほか 2023）における貴重な一事例としつつ，今後も様々な角度からの検証にもとづいて，議論や政策立案が展開されていくことを望む．

【注】
1) 時間外勤務は域内の学校の教職員のうち「在校等時間」等の総時間から所定の勤務時間の総時間を減じた時間として算出されている．教職員給与特別措置法の改正により残業時間の上限とされるのが月 45 時間である．
2) 中学校の場合も 36.1%，62.9%，44.5%，46.3% と同様の動きを示している．
3) それぞれの調査時点において過去のことを回顧的にたずねるにあたっては，2020年度はコロナ禍への特別な対応が必要であった時期，2021年度は夏休み明けといった具合に，なるべく記憶が曖昧になりにくい時点を設定している．
4) ただし，4節での多変量解析では，投入する変数の情報を得られなかった学校を分析から除外している（表7-3 および表7-4 では最大 80 校程度が除外されるが，サンプルサイズが十分大きいことに加え，平均値代入法などにより欠損値によるバイアスが生じていないであろうことを簡単に確認した）．
5) この質問項目の第1回調査時までの推移は多喜ほか（2021）にまとめられている．第1回調査の全サンプルを用いた結果とここで示される内容に相違がないことは，

第 2 回調査での脱落バイアスが深刻でないことを示している．
6) 統合する前の 4 択の選択肢の回答割合は報告書を参照されたい（多喜 2023）．
7) 全国学調は，選択肢に「変わらない」を含んでいるが，それでも「増えた」と「どちらかといえば増えた」を合わせると業務量が増えたと約 78% の学校が回答している．また，同じく全国学調の結果から，①業務量が増えたという学校の認識がわれわれの調査に限定されたものではないことと，②日本全国の回答とわれわれの調査に 2 時点で回答した小学校の回答分布の差がほとんど生じておらず（回答カテゴリーの誤差は最大でも 0.5% 未満），われわれの調査が全国の小学校を一定程度代表しているといえることの 2 点を確認している．
8) 国語と算数のうち，従属変数との相関がやや大きい前者の正答率を用いる．なお，算数を用いた場合でも得られる結果に大きな違いはなかった．
9) 本来であれば，固定効果モデリングのような方法で 5 時点での個体内変化を扱うことで，学校ごとの観察されない異質性を取り除いて推定することが望ましい．しかし，本章で扱う 5 時点の情報が得られる独立変数は限られている．EBPM（Evidence Based Policy Making：証拠に基づく政策立案）を念頭に，厳密な効果測定を志向していくのであれば，行政の管轄を超えて調査時期や調査内容および測定する内容を調整していくことが必要である．
10) 臨時休業日数と短縮授業・分散登校の日数は正の相関関係にあるが，これらを分けて投入した場合，前者がより強い正の効果を示していた．なお，2020 年度と 2021 年度の休業等日数の相関係数は 0.16 程度であり，表 7-2 の 4 時点目と 5 時点目のモデルから 2020 年度の休業等日数を抜いても，2021 年度の休業等日数は有意な効果をもたなかった．
11) 2021 年度においても，その年度の休業等日数ではなく 2020 年度の休業等日数が影響を及ぼしていることの解釈は難しい．前年度の負担や遅れによるしわ寄せが何らかの形で生じていたのかもしれないし，前年度に休業の多かった小学校ほど，より多くの感染対策などを要求されていたのかもしれない．なお，2021 年度には前年度と比べて休業等の日数が大幅に減っており，休業等によって生じる業務等の質や負担が変化していたことも考えられる．
12) 表 7-1 に示したとおり，委託調査では時点 1, 3, 5 における 8 種類の教職員数を尋ねている．これらを別々に投入した場合，有意な効果をもつのはほとんどが専任の教員（本務教員）であった．教員不足については，産休や育休などによって年度途中でさらに足りなくなることが指摘されているが（氏岡 2023），調査票の限界もあり，ここではそうした影響は確認できなかった．また，専任以外の教師の役割についてもその重要性が指摘されているが（たとえば佐久間 2023），ここでの分析では専任以外の人数の効果は明確には確認できなかった．教師の種類や数による違いについては，われわれの調査，全国学調，学校基本調査，学校における教育の情報化の実態等に関する調査などで尋ね方が異なるため，さらなる検討の余地がある．なお，われわれの委託調査における教師の人数については，これら複数の調査と照合しており，学校ごとの合計に大きな齟齬がないことを確認している．

【付記】　本章は，学術研究振興を目的とする枠組みにおいて貸与を受けた「全国学力・学習状況調査」個票データの情報を一部用いている．利用にあたっては，「全国学力・学習状況調査」の個票データ等の貸与に係るガイドライン，利用規約及び文部科学省より事前に説明・確認を受けた内容を遵守した．

【文献】

千葉県教育庁，2023，「令和4年度『教職員の働き方改革に係る意識等調査』の結果について【データ編】」（2024年1月5日取得　https://www.pref.chiba.lg.jp/kyouiku/syokuin/kanri/documents/reiwa4ishikidata.pdf）．

神林寿幸，2017，『公立小・中学校教員の業務負担』大学教育出版．

神林寿幸，2020，「継続的な教員の労働時間研究の可能性と必要性」雪丸武彦・石井拓児編『教職員の多忙化と教育行政』福村出版，pp. 189-205.

粕谷圭佑・井筒優菜，2023，「時間と『ゆとり』をめぐる『多忙』のレトリック」片山悠樹・寺町晋哉・粕谷佳佑編『現場から変える！教師の働き方――できることから始めるローカルな学校改革』大月書店，pp. 20-36.

片山悠樹・寺町晋哉・粕谷圭佑編，2023，『現場から変える！教師の働き方――できることから始めるローカルな学校改革』大月書店．

川上泰彦，2020，「教員の仕事の量的・質的分析」雪丸武彦・石井拓児編『教職員の多忙化と教育行政』福村出版，pp. 174-188.

久冨善之編，1994，『日本の教員文化――その社会学的研究』多賀出版．

リベルタス・コンサルティング，2020，『統計調査等における学校コードの統一をはじめとしたEBPM推進に資する調査研究調査報告書』（2021年3月31日取得　https://www.mext.go.jp/content/20200727-mxt_chousa01-100000172_01.pdf）．

松岡亮二，2019，『教育格差』筑摩書房．

松岡亮二編，2021，『教育論の新常識――格差・学力・政策・未来』中公新書ラクレ．

文部科学省，2022，「教育委員会における学校の働き方改革のための取組状況調査【結果概要】」（2023年1月20日取得　https://www.mext.go.jp/content/20221223-mxt_zaimu-000026593_4.pdf）．

文部科学省，2024a，「教員勤務実態調査（令和4年度）の集計（確定値）について」（2024年4月5日取得　https://www.mext.go.jp/content/20240404-mxt_zaimu01-100003067-2.pdf）．

文部科学省，2024b，「令和5年度　公立学校教職員の人事行政状況調査について（概要）」（2024年12月24日取得　https://www.mext.go.jp/content/20250124-mxt_zaimu-000039798_5.pdf）．

中村高康・苅谷剛彦・多喜弘文・有海拓海，2023，「コロナ禍の教育調査とEIPM――行政と研究者の相互学習によるエビデンス形成」『教育社会学研究』112：5-29.

さいたま市，2023，「令和4年度さいたま市教員等の勤務に関する意識調査の調査結果について」（2024年1月5日取得　https://www.city.saitama.lg.jp/003/002/008/006/p065978_d/fil/isikityousaR4.pdf）．

佐久間亜紀，2023，「教員不足の実態とその背景——非正規教員の不足とどう関係しているのか」山﨑洋介・杉浦孝雄・原北祥悟・教育科学研究会編『教員不足クライシス——非正規教員のリアルからせまる教育の危機』旬報社，pp. 16-27.

多喜弘文，2021，「ICT 導入で格差拡大——日本の学校がアメリカ化する日」松岡亮二編『教育論の新常識——格差・学力・政策・未来』中公新書ラクレ，pp. 45-64.

多喜弘文，2023，「コロナ禍における学校現場の多忙化」浜銀総合研究所『新型コロナウイルス感染症と学校等における学びの保障のための取組等による児童生徒の学習面，心理面等への影響に関する調査研究報告書』pp. 171-190.

多喜弘文・中村高康・香川めい・松岡亮二・相澤真一・有海拓巳・苅谷剛彦，2021，「コロナ禍のもとで学校が直面した課題——文部科学省委託調査の概要と小中学校調査の基礎分析」『理論と方法』36(2): 226-243.

内田良・小室淑恵・田川拓磨・西村祐二，2023，『先生がいなくなる』PHP 研究所．

氏岡真弓，2023，『先生が足りない』岩波書店．

油布佐和子，2020，「教育〈労働〉の視点からみた教師の多忙化」雪丸武彦・石井拓児編『教職員の多忙化と教育行政』福村出版，pp. 84-100.

8章

コロナ禍における児童生徒の学校適応／不適応に関する分析
授業適応感と登校忌避意識に着目して

有海　拓巳

1──はじめに

(1) 背景，目的・関心

　新型コロナウイルス感染症の感染拡大により，人々の生活様式・人間関係のあり方は大きく変化した．そのようななかで，小学校や中学校に在籍する児童生徒（やその保護者）に関して，臨時休業やコロナ禍での生活がストレスや不安を生じさせていたことが様々に報告された（伊藤ほか 2021，酒井ほか 2021，渡部・戸部 2021，亀田ほか 2022）．また，新型コロナウイルス感染症による直接的な影響度合いの特定は難しいものの，コロナ禍において，不登校の児童生徒数が顕著に増加したという報告もあった（文部科学省「児童生徒の問題行動・不登校等生徒指導上の諸課題に関する調査」，足立 2023）．

　これらのことと関連して，新型コロナウイルス感染症の感染拡大は，児童生徒の「学校への適応」の度合いに影響していたとの見方もある（加藤 2021，田場 2022）．学校現場においては「学校は安定してあるものという学びへの信頼が崩れた」という認識をもとに「学びへの信頼を取り戻そう」という動きがあったとされ（丹野・片桐 2022: 71），また，「学校適応感を保つ」ことが取り組むべき1つの課題として認識されていたということが報告されている（後藤ほか 2021）．

　本章では，コロナ禍における上記のような動向をふまえ，児童生徒の学校適応／不適応の意識に着目し，分析をおこなった[1]．本章での目的・関心として，主に次の2点が挙げられる．

　1点目は，児童生徒の学校適応／不適応の度合いに新型コロナウイルス感染

症の影響が及んでいたか否かを，データ分析により明らかにすることである．上述のように，コロナ禍における児童生徒の学校適応／不適応に着目した研究はいくつかあるが，新型コロナウイルス感染症の感染拡大が学校適応の度合いを下げる要因となっていたか否かは，必ずしも明確にはなっていない．本章では，この点について，家庭における生活悪化の状況や各地域別の新型コロナウイルスの感染者数のデータを用いて分析をするなど，両者の間の関連性をより直接的に把握することを試みた．

　2点目は，学校による児童生徒への対応の違いが，児童生徒の学校適応／不適応の度合いに影響したか否かに着目した分析をおこなうことである．上記の1点目とも関連するが，新型コロナウイルス感染症の感染拡大が児童生徒のストレスや不安，ひいては学校適応／不適応の度合いに影響するとしたときに，学校が「学びへの信頼を取り戻そう」とすることや，「学校適応感を保つ」ように意識して対応をすることなどは，実際に児童生徒の学校適応の意識に作用していた可能性がある．学校による対応の違いが及ぼす影響を明らかにすることは，学校教育の現場が今後同様の規模の疫病等の蔓延や災害等に見舞われる可能性を想定するなかでは，非常に重要である．

(2) **被説明変数**

　学校適応／不適応の状況を把握する方法としては，たとえば，遅刻の回数（古田 2012）や，不登校の発生を含む欠席日数などの行動面から把握する方法が考えられる．ただし，分散登校や臨時休業等が発生していた状況，および本人や家族が新型コロナウイルスに罹患するなどして外出が制限された可能性がある状況においては，遅刻回数や欠席日数のデータをもとに学校適応／不適応の度合いを把握しようとすることには難しさもある[2]．

　そこで，児童生徒の学校適応／不適応の状況について，本章ではアンケート調査の回答から得られる個々人の意識の面に着目し，「授業が楽しい」「学校に行きたくないことがある」の2項目についての分析をおこなうこととした．意識の面から把握する方法として，上述の加藤（2021）では「精神的充足・社会的適応力」評価尺度（6項目），田場（2022）では「新学校適応感尺度Fit」（7つの下位尺度・合計25項目），後藤ほか（2021）では「学校環境適応感尺度

『アセス』」（6つの下位尺度・合計34項目）が使用されており，これらのように，複数の項目を組み合わせた尺度を使用する方法もある．他方で，教育社会学の研究では，林川（2015）の「学校適応感」（「学校生活に満足している」「学校は楽しい」の2項目）や鈴木（2020）の「登校意識」（「学校に行く気がしない」の1項目を逆転処理したもの）など，単一もしくは少数の項目をもとに測定・分析をする方法もとられている．本章では，アンケートで把握する各調査項目がとらえる特徴の違いを記述的に把握することも重要と考え，複数の項目を組み合わせた尺度を用いるのではなく，単一の項目別に分析をおこなう形式をとることとした[3]．

(3) 説明変数，仮説

本章では主に，第1回調査（2021年2月）・第2回調査（2021年12月）の各時点での児童生徒の学校適応／不適応の度合いを規定しうる要因について検討した．規定要因に関する仮説としては，A：家庭環境の違い，B：地域性の違い，C：学校の新型コロナウイルス感染症への対応の違い，の各観点について検討した[4]．

仮説Aについては，「保護者が新型コロナウイルスの影響を受けて生活が苦しくなったと考えているか」の変数（第1回・第2回の各調査で把握．以下，「新型コロナウイルス感染症による生活状況変化（悪化）」）に着目した．コロナ禍において，就労者には「勤務日数や労働時間の減少」や「収入の減少」といった影響が一定程度あったことが明らかになっている（労働政策研究・研修機構 2023）．このような「新型コロナウイルス感染症による生活状況変化（悪化）」が，児童生徒の意識面に及ぼす影響があったのではないかと考え，その関連性に着目した分析をおこなった．

仮説Bについては，「学校が位置する都道府県の1日あたりの新型コロナウイルスの新規感染者の累積数」（以下，「地域のコロナ感染者数」）に着目した．なお，このデータは，公開データより取得・算出し，第1回調査・第2回調査の調査実施期間の1カ月前の期間の情報を参照した[5]．データは都道府県単位であるという点に制約はあるが，感染者数が多い地域であるほど，児童生徒の「授業適応感」は低く，「登校忌避意識」が高いといった関連性があるのではな

表 8-1　分析に使用した説明変数の概要

	変数名	使用した調査項目，加工の仕方等
属性	性　別	第1回調査・第2回調査ともに「男」または「女」で回答が一致している場合はそれぞれ「男子」，「女子」とし，回答が一致していない場合や無回答があった場合などは「その他」と分類した．回帰分析には，「男子」を基準としたダミー変数を用いた．
観点・仮説A	世帯類型等	世帯類型についてはふたり親世帯であるかひとり親世帯（シングルマザー・シングルファーザー）であるか否かを判別し，保護者の学歴については4大卒か院卒であれば「大卒」（女性の場合は短大・高専卒を含む），それ以外を「非大卒」とし，該当する人数別に分類した．ただし，シングルファーザーに関しては該当件数が少ないことから，学歴別には分類しなかった．回帰分析には，「ふたり親世帯：親大卒者数2」を基準としたダミー変数を用いた．
	世帯の年間収入	「収入はない（0円）」から「1,500万円以上」まで，おおむね100万円単位の選択肢（14段階）で把握した回答を連続量とみなして変数を使用した．
	新型コロナウイルス感染症による生活状況変化(悪化)	第1回調査は「新型コロナウイルスの感染拡大の影響を受けて生活は苦しくなりましたか」，第2回調査は「新型コロナウイルスの感染拡大の影響を受けて過去1年の間に（2021年1月～12月）生活は苦しくなりましたか」のワーディングで調査した．「とても苦しくなった」「やや苦しくなった」「あまり苦しくなっていない」「まったく苦しくなっていない」の4件法で，回帰分析には，連続量とみなして変数を使用した．
観点・仮説B	市区町村の人口規模	学校が位置する市区町村別の人口（2015年国勢調査）を用いた．
	地域のコロナ感染者数	第1回調査のデータについて分析する際には「2021年1月」（児童生徒調査実施期間の1カ月前の期間）の累積者の人口1,000人あたりの数，第2回調査の回答について分析する際には「2021年11月」（同上）の累積者の人口1,000人あたりの数を用いた．人口のデータは2015年国勢調査の都道府県別のデータを参照した．コロナ感染者に関する情報提供はNHKである（編集・加工して使用）．
観点・仮説C	学校による状況把握頻度	「臨時休業期間中の小学校第5学年・中学校第2学年の学習状況や生活状況について，平均してどのくらいの頻度で把握してきましたか」という質問文で，回答選択肢は「平日に毎日おこなった」「週に数回程度おこなった」「週に1回程度おこなった」「2週間に1回程度おこなった」「その他」「把握してこなかった」の6項目．回帰分析には，「平日に毎日おこなった」を基準としたダミー変数を用いた．
	子供への連絡の度合い	第1回の保護者調査で把握した「昨年（2020年）の4月～5月ごろ（新型コロナウイルスの感染拡大で多くの学校が臨時休校していた時期），以下の点について調査対象のお子さんが通っていた学校の対応はどうでしたか」という質問文で，「子供への連絡は十分だった」という項目について「とてもそう思う」「そう思う」「そう思わない」「まったくそう思わない」「臨時休校はなかった」の5つの選択肢で回答を得たもの．回帰分析では，「臨時休校はなかった」を除いた回答を連続量とみなして変数を使用した．

表 8-2　分析に使用した変数の基礎集計・記述統計

<table>
<tr><td colspan="2"></td><td>あてはまる</td><td>どちらかといえば、あてはまる</td><td>どちらかといえば、あてはまらない</td><td>あてはまらない</td><td>対象件数</td><td></td><td></td></tr>
<tr><td rowspan="26">小学生</td><td>第1回学校適応感</td><td>42.0%</td><td>43.3%</td><td>11.3%</td><td>3.4%</td><td>4,606</td><td></td><td></td></tr>
<tr><td>第2回学校適応感</td><td>42.1%</td><td>42.2%</td><td>12.0%</td><td>3.7%</td><td>4,606</td><td></td><td></td></tr>
<tr><td>第1回登校忌避意識</td><td>13.2%</td><td>19.8%</td><td>22.8%</td><td>44.2%</td><td>4,606</td><td></td><td></td></tr>
<tr><td>第2回登校忌避意識</td><td>13.4%</td><td>20.5%</td><td>23.8%</td><td>42.3%</td><td>4,606</td><td></td><td></td></tr>
<tr><td></td><td>男子</td><td>女子</td><td>その他</td><td>対象件数</td><td></td><td></td><td></td></tr>
<tr><td>性　別</td><td>45.0%</td><td>50.8%</td><td>4.1%</td><td>4,606</td><td></td><td></td><td></td></tr>
<tr><td></td><td>親大卒者数0</td><td>親大卒者数1</td><td>親大卒者数2</td><td>シングルマザー非大卒</td><td>シングルマザー短大卒以上</td><td>シングルファーザー</td><td>対象件数</td></tr>
<tr><td>世帯類型</td><td>37.5%</td><td>29.3%</td><td>23.3%</td><td>6.0%</td><td>2.9%</td><td>1.1%</td><td>4,368</td></tr>
<tr><td></td><td>平均値</td><td>標準偏差</td><td>最小値</td><td>最大値</td><td>対象件数</td><td></td><td></td></tr>
<tr><td>第1回年間収入</td><td>7.93</td><td>2.81</td><td>1</td><td>14</td><td>4,130</td><td></td><td></td></tr>
<tr><td>第2回年間収入</td><td>7.95</td><td>2.81</td><td>1</td><td>14</td><td>4,191</td><td></td><td></td></tr>
<tr><td></td><td>とても苦しくなった</td><td>やや苦しくなった</td><td>あまり苦しくなっていない</td><td>まったく苦しくなっていない</td><td>対象件数</td><td></td><td></td></tr>
<tr><td>第1回生活状況変化</td><td>8.9%</td><td>27.9%</td><td>38.6%</td><td>24.7%</td><td>4,401</td><td></td><td></td></tr>
<tr><td>第2回生活状況変化</td><td>8.6%</td><td>29.7%</td><td>41.0%</td><td>20.9%</td><td>4,408</td><td></td><td></td></tr>
<tr><td></td><td>平均値</td><td>標準偏差</td><td>最小値</td><td>最大値</td><td>対象件数</td><td></td><td></td></tr>
<tr><td>市区町村の人口規模</td><td>326882.1</td><td>484010.2</td><td>1843</td><td>2691185</td><td>4,606</td><td></td><td></td></tr>
<tr><td>第1回地域のコロナ感染者数</td><td>1.12</td><td>0.76</td><td>0.09</td><td>2.90</td><td>4,606</td><td></td><td></td></tr>
<tr><td>第2回地域のコロナ感染者数</td><td>0.03</td><td>0.02</td><td>0.00</td><td>0.13</td><td>4,606</td><td></td><td></td></tr>
<tr><td></td><td>平日に毎日おこなった</td><td>週に数回程度おこなった</td><td>週に1回程度おこなった</td><td>2週間に1回程度おこなった</td><td>その他</td><td>把握してこなかった</td><td>対象件数</td></tr>
<tr><td>学校による状況把握頻度</td><td>3.6%</td><td>17.5%</td><td>49.6%</td><td>25.7%</td><td>2.7%</td><td>0.8%</td><td>4,606</td></tr>
<tr><td></td><td>とてもそう思う</td><td>そう思う</td><td>そう思わない</td><td>まったくそう思わない</td><td>臨時休校はなかった</td><td>対象件数</td><td></td></tr>
<tr><td>子供への連絡の度合い(十分だった)</td><td>9.3%</td><td>59.0%</td><td>28.0%</td><td>3.7%</td><td>0.0%</td><td>4,382</td><td></td></tr>
<tr><td></td><td>あてはまる</td><td>どちらかといえば、あてはまる</td><td>どちらかといえば、あてはまらない</td><td>あてはまらない</td><td>対象件数</td><td></td><td></td></tr>
<tr><td rowspan="22">中学生</td><td>第1回学校適応感</td><td>29.9%</td><td>49.7%</td><td>16.8%</td><td>3.7%</td><td>4,882</td><td></td><td></td></tr>
<tr><td>第2回学校適応感</td><td>34.5%</td><td>48.1%</td><td>14.6%</td><td>2.8%</td><td>4,882</td><td></td><td></td></tr>
<tr><td>第1回登校忌避意識</td><td>14.6%</td><td>25.9%</td><td>26.6%</td><td>33.0%</td><td>4,882</td><td></td><td></td></tr>
<tr><td>第2回登校忌避意識</td><td>14.4%</td><td>25.0%</td><td>26.3%</td><td>34.3%</td><td>4,882</td><td></td><td></td></tr>
<tr><td></td><td>男子</td><td>女子</td><td>その他</td><td>対象件数</td><td></td><td></td><td></td></tr>
<tr><td>性　別</td><td>44.1%</td><td>51.5%</td><td>4.5%</td><td>4,882</td><td></td><td></td><td></td></tr>
<tr><td></td><td>親大卒者数0</td><td>親大卒者数1</td><td>親大卒者数2</td><td>シングルマザー非大卒</td><td>シングルマザー短大卒以上</td><td>シングルファーザー</td><td>対象件数</td></tr>
<tr><td>世帯類型</td><td>39.1%</td><td>28.1%</td><td>21.1%</td><td>7.6%</td><td>2.8%</td><td>1.2%</td><td>4,606</td></tr>
<tr><td></td><td>平均値</td><td>標準偏差</td><td>最小値</td><td>最大値</td><td>対象件数</td><td></td><td></td></tr>
<tr><td>第1回年間収入</td><td>7.97</td><td>2.83</td><td>1</td><td>14</td><td>4,341</td><td></td><td></td></tr>
<tr><td>第2回年間収入</td><td>8.05</td><td>2.86</td><td>1</td><td>14</td><td>4,388</td><td></td><td></td></tr>
<tr><td></td><td>とても苦しくなった</td><td>やや苦しくなった</td><td>あまり苦しくなっていない</td><td>まったく苦しくなっていない</td><td>対象件数</td><td></td><td></td></tr>
<tr><td>第1回生活状況変化</td><td>9.3%</td><td>30.2%</td><td>37.1%</td><td>23.4%</td><td>4,612</td><td></td><td></td></tr>
<tr><td>第2回生活状況変化</td><td>8.7%</td><td>30.5%</td><td>40.8%</td><td>19.6%</td><td>4,598</td><td></td><td></td></tr>
<tr><td></td><td>平均値</td><td>標準偏差</td><td>最小値</td><td>最大値</td><td>対象件数</td><td></td><td></td></tr>
<tr><td>市区町村の人口規模</td><td>473349.6</td><td>641322.1</td><td>629</td><td>3724844</td><td>4,882</td><td></td><td></td></tr>
<tr><td>第1回地域のコロナ感染者数</td><td>1.15</td><td>0.76</td><td>0.09</td><td>2.90</td><td>4,882</td><td></td><td></td></tr>
<tr><td>第2回地域のコロナ感染者数</td><td>0.03</td><td>0.02</td><td>0.00</td><td>0.13</td><td>4,882</td><td></td><td></td></tr>
<tr><td></td><td>平日に毎日おこなった</td><td>週に数回程度おこなった</td><td>週に1回程度おこなった</td><td>2週間に1回程度おこなった</td><td>その他</td><td>把握してこなかった</td><td>対象件数</td></tr>
<tr><td>学校による状況把握頻度</td><td>2.5%</td><td>21.3%</td><td>46.7%</td><td>25.3%</td><td>2.1%</td><td>2.1%</td><td>4,882</td></tr>
<tr><td></td><td>とてもそう思う</td><td>そう思う</td><td>そう思わない</td><td>まったくそう思わない</td><td>臨時休校はなかった</td><td>対象件数</td><td></td></tr>
<tr><td>子供への連絡の度合い(十分だった)</td><td>7.1%</td><td>60.2%</td><td>28.9%</td><td>3.8%</td><td>0.1%</td><td>4,620</td><td></td></tr>
</table>

いかと考えた．

　仮説Cについては，学校対象の調査で把握した「臨時休業期間中に対象の児童生徒の学習状況や生活状況をどれくらいの頻度で把握したか」の変数（第1回調査で把握．以下，「学校による状況把握頻度」）に着目した．この，臨時休業期間中の学校による学習状況や生活状況の把握という行為のみが児童生徒の学校適応／不適応の水準を規定するわけではないだろうが，新型コロナウイルス感染症に対する学校としての取組状況・姿勢を把握できる変数としてとらえた．頻度高く状況把握をおこなうことができていた（児童生徒に対するサポート・ケア等をより丁寧にできていたと推察される）学校とそうではなかった学校とで学校再開後の児童生徒の学校適応／不適応の状況に差異がみられるのではないかとの仮説に基づき，分析に用いた．加えて，保護者調査において把握した，2020年の4-5月ごろ（新型コロナウイルスの感染拡大で多くの学校が臨時休校していた時期）の学校の対応について「子供への連絡は十分だった」と考えるか否かに関する変数（第1回調査で把握．以下「子供への連絡の度合い」）も分析に用いた．学校側が状況把握や連絡等を実施していた／していなかったと考える度合いとは別に，保護者としてそれをどう評価していたのかという観点もふまえて分析をおこなう形とした[6]．

　このほか，統制変数として，児童生徒本人の「性別」，保護者調査により把握した「世帯類型等」と「世帯の年間収入」，国勢調査により把握した「市区町村の人口規模」のデータも用いた．なお，本章での分析は諸条件の違いを考慮し，公立学校在籍者に限っておこなった[7]．分析に用いた変数の概要および基礎集計・記述統計については，表8-1・表8-2に示した．

2——回答分布の把握，クロス集計による関連性の把握

　表8-2から，第1回調査・第2回調査の各時点における「授業適応感」（授業が楽しい）と「登校忌避意識」（学校に行きたくないことがある）の回答分布をみると，「授業適応感」については回答者全体の約8割（以上）が肯定的な回答をしていること，中学生よりも小学生のほうが肯定的な回答割合は高いことがわかる．他方で「登校忌避意識」については，小学生では約3割，中学生

表8-3 小学生の第1回調査における授業適応感・登校忌避意識に関する主な説明変数とのクロス集計結果

		集計対象件数	授業適応感「あてはまる」・「どちらかといえば，あてはまる」の割合		登校忌避意識「あてはまる」・「どちらかといえば，あてはまる」の割合	
新型コロナウイルス感染症による生活状況変化（悪化）	とても苦しくなった	392	85.5%		39.3%	
	やや苦しくなった	1,227	83.8%		36.4%	
	あまり苦しくなっていない	1,697	85.4%		30.6%	$p<0.001$
	まったく苦しくなっていない	1,085	87.0%		29.7%	
学校による状況把握頻度	平日に毎日おこなった	167	90.4%		33.5%	
	週に数回程度おこなった	808	88.1%		33.5%	
	週に1回程度おこなった	2,285	85.4%	$p<0.001$	32.2%	
	2週間に1回程度おこなった	1,186	83.5%		34.3%	
	その他	125	72.8%		35.2%	
	把握してこなかった	35	94.3%		17.1%	
子供への連絡の度合い（十分だった）	とてもそう思う	408	88.7%		31.6%	
	そう思う	2,585	86.7%		31.8%	
	そう思わない	1,227	82.0%	$p<0.001$	34.4%	
	まったくそう思わない	162	80.9%		35.8%	

では約4割が「あてはまる」（「あてはまる」＋「どちらかといえば，あてはまる」）と回答しており，中学生のほうが意識が高くなっている．

　このような回答分布をふまえたうえで，次に，「授業適応感」と「登校忌避意識」のそれぞれについて，本章で着目するいくつかの変数との関連性を把握した．すべてを網羅すると煩雑になることから，ここでは小学生の第1回調査のデータについて，「新型コロナウイルス感染症による生活状況変化（悪化）」「学校による状況把握頻度」「子供への連絡の度合い」との関連性に関する分析結果について表8-3に示した[8]．

　このクロス集計の結果は非常に興味深いものである．まず，「授業適応感」に関する集計では，検定の結果，「新型コロナウイルス感染症による生活状況変化（悪化）」との関連性は有意ではなく，「学校による状況把握頻度」と「子供への連絡の度合い」が有意であった．学校が臨時休業期間中に児童の状況把

握を頻度高くおこなったと回答している場合のほうが，また，保護者として同期間における学校の対応として子供への連絡は十分だったと回答している場合のほうが，児童の「授業適応感」は高い傾向を示している[9]．

他方で，「登校忌避意識」に関する集計では，「新型コロナウイルス感染症による生活状況変化（悪化）」との関連性が有意であり，「学校による状況把握頻度」と「子供への連絡の度合い」は有意でないという結果であった．保護者が「生活が苦しくなった」と回答している場合に児童の「登校忌避意識」が高いという関係であり，変数間の関連性について，「授業適応感」とは異なる様相にあることが明らかになった．

3──回帰分析

(1) 小学生に関する分析

クロス集計の結果から，「授業適応感」と「登校忌避意識」のそれぞれについて，今回の仮説に基づき設定した変数との間に一定の関連性があることが把握されたが，変数間の関連性についてより詳細に把握するため，つづいて，ロジスティック回帰分析をおこなった．

被説明変数は，「授業適応感」，「登校忌避意識」ともに，「あてはまる」と「どちらかといえば，あてはまる」の回答を「1」，「どちらかといえば，あてはまらない」と「あてはまらない」を「0」とし，説明変数は，仮説として設定したA：家庭環境の違い，B：地域性の違い，C：学校の新型コロナウイルス感染症への対応の違いの各変数を投入した．なお，第2回調査時点のデータは，「年間収入」「新型コロナウイルス感染症による生活状況変化（悪化）」「地域のコロナ感染者数」の変数を第2回調査時点のものに入れ替えたうえで分析した（表8-4）．変数間の関係はオッズ比で示しており，値が1を超えると正，1を下回ると負の関連性があることを意味する．

小学生について，第1回調査時点の「授業適応感」の分析結果をみると，「性別」に関しては，「女子」または「その他」の場合に，「男子」よりも「授業適応感」が低いという結果となっている．「世帯類型等」については「シングルマザー非大卒」の場合に「授業適応感」が低いという関連性がみられてい

表 8-4 小学生の授業適応感・登校忌避意識に関する 2 項ロジスティック回帰分析

	授業適応感		登校忌避意識	
	第1回小学生 オッズ比	第2回小学生 オッズ比	第1回小学生 オッズ比	第2回小学生 オッズ比
性別:女性ダミー	0.80*	0.90	0.98	1.28***
性別:その他ダミー	0.45***	0.57**	1.42*	2.25***
親大卒者数0ダミー	1.03	1.01	1.15	0.97
親大卒者数1ダミー	1.01	0.87	1.11	1.02
シングルマザー非大卒ダミー	0.62*	0.75	1.57**	1.41*
シングルマザー短大卒以上ダミー	0.95	0.80	1.12	1.06
シングルファーザーダミー	0.63	1.04	1.35	1.38
年間収入	1.04	1.03	1.00	0.98
生活状況変化(悪化)	0.97	0.90*	1.14**	1.09*
市町村人口	0.99	1.00	0.99	0.99*
地域のコロナ感染者数	0.92	0.00**	1.05	17.05
学校把握頻度:週に数回ダミー	0.71	1.18	1.05	0.84
学校把握頻度:週に1回ダミー	0.58	1.09	0.99	0.72
学校把握頻度:2週に1回ダミー	0.50*	0.89	1.08	0.89
学校把握頻度:その他ダミー	0.31**	0.87	1.24	0.88
学校把握頻度:把握していないダミー	1.14	2.17	0.49	0.76
子供への連絡の度合い	1.30***	1.22**	0.93	0.95
集計対象件数	3,983	3,964	3,983	3,964
Cox & Snell	0.018	0.015	0.011	0.018
Nagelkerke	0.033	0.025	0.015	0.025

***$p<0.001$, **$p<0.01$, *$p<0.05$

るが,その他の仮説 A・仮説 B に関連する変数は有意な結果となっていない.他方で,仮説 C として設定した「学校による状況把握頻度」の変数,「子供への連絡の度合い」の変数がそれぞれ有意な結果となっており,クロス集計でみられたような傾向が他の変数の影響もふまえた回帰分析でも確認されることが示された.第 2 回調査時点の結果について第 1 回調査時点の結果と比べながらみると,「性別」が「女子」である場合の関連性が有意でなくなったほか,「シングルマザー非大卒」の場合や「学校による状況把握頻度」について関連性が有意ではなくなっている.他方で,「新型コロナウイルス感染症による生活状況変化(悪化)」と「地域のコロナ感染者数」が有意な関連性を示しており,それぞれ,新型コロナウイルス感染症の影響が大きいと考えられる場合ほど,児童の「授業適応感」が低いという結果となっている.また,「子供への連絡の度合い」が十分であった場合のほうが「授業適応感」が高いという結果は第

1回調査と共通してみられる．

　第1回調査時点の「登校忌避意識」に関する結果については，「性別」が「その他」の場合に意識が高いという関連性がみられ，このほか，家庭環境の違いに関して，「シングルマザー非大卒」の場合や，「新型コロナウイルス感染症による生活状況変化（悪化）」の度合いが大きい場合に意識が高いという関連性が有意であった．仮説B・仮説Cに関する変数は有意な結果ではなかった．第2回調査時点では「性別」が「女子」の場合に意識が高いという関連が有意となった．「シングルマザー非大卒」の場合や「新型コロナウイルス感染症による生活状況変化（悪化）」の度合いが大きい場合に意識が高いという関連性が有意という点は第1回調査と共通している．なお，第2回調査時点では，人口が多い地域では「登校忌避意識」が低い傾向にあるという結果もみられた．

(2) 中学生に関する分析

　中学生の第1回調査時点の「授業適応感」に関する分析結果は，小学生の結果とおおむね共通の結果が得られているが，いくつか異なる点もみられる（表8-5）．中学生では，「世帯類型等」に関して，「親大卒者0」「シングルマザー非大卒」「シングルファーザー」というように，SES（社会経済的地位）が低い家庭の生徒の場合に「授業適応感」が低いという関連性が有意という結果がより明瞭にみられている．また，仮説Cに関する変数について，「子供への連絡の度合い」の回答が有意であるという点は小学生と同様であるが，「学校による状況把握頻度」は中学生に関しては有意ではないという結果であった．第2回調査時点の「授業適応感」の結果は，「シングルファーザー」の変数が有意なものではない形となっているが，その他の点は第1回調査の結果とほぼ同様となっている．

　第1回調査時点の「登校忌避意識」については，「性別」が「女子」または「その他」の場合に意識が高いという関連性がみられ，また，「新型コロナウイルス感染症による生活状況変化（悪化）」の度合いが大きい場合に意識が高いという結果が小学生と同様にみられる．中学生に関しては，仮説Cとして設定した「学校による状況把握頻度」の変数，「子供への連絡の度合い」の変数がそれぞれ有意な結果となっているという点が小学生の結果とは異なる点とな

表8-5 中学生の授業適応感・登校忌避意識に関する2項ロジスティック回帰分析

	授業適応感		登校忌避意識	
	第1回中学生 オッズ比	第2回中学生 オッズ比	第1回中学生 オッズ比	第2回中学生 オッズ比
性別：女性ダミー	0.82*	0.69***	1.56***	1.63***
性別：その他ダミー	0.57**	0.61*	3.15***	2.74***
親大卒者数0ダミー	0.79*	0.72**	0.90	1.24*
親大卒者数1ダミー	0.91	1.03	1.00	1.11
シングルマザー非大卒ダミー	0.52***	0.62*	1.30	1.73***
シングルマザー短大卒以上ダミー	0.73	0.89	1.39	1.10
シングルファーザーダミー	0.40**	0.64	1.60	1.27
年間収入	1.00	1.00	1.01	1.02
生活状況変化（悪化）	0.97	1.02	1.08*	1.03
市町村人口	1.00	1.00	0.99	0.99
地域のコロナ感染者数	1.02	0.04	1.04	5.26
学校把握頻度：週に数回ダミー	0.71	1.05	1.07	0.82
学校把握頻度：週に1回ダミー	0.83	1.08	1.15	0.76
学校把握頻度：2週に1回ダミー	0.88	1.27	0.96	0.68
学校把握頻度：その他ダミー	0.60	0.72	1.83*	1.38
学校把握頻度：把握していないダミー	0.82	1.52	0.64	0.58
子供への連絡の度合い	1.22***	1.24***	0.90*	0.95
集計対象件数	4,219	4,153	4,219	4,153
Cox & Snell	0.014	0.015	0.029	0.027
Nagelkerke	0.022	0.025	0.039	0.036

***$p<0.001$, **$p<0.01$, *$p<0.05$

っている．第2回調査時点の結果については，第1回調査の時点では有意な関連性がみられなかった「親大卒者0」「シングルマザー非大卒」の場合に意識が高いという関連性が有意となっており，他方で，第1回調査の時点では有意な関連性がみられた「新型コロナウイルス感染症による生活状況変化（悪化）」「学校による状況把握頻度」「子供への連絡の度合い」の各変数は第2回調査時点では有意ではないという結果となった．

(3) 回帰分析結果に関する小括

小学生・中学生の「授業適応感」と「登校忌避意識」に関して，第1回調査時点と第2回調査時点の各時点で共通した枠組みで分析をおこなった結果から，いくつかの特徴を見出すことができる．

まず，性別に関しては，おおむね，「男子」に比べて「女子」や「その他」

の場合のほうが「授業適応感」は低く,「登校忌避意識」が高いという関連性がみられた.本章では統制変数の目的で設定した変数であるが,たとえば登校意識の水準は男子のほうが高いことは鈴木（2020）によっても示されており,性別により差異があることはコロナ禍に限った現象ではないかもしれない.他方で,海外における分析では男子に比べ女子のほうがメンタルヘルスへの悪影響が大きかったことも報告されており（足立 2023, Ma et al. 2021）,コロナ禍における学校適応／不適応に関する特徴の1つである可能性もある.なお,今回性別が「その他」に該当する場合も分析に含めることで,性自認の課題が学校適応／不適応の課題と関連していることも明らかになった.

また,「親大卒者0」「シングルマザー非大卒」「シングルファーザー」というように,SESが低い家庭の児童生徒の場合に,「授業適応感」が低く,「登校忌避意識」は高いという関連性があるという結果がみられ,とくに「シングルマザー非大卒」の変数が顕著であった.これらは今回の分析では「年間収入」や「新型コロナウイルス感染症による生活状況変化（悪化）」とは別に投入している変数であることから,収入・生活の水準とは別の要因が児童生徒の意識の水準と関連性を有しているという結果と考えられる.SESが低い家庭の児童生徒の場合に「授業適応感」が低く,「登校忌避意識」は高い傾向にあるということも,必ずしもコロナ禍に限った現象ではないとも考えられるが,コロナ禍における状況を認識するという点からは重要な結果である.

これらに加えて,本章で実施した分析の結果から,「新型コロナウイルス感染症による生活状況変化（悪化）」の変数が,児童生徒の意識の水準に影響している可能性があると考えられること,また,それはとくに「登校忌避意識」に顕著であったということは,1つの重要な知見であったと考える.冒頭に示したように,コロナ禍における児童生徒の学校適応／不適応に着目した先行研究では,新型コロナウイルス感染症の感染拡大が学校適応の度合いを下げる要因となっていたのか否かを必ずしも明確に示しているわけではなかった.この点に関して,本章においていくつかの仮説をもとに変数を設定し,また,学校適応／不適応の意識を「授業適応感」と「登校忌避意識」とにわけて検討をおこなったことで,新型コロナウイルス感染症の感染拡大の影響については,「生活状況変化（悪化）」という,各家庭内における状況変化を媒介する形で,

児童生徒の「登校忌避意識」に及んでいた可能性があることが示された[10]．

　もう1点，仮説のCとして設定した，「学校の新型コロナウイルス感染症への対応の違い」に関する「学校による状況把握頻度」と「子供への連絡の度合い」の変数に関する結果も興味深いものであった．「子供への連絡の度合い」の変数に関しては，「登校忌避意識」にはそれほど明瞭に関連性がみられなかったのに対して，「授業適応感」との関連性は小学生・中学生ともに，また，第1回調査時点・第2回調査時点ともにみられた．保護者として「子供への連絡の度合い」が十分であったと考えるほうが児童生徒の「授業適応感」が高いという関連性がみられたことについては，臨時休業期間中の学校からの／学校との連絡等のやり取りが，保護者を介しておこなわれなければならない状況であったことも影響しているのではないかと推察する．保護者として学校からの連絡・情報を受け止め，子供に伝え，場合によっては子供の補助をするということができていた家庭の子供ほど，学校再開後の授業に適応できた可能性があるのではないか，という解釈である．

　また，「学校による状況把握頻度」に関しては，とくに第1回調査時点の小学生の「授業適応感」との間に有意な関連性がみられたという結果も重要な点であると考える．コロナ禍においては，学校現場で「学びへの信頼を取り戻そう」とすることや，「学校適応感を保つ」ように意識して対応をする実践があったとされるが，本章における分析により，臨時休業期間中の学校からの働きかけが学校再開後の児童の適応感に影響をしていた可能性があることが示された．

4——変化の状況に着目した分析

　上述のように，本章で実施した分析結果により，「新型コロナウイルス感染症による生活状況変化（悪化）」の変数が児童生徒の「登校忌避意識」の水準に影響しているということが，コロナ禍においてみられた特徴の1つとして明らかになった．

　「新型コロナウイルス感染症による生活状況変化（悪化）」の変数は，保護者により回答が得られているものであること，また，過去からの変化をふまえて

回答を得たものであることなどから，今回得られた結果は，生活状況が変化（悪化）したことが原因となって児童生徒の意識の低下がみられたという関連性を示唆するものではあるが，そのような因果を明確に示すものではない．このことをふまえ，分析手法上の限界は残るものの，第1回調査から第2回調査の間の児童生徒の意識の変化の状況に着目した追加的な分析をおこなった．

表8-1にも示したように，「新型コロナウイルス感染症による生活状況変化（悪化）」の変数は，第2回調査では，「新型コロナウイルスの感染拡大の影響を受けて過去1年の間に（2021年1-12月）生活は苦しくなりましたか」という形で調査をしており，主に，第1回調査から第2回調査の間の変化をとらえる形になっている．このことから，第2回調査での「新型コロナウイルス感染症による生活状況変化（悪化）」の変数と，児童生徒の第1回調査と第2回調査にかけての回答変化との関連性を分析することにより，一定程度，変化と変化との関係を把握することができると考えられた[11]．

児童生徒の第1回調査と第2回調査にかけての回答変化については，「授業適応感」と「登校忌避意識」のそれぞれについて，「あてはまる」と「どちらかといえば，あてはまる」の回答を【あてはまる】，「どちらかといえば，あてはまらない」と「あてはまらない」の回答を【あてはまらない】として集約し，そのカテゴリ間の変化という形で把握した．同様に，「新型コロナウイルス感染症による生活状況変化（悪化）」については，「とても苦しくなった」「やや苦しくなった」を【苦しくなった】，「あまり苦しくなっていない」「まったく苦しくなっていない」を【苦しくなっていない】として分類した．

分析としては，「授業適応感」と「登校忌避意識」のそれぞれについて，第1回調査時点での回答でいったん分類したうえで第2回調査時点の回答と「新型コロナウイルス感染症による生活状況変化（悪化）」の回答との関係を分析する3重クロス集計の形であり，たとえば，第1回調査時点で「授業適応感」が低いという状況であった者に関して，第2回調査時点において「授業適応感」が低いという状況に留まるのか，それとも意識が高まるのか，その変化の状況と「新型コロナウイルス感染症による生活状況変化（悪化）」との関連性について分析をおこなった．

集計結果を表8-6に示した．検定（Fisherの直接法による両側検定）の結果，

表8-6 小学生・中学生の第1回調査から第2回調査にかけての家庭の生活状況変化と授業適応感・登校忌避意識の変化に関するクロス集計結果

		第1回調査時点の回答	第2回調査時点「新型コロナウイルス感染症による生活状況変化（悪化）」の回答	集計対象件数	第2回調査時点の【あてはまる】の回答割合	検定結果
小学生	授業適応感	【あてはまる】	【苦しくなった】	1,418	89.0%	
			【苦しくなっていない】	2,342	90.5%	
		【あてはまらない】	【苦しくなった】	267	49.4%	
			【苦しくなっていない】	381	55.9%	
	登校忌避意識	【あてはまる】	【苦しくなった】	642	54.7%	
			【苦しくなっていない】	807	55.9%	
		【あてはまらない】	【苦しくなった】	1,043	26.0%	$p<0.01$
			【苦しくなっていない】	1,916	21.3%	
中学生	授業適応感	【あてはまる】	【苦しくなった】	1,407	90.7%	
			【苦しくなっていない】	2,262	90.1%	
		【あてはまらない】	【苦しくなった】	403	51.6%	
			【苦しくなっていない】	526	52.5%	
	登校忌避意識	【あてはまる】	【苦しくなった】	746	63.8%	
			【苦しくなっていない】	1,091	63.1%	
		【あてはまらない】	【苦しくなった】	1,064	24.9%	$p<0.1$
			【苦しくなっていない】	1,697	22.1%	

　有意な関連性となったのは，小学生の「登校忌避意識」に関する結果であり，第1回調査時点では意識が低い群であった（【あてはまらない】と回答した）児童のなかで，「新型コロナウイルス感染症による生活状況変化（悪化）」について【苦しくなった】と保護者に回答された場合は，第2回調査時点で意識が高い群に変化する（【あてはまる】と回答する）割合がより高くなっている．

　また，10％水準ではあるが，中学生についても同様の結果が得られた．これらの結果は，「新型コロナウイルス感染症による生活状況変化（悪化）」が，児童生徒の「登校忌避意識」に因果的に作用している可能性があることを示すものである．

5──おわりに

　以上のように，2021年2月（第1回調査）と2021年12月（第2回調査）の2時点で実施した調査データを用いて，コロナ禍における児童生徒の学校適応／不適応の意識に着目した分析をおこなった．

　仮説として，A：家庭環境の違い，B：地域性の違い，C：学校の新型コロナウイルス感染症への対応の違いの各観点に基づく変数を設定して分析をおこなったが，仮説Aに関しては，小学生・中学生ともに，「新型コロナウイルス感染症による生活状況変化（悪化）」が「登校忌避意識」と関連していることが明らかになった．仮説Cに関しては，臨時休業期間中の学校の「子供への連絡の度合い」について保護者が「十分であった」と回答している場合には，小学生・中学生ともに「授業適応感」が高いという結果が得られ，また，第1回の小学生調査では「学校による状況把握頻度」が「授業適応感」と関連性を有することが明らかになった．

　このように，本章では，児童生徒の学校適応／不適応の度合いに新型コロナウイルス感染症の影響が及んでいたのか否かを，データ分析により明らかにすることができた．また，児童生徒の意識について「授業適応感」と「登校忌避意識」とに区分して項目別に分析をおこなったことで，それぞれの意識に対して影響を及ぼす要因や経路についての理解を深めることができた．不登校にもつながる可能性があると考えられる児童生徒の「登校忌避意識」に関しては，背景にある家庭の状況変化に目を向ける必要があることが示され，また，「授業適応感」に関しては，学校による対応の違いがその意識の水準に影響を及ぼす可能性を示すデータを得た．

　これらの知見は，学校教育の現場が今後同様の規模の疫病等の蔓延や災害等に見舞われる可能性を想定するなかでは有用なものになるであろうと考える．

【注】
1) 「コロナ禍における児童生徒の学校適応／不適応」に着目する分析は有海（2023）においてもおこなっている．分析の背景や目的・関心，使用する変数，知見の一部については重複する部分があるが，本章では，「授業が楽しい」と「学校に行きたくないことがある」の2つの調査項目に着目し，それぞれの意識に対する新型コロ

ナウイルス感染症の影響等に関する分析を深めたものとなっている．
2) 児童生徒を対象とした調査では，「学校がある日に，あなたが学校を休んだ日数はどのくらいありましたか」という形で回答を得たデータもある．この項目の回答と本章で着目した「授業適応感」と「登校忌避意識」（注3）参照）のそれぞれの度合いとの間には関連性があることを確認しているが，いずれにしてもコロナ禍においてはやむを得ず学校を休まなければならなかった状況もあったと考えられることから，本章の分析では意識の面に着目した分析をおこなった．
3) 林川（2015）と鈴木（2020）を参考に，「授業が楽しい」の項目を「授業適応感」，「学校に行きたくないことがある」の項目を「登校忌避意識」と表記することとした．
4) 個人内の変化に着目したパネル分析については，後述するように，得られている変数の特性の関係でモデル設定に難しさがあると考えられたことから，本章ではクロス集計による分析をおこなった．また，本章で扱う児童生徒のデータは，都道府県・市区町村・学校（学級）と，複数の層・集団にネストされているという特性を持つ．この観点から，マルチレベル分析をおこなうことも想定されたが，級内相関係数はいずれも 0.1 未満と必ずしも高くなく，また，家庭環境（保護者）の影響も含め，様々な相互作用の中で個人単位での意識の水準が規定されていると考えられたことから，本章ではマルチレベル分析のモデルは取り入れなかった．
5) 新規感染者数には日々の変動があったことから，地域における感染リスクの高低を把握するうえでは，累積数のデータを参照することが妥当と考えた．なお，第1回調査に比べて第2回調査時点のほうが全国的に感染者数は少ない状況であった．
6) この調査項目は，ワーディングとして「子供への連絡」の状況についての評価をたずねるものであるが，保護者が子供の学校適応／不適応の状況を含む生活の様子を総合的にとらえたうえで，演繹的に「子供への連絡」の状況を評価しているという可能性も考えられる．ただし，本章で実施した分析において，「授業適応感」と「登校忌避意識」のそれぞれに対する関連性のみえ方は異なっており，この項目は，保護者の視点から，学校とのやり取りの状況を一定程度とらえているものになっていると考える．
7) このほか，原則として，第1回の学校調査の回答との対応関係が把握できるデータであり，かつ，「授業適応感」と「登校忌避意識」の項目に欠落がないデータに限って分析をおこなった．
8) このほか，基礎的な集計として，第1回調査時点・第2回調査時点ともに，「授業適応感」と「登校忌避意識」との間には有意にマイナスの関連性があることを確認している．
9) 該当ケースは少ないが，「学校による状況把握頻度」について，「把握してこなかった」と回答した学校においては，児童の授業適応感が高いという結果にもなっている．該当する件数が少ないことに加えて，このような回答をしている学校では特段の状況把握を行う必要がなかった可能性があるなど，結果の解釈には留意が必要である．同様に，「その他」の回答も，学校としてどのような対応をとっていたの

か実情を把握することは難しいが,「授業適応感」との関連性についての分析結果からは, 状況把握の頻度がより低かった学校である可能性があることがうかがえる.
10) 表 8-4 に示した結果からは, 小学生に関して第 2 回調査時点で「地域のコロナ感染者数」の変数が「授業適応感」と有意な関連性になっており,「地域のコロナ感染者数」という居住地域の状況が, 児童生徒の意識に影響を及ぼしうることを否定するものではない. 有海 (2023) の分析結果では,「地域のコロナ感染者数」の変数が児童生徒の意識の水準や変化に一定の関連性を持つことも示されている.
11) 今回の調査データにおいて,「授業適応感」と「登校忌避意識」については 2 時点で同一の形で尋ねているが,「新型コロナウイルス感染症による生活状況変化 (悪化)」の項目は第 1 回調査と第 2 回調査とで異なる形で情報を得たものとなっており, 一般的な固定効果分析などのモデル設定が難しいように思われた. 他方で, 第 2 回調査の「新型コロナウイルス感染症による生活状況変化 (悪化)」の項目は, 実質的に第 1 回調査時点からの変化を尋ねたものとなっている. このことから, 本章の分析では, 第 1 回調査時点の「授業適応感」と「登校忌避意識」の回答を「起点」とし, そこからの意識の変化の状況と生活状況変化との関係をクロス集計により把握する方法をとった.

【文献】

足立匡基, 2023,「不登校の決定因は何か——COVID-19 パンデミックと発達障害」『子どものこころと脳の発達』14-1: 18-25.

有海拓巳, 2023,「コロナ禍での児童生徒の学校適応／不適応」浜銀総合研究所『新型コロナウイルス感染症と学校等における学びの保障のための取組等による児童生徒の学習面, 心理面等への影響に関する調査研究報告書』浜銀総合研究所, pp. 96-112.

古田和久, 2012,「高校生の学校適応と社会文化的背景——学校の階層多様性に着目して」『教育社会学研究』90: 123-144.

後藤正彦・池田誠喜・岡田康孝, 2021,「新型コロナ感染症対応下における中学生の学校適応感を保つための教育実践」『生徒指導学研究』20: 93-103.

林川友貴, 2015,「中学生の学校適応メカニズムの実証的検討——学級と部活動に着目して」『教育社会学研究』97: 5-24.

伊藤秀樹・酒井朗・林明子・谷川夏実, 2021,「コロナ禍における学校休業中の小学校 2・3 年生と保護者の生活——Web 調査の結果をもとに」『人間生活文化研究』31: 176-185.

亀田佐知子・井戸ゆかり・園田巌・横山草介・早坂信哉, 2022,「新型コロナウイルス感染症拡大における学童期の子どもをもつ家庭の現状と課題」『日本健康開発雑誌』43: 13-25.

加藤陽子, 2021,「新型コロナ感染拡大下の適応感とストレス状態との関連——分散登校時と通常登校時の 2 時点比較」『日本教育心理学会第 63 回総会発表論文集』439.

Ma, L., M. Mazidi, K. Li *et al.*, 2021, "Prevalence of mental health problems among children and adolescents during the COVID-19 pandemic: A systematic review and meta-analysis," *Journal of Affective Disorders*, 293: 78-89.

文部科学省,「児童生徒の問題行動・不登校等生徒指導上の諸課題に関する調査」.

労働政策研究・研修機構, 2023,『新型コロナウイルス感染拡大の仕事や生活への影響に関する調査［JILPT コロナ連続パネル個人調査（第1〜7回）］結果』(JILPT 調査シリーズ No. 229).

酒井朗・伊藤秀樹・谷川夏美・林明子, 2021,「コロナ禍における小学校就学時の子どもと保護者の生活——Web 調査の結果をもとに」『上智大学教育学論集』55: 59-76.

鈴木翔, 2020,「登校意識の社会的性差」『教育社会学研究』106: 167-187.

田場あゆみ, 2022,「コロナ感染症流行下における中学生の学校適応感について」『琉球大学学術リポジトリ』101: 9-22.

丹野清彦・片桐功, 2022,「コロナ禍の学校で——子どもたちにオンラインでつながりをつくる」『高度教職実践専攻（教職大学院）紀要』6: 71-82.

渡部千晶・戸部秀之, 2021,「新型コロナウイルス感染症に伴う臨時休校措置と中学生の意識」『埼玉大学教育学部附属教育実践総合センター紀要』19: 57-63.

III　コロナ禍・家庭・教育

9章

コロナ禍における児童の過ごし方ときょうだいの影響

戸髙　南帆

1 ――本分析の関心と問い

　新型コロナウイルス感染症の拡大時においては,「ステイホーム」を合言葉に,できるだけ不要な外出を避け,家のなかで過ごすことが推奨された.そのような状況下で,家族と一緒にいる時間が増えたとされる.一方で,一斉休校が急遽決定された際には,在宅する子どもの面倒を誰がみるのかといった議論が巻き起こった.当時の子どもの生活への影響について保護者を対象に調査した尾島（2020）によると,一斉休校時には小学生の4割弱が日中子どもだけで過ごしていたという.子どもだけの場合であっても,一人きりであるか,それともきょうだいと一緒かという点は,特に学年の低い児童にとって重要な違いであるだろう.

　そこで本章では,きょうだいという観点から,小学生がどのようにステイホームを過ごしていたかを明らかにする.ひとつの家庭における子どもの数は,ひと昔前に比べると大きく減ったものの,きょうだいの存在は家庭内で子ども同士の相互作用を生じさせ,研究対象としても関心が寄せられてきた.例えば,親から子どもへと振り分ける資金や時間などの資源が,きょうだい数の多さゆえ,一人の取り分が小さくなるといった資源希釈仮説（Blake 1989）をベースにした議論である.日本においても,きょうだい数が多い子どもは,同じ出身階層であったとしても教育達成が低くなることが指摘されてきた（近藤 1996, 平沢 2004）.コロナ禍では,様々な制約が日常生活にかかり,子どもたちの活動場所や交流相手も家や家族が中心となっていたが,そこできょうだい数は子どもの過ごし方にどのような差異をもたらしていたのだろうか.本章では,必

ずしも，親からの資源を分け合うライバルのような関係ばかりではなく，きょうだい同士の支え合いにも目を向けてみたい．

具体的には，次の3つをここでの検討内容とする．第1に，きょうだいが多いために，家で十分に勉強に集中することが難しかった可能性である．コロナ禍では，人の接触や過密を避けるため，対面授業を実施していた塾にも自粛が求められ，子どもたちは自宅での勉強が求められた．しかし，人口の集中する都市部では特に，子どもが一日中過ごす住まいの広さが確保されているとは限らない．そのため，きょうだいが多い子どもほど，静かに勉強できる環境を見つけることが困難だった可能性がある．

第2に，きょうだいの存在による子ども同士の交流に着目する．子どもは親から与えられる資源を取り分ける競合者であるだけではなく，きょうだい間での交流を通じて，お互いを支え合っている可能性もある．例えば，兄や姉のいる子どもは，年長のきょうだいに，家庭の中で勉強を教えてもらったり，手伝ってもらう機会があるかもしれない．一方で，これを資源希釈仮説にもとづいて考えると，その逆の結果が予想される．きょうだいの少ない家庭において，保護者が有する資源を1，2人の子どもに集中させ，手厚く面倒をみたという可能性である．

最後に，きょうだい数の多さと，外遊び・スポーツの時間の関係について検討する．コロナ禍では，屋外に出ることそのものに厳しい目が向けられたこともあり，子どもが身体を動かす機会は限られていた．東京都の調査によると，43.6％がコロナ前後で外遊びの時間が減ったと回答している（東京都生活文化スポーツ局 2022）．これに伴い，子どもたちの体力の低下が注目され，2022年度には小中学生の体力や運動能力調査の全国平均が過去最低（スポーツ庁 2022）になったと報じられている．そのような状況の中でも，きょうだいのいる子ども，きょうだいの多い子どもは，感染リスクを比較的共有しており，一緒に外遊びをしていたかもしれない．つまり，きょうだいのいる子どもは，家庭内でお互いの遊び相手となり，身体を動かしていた可能性が考えられるのではないか．

以上より本章では，きょうだい構成の影響に着目しながら，コロナ禍の子どもの過ごし方について，勉強できる静かな場所の確保と，勉強を手伝ってくれ

る人の有無，そして外遊び・スポーツの時間の3点を検討する．子どもが3人以上いる多子世帯への支援は，近年の政策立案のなかでも高い関心が向けられている．コロナ禍における実態について，全国的なデータに基づいてその生活を理解することは，子どもを養育する保護者の置かれた現状への理解にもつながるだろう．

2 ── 調査データと変数

本章では，2021年2月に実施された第1回調査のデータと，2021年12月に実施された第2回調査のデータを用いる．今回検討する項目において，きょうだいの存在の影響がより大きいと考えられる小学生すべての児童と，その保護者の回答ペアを対象とした．

本稿でメインとして取り上げるきょうだい関連の質問項目は，第1回調査時点の保護者票を使用する．この設問は，調査対象の子どもからみた兄姉妹弟の人数と，それら子どもの合計人数をたずねている．

はじめにきょうだい構成を概観すると，きょうだいのいない児童は全体の15％（1,305人），2人きょうだいの児童が45％，3人きょうだいの児童は26％を占めている．つづいて，4人きょうだいは7％，5人以上についてはそれぞれ1％程度と少ないため，分析の都合上，4人以上のきょうだいのケースを統合して用いることとする．以下，きょうだい数については「ひとりっ子」「2人」「3人」「4人以上」の4カテゴリとして扱う．

きょうだい構成については，調査対象の子どもからみて，きょうだいが年上または年下であるかという点のみに着目するため，次の3カテゴリに分割した．弟または妹がいるケースを「年下きょうだいあり」，年下も年上のきょうだいもいるケースを「中間子」，兄または姉がいるケースを「年上きょうだいあり」とする．ここで，きょうだい構成の一覧を，ひとりっ子を除いて次の表9-1[1]に示す．

また，児童のコロナ禍での過ごし方を示す項目として，下記の3つを用いた．学校の課題や宿題を終わらせる際，調査時点までの2カ月くらいの間や休校中に，それぞれの問題が発生した頻度をたずねた項目がある．そのうち，本章で

表 9-1　各家庭における子どもの人数と，調査対象者のきょうだい構成における位置

子どもの人数	きょうだい構成			合　計
	年下きょうだいあり	中間子	年上きょうだいあり	
2	2,041 (49%)	0 (0%)	2,086 (51%)	4,127 (100%)
3	773 (32%)	791 (33%)	842 (35%)	2,406 (100%)
4	129 (22%)	309 (52%)	156 (26%)	594 (100%)
5	17 (15%)	74 (65%)	23 (20%)	114 (100%)
6	4 (10%)	33 (83%)	3 (7.5%)	40 (100%)
7	0 (0%)	7 (100%)	0 (0%)	7 (100%)
8	0 (0%)	6 (100%)	0 (0%)	6 (100%)
9	0 (0%)	0 (0%)	1 (100%)	1 (100%)
10	0 (0%)	1 (100%)	0 (0%)	1 (100%)
合　計	2,964 (41%)	1,221 (17%)	3,111 (43%)	7,296 (100%)

は「勉強できる静かな場所がなかった」「勉強を手伝ってくれる人がいなかった」の2つを検討する．これらの設問の選択肢としては，「毎日またはほとんど毎日」「週に1-2回」「ほとんどない」「まったくない」の4つが提示され，どこか1つに回答することが求められている．また第3の検討課題については，「外で遊ぶ・スポーツをする（習い事・クラブ活動を除く）」の設問を用いる．この設問は，調査時点における学校がある日を想定した平均的な時間をたずねており，「しない」「10分」「15分」「30分」「1時間」「2時間」「3時間」「4時間」「4時間より多い」の9つの選択肢から構成されている．回答の際には，習い事とクラブ活動の時間は回答から除くよう指示が記載されている．これらの児童に関する項目については調査対象者本人が回答している．休校中の生活についても，児童に第1回調査の際に過去を振り返ってもらい回答を得ており，回顧的な収集ではあるが，コロナ禍初期の実態を知る手掛かりとなる貴重なデータである．

3　きょうだい構成ごとにみたコロナ禍の子どもの過ごし方

(1)　記述的分析
勉強できる静かな場所の確保
　きょうだい数ごとに，子どもが休校中に勉強できる場所の状況を示したもの

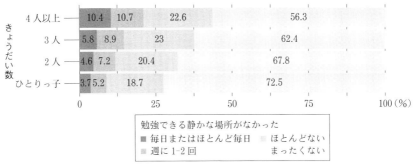

図9-1 きょうだい数と, 勉強できる静かな場所の確保について (休校中)

が図9-1である. ひとりっ子においては, 静かな場所がなかった頻度について「まったくない」または「ほとんどない」と答えた割合が9割を占める. 一方で, きょうだい数が多い子どもほどその割合は低下し, 「毎日またはほとんど毎日」「週に1-2回」と答える割合が少しずつ増えている. 3人きょうだいの子どもにおいては1割強が, 4人以上のきょうだいにおいては約2割が, 勉強に適した静かな場所の確保が常時できていたわけではないようである.

次に, この項目について, 一斉休校中, 第1回調査 (令和2年度調査), 第2回調査 (令和3年度調査) の3時点でのデータの比較を行った (図9-2). 分析手法としては, 「毎日またはほとんど毎日」に4, 「週に1-2回」に3, 「ほとんどない」に2, 「まったくない」に1を割り当て, きょうだい数ごとに, 各時点における全員の平均値を求めて比較した. 縦軸の点数が高いほど, 「勉強できる静かな場所がなかった」に高頻度で当てはまると解釈できる.

3時点間の比較においても, 一貫して, きょうだい数が多い児童ほど, 勉強できる静かな場所がなかった頻度が高くなっている. 4人以上のきょうだいがいる子どもにおいては, 「毎日またはほとんど毎日」と答えた割合が, 他のグループと比較して倍近く, 顕著であった. また, きょうだい数によらず, 第1回調査の回答時が最も平均値が高くなり, 勉強できる静かな場所の確保が難しかったと考えられる. その後, 第2回調査の時点では, 全体的に平均値が第1回調査を下回っている. この変化の背景は推測に留まるが, コロナ禍でのステイホームへの子どもの慣れや, 第1回調査よりも比較的落ち着いた感染状況であった第2回調査の時点では, 勉強できる静かな場所が外部に確保されていた

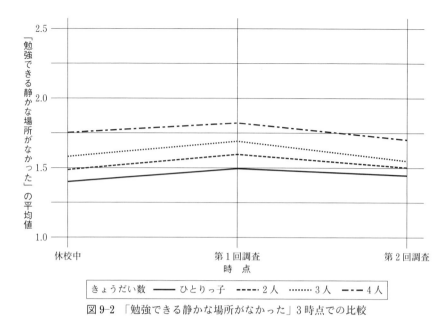

図 9-2 「勉強できる静かな場所がなかった」3 時点での比較

などの理由が考えられる．

勉強を手伝ってくれる人の有無

　次に，子どものきょうだい数と，勉強を手伝ってくれる人がいたかどうかの関連について検討する．第 1 回調査で回答した休校中についてのデータを用いて，兄や姉といった年上のきょうだいがいる場合と，年下のきょうだいのみがいる場合，そして，ひとりっ子の場合を比較した．その結果，兄姉がいるグループは，そうでないグループよりも，「勉強を手伝ってくれる人がいなかった」と答える傾向がみられた（図 9-3）．また，図は省略するが，きょうだい数が多いほど，ゆるやかではあるが「勉強を手伝ってくれる人がいなかった」と回答する傾向もみられた．この結果は，当初の予想に反して資源希釈仮説を支持するものであり，きょうだい数が多いほど，勉強を手伝ってくれる人という資源が少なかったことを示唆するものである．兄や姉といった年長のきょうだいが，年下の子どもの勉強を手伝ってくれるわけではないという点も，本分析から確認された．

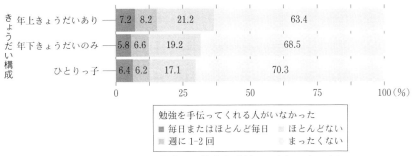

図9-3 きょうだい構成と，勉強を手伝ってくれる人の有無

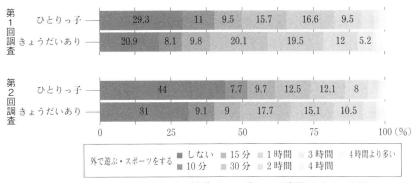

図9-4 きょうだいの有無と，外遊び・スポーツの時間（2時点の比較）

コロナ禍の外遊び・スポーツの時間

　次に，コロナ禍の児童の外遊び・スポーツの時間について，きょうだいの有無や人数との関連を検討する．第1回調査，および第2回調査のデータを用いて，きょうだいの有無ごとに，子どもの外遊び・スポーツの時間を比較したのが図9-4である．第2回調査の時点のほうが，第1回調査時点よりも外遊びやスポーツを「しない」と答えた子どもの割合が高いことが目立つ．全体的にも同様の傾向が見られ，第1回目調査時点よりも，第2回調査時点の外遊び・スポーツの時間が短い傾向が確認できる[2]．

　次の図9-5では，第1回調査時点のデータを用いて，外遊び・スポーツの時間を，きょうだい数ごとに示した[3]．まず全体的な傾向として，きょうだい数が多い子どもほど，外遊びやスポーツをする時間が長い傾向がみられる．さらに，外遊びやスポーツを「しない」と答えた児童がひとりっ子では約3割を占

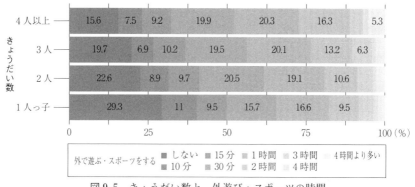

図9-5 きょうだい数と，外遊び・スポーツの時間

めるのに対して，4人以上きょうだいの子どもの場合にはその約半分であることに注目したい．ひとりっ子については，10分から30分と答えた児童が3割強，1時間以上の割合が3割程度である．図は省略するが，きょうだい構成に着目し，年上または年下，中間子といった面からも検討したところ，特に中間子，つまり3人以上きょうだいの児童においては外遊び・スポーツの時間が長い傾向がみられた．

また，一斉休校中の「外で遊ぶ・スポーツをする」については，「ほぼ毎日した」「週に数日した」「しなかった」の3つの選択肢から選ぶ形式であり，図表は割愛するが，同様の傾向がみられた．つまり，外遊びを「しなかった」と答えた児童の割合はひとりっ子で最も高く，3割程度を占めていた．一方で，3人以上きょうだいの場合は，「ほぼ毎日した」と答えた児童の割合はおよそ35%であった．

(2) 外遊び・スポーツの時間と，きょうだい数との関連

先ほどの分析では，きょうだいの多い子どもほど，外遊び・スポーツの時間が長い傾向が確認された．しかし，これらの時間は，きょうだい数以外の要因にも影響されている可能性があるため，次に複数のモデルを想定しこれを検討する．まず，コロナ禍のなかでも保護者が子どもに運動を促していたケースや，子どもがスポーツの習い事をしている場合には，身体を動かすことへの関心が高く，そもそも児童の外遊び・スポーツの時間が長い可能性がある（モデル1）．

また，保護者がコロナウイルスを警戒していたほど，子どもにステイホームを促し，外遊びをさせなかった可能性も考えられる（モデル2）．最後に，これらの背後には保護者の学歴や世帯年収といった階層変数があり，外遊び・スポーツに影響していた可能性もあるだろう（モデル3）．

具体的な方法としては，それぞれのモデルについて，子どもの外遊び・スポーツの時間を従属変数とする重回帰分析を行う．データは回答者数のより多い第1回調査時点のものを用いる．子どもの外遊び・スポーツの時間は，2021年2月の第1回調査時点での回答を用いて，「しない」「10分から30分」「1時間」「2時間以上」の4カテゴリに分類して使用する．きょうだい数の変数は，ひとりっ子を基準として，2人きょうだい，3人，4人以上きょうだいの場合を，それぞれひとりっ子と比べられるようダミー化して投入する．

次に，モデル1で検討する2つの変数について述べる．1つ目は，保護者から調査時点での回答を得ている「お子さんに運動することを促している」について，「いつもよくしている」から「まったくしていない」まで5段階の変数を，頻度が高いほど値が高くなるように反転させて用いる．子どものスポーツの習いごとについては，保護者票の「スポーツ（水泳，サッカー，ダンス，空手，体操教室など）」を用いて，小5の調査時点における該当の有無をダミー化して投入する．

モデル2で検討する保護者のコロナウイルスの警戒度を示す変数は，新型コロナウイルスへの対策5項目を単純に足し合わせ，警戒度が高いほど値が高くなるように反転させた得点を用いている[4]．

最後に，モデル3で追加的に投入した社会階層の変数について述べる．保護者学歴は，家庭における保護者の大卒者数を用いた．1人でも大卒者がいる場合は1，大卒者が2人いる場合は2，大卒者がいない場合は0を割り当て，3段階の変数としている．世帯年収の変数については，「0–300万円未満」「300–500万円未満」「500–700万円未満」「700–1,000万円未満」「1,000万円以上」の5段階として投入した．

結果は次の表9-2に示す．まず，モデル1からは，保護者が子どもに運動を促したり，子どものスポーツの習いごとの影響を考慮にいれても，きょうだい数が多いほど有意に外遊び・スポーツの時間は長い傾向にある．そのうえで，

表 9-2　子どもの外遊び・スポーツの時間と，きょうだい構成の関連

	モデル 1	モデル 2	モデル 3
きょうだい構成ダミー（基準：ひとりっ子）			
2 人きょうだい	0.097(0.035)**	0.099(0.035)**	0.105(0.035)**
3 人きょうだい	0.207(0.038)***	0.210(0.038)***	0.203(0.038)***
4 人以上きょうだい	0.318(0.050)***	0.321(0.050)***	0.282(0.050)***
子どもに運動を促す	0.149(0.012)***	0.147(0.012)***	0.151(0.012)***
スポーツの習いごとダミー	0.279(0.025)***	0.282(0.025)***	0.298(0.025)***
コロナ警戒度		0.013(0.008)⁺	0.011(0.008)
親大卒者数			−0.083(0.016)***
世帯年収			−0.041(0.010)***
切　片	1.579(0.050)***	1.374(0.134)***	1.597(0.136)***
N	7487	7487	7487
自由度調整済み決定係数	0.060	0.060	0.069
F 値	95.870	80.367	70.295

コロナ警戒度を検討したモデル 2 によると，コロナ警戒度が高いほど，外遊び・スポーツの時間が長いようである[5]．最後に，モデル 3 では階層変数を投入しているが，家庭の社会階層が高いほど，子どもが外遊び・スポーツする時間は短い傾向にあるという結果も示された．また一貫して，様々な要因を統制しても，きょうだい数が多いほど，外遊び・スポーツの時間は長い傾向にあるといえる．

4──結　論

　本章では，コロナ禍における「ステイホーム」の時期に，小学生 5 年生の児童がどのように過ごしたかを，きょうだいに着目して分析した．

　まず，子どもの過ごし方ときょうだい数との関連について，資源希釈仮説もふまえながら「勉強できる静かな場所がなかった」「勉強を手伝ってくれる人がいなかった」の 2 項目を検討した．「勉強できる静かな場所がなかった」については，きょうだい数が多い子どもほど，当てはまる頻度が高い傾向がみられた．3 人きょうだいの場合は約 6％，きょうだいが 4 人以上になると，1 割程度の子どもが，毎日またはほとんど毎日，勉強できる静かな場所がなかったと答えた．「勉強を手伝ってくれる人がいなかった」については，きょうだい

構成との関連を検討したが，兄や姉といった年長のきょうだいは，勉強を手伝ってくれる存在ではないようである．

「外で遊ぶ・スポーツをする」については，きょうだいがいると，コロナ禍でも有意に長い時間，外遊び・スポーツをしていたことが示された．また，第1回調査時点よりも，第2回調査時点のほうが，全体的な傾向としてこの時間が短かった．

この項目について，重回帰分析で詳細に検討したところ，きょうだい数の影響は一貫して確認できた．これは推測にとどまるが，きょうだいが多いことで，互いの遊び相手となって外遊びやスポーツなど，身体を動かす機会に恵まれていた可能性が示唆される．居場所が限られる中で，家族のなかの資源をうまく使ってコロナ禍を乗り切っていたのかもしれない．子どものスポーツについて笹川スポーツ財団が2021年に実施した調査では，2019年と比較して，家族と運動やスポーツをする時間が増加したと答えた小学生が2割ほどいたという．本分析の結果とも整合しているといえる．

併せて，保護者が子どもに身体を動かすことを促したり，子どもがスポーツの習いごとをしている場合にも，子どもの外遊び・スポーツの時間は長い傾向がみられた．理由は推測にとどまるが，もともとスポーツに関心が高く，家でも積極的に身体を動かしていたのだろうか．最後に，示唆に富む結果として，家庭の社会階層を検討したところ，階層が高いほど，コロナ禍において子どもの外遊び・スポーツの時間は短い傾向がみられたことがあげられる．この点についてはさらなる検討が求められるが，屋内での活動が多かったということだろうか．

本章では，様々な居場所や人との交流に制約がかかったコロナ禍における児童の過ごし方を，きょうだい構成という視点から分析した．これらの結果から，きょうだいが多いことは，自宅の部屋などの限られたスペースを分け合いながらも一方で，お互いが相手となって身体を動かす機会に恵まれていた可能性もある．きょうだい同士で遊んでいたかどうかを直接的に検討することは本データの限界により叶わないが，外で遊んだりスポーツをすることについては，子ども同士の交流がその機会の確保につながっていたのかもしれない．

【注】

1) きょうだい構成について回答のあるケースのみを対象とした．
2) 調査時点が，5年生の2月と，6年生の12月の2時点であることに留意すると，身体を動かす時間が短くなった点を解釈する際には，通塾といった学年の上昇による子どもの行動の変容も考慮するのが適切であるだろう．
3) 冬に外遊びができない地域について雪国ダミーを作成し，約1割の都道府県が該当したため別途検討した．外遊び・スポーツを「しない」を選ぶのが約3割，雪国以外は2割であったが，10分以上の割合についてはあまり差が見られず，結果的には分析に含めている．
4) 第11章で使用されている警戒度は子どもの警戒度も含んで算出されているため，ここでは同項目について保護者の警戒度のみを取り出す合計得点をシンプルに使用した．
5) この点について，3大都市圏に住んでいることのコロナ警戒度への間接的な影響を考慮した分析を行ったところ，コロナ警戒度は有意な効果を示さなくなった．つまり，コロナ警戒度そのものではなく，3大都市圏に住んでいるということが，子どもの外遊び・スポーツと関連していたことが示唆された．
6) 勉強できる静かな場所の確保と，勉強を手伝ってくれる人についても，親大卒者数や世帯年収を統制した重回帰分析を行った．ひとりっ子と比較して，きょうだい人数が多いほど，該当する頻度が高いという統計的有意な差がみられた．勉強を手伝ってくれる人については，ひとりっ子と2人きょうだいの子どもの間には差はみられなかったが，3人以上の場合は差がみられた．また，親が大卒であり，世帯年収が高い家庭の子どもほど，手伝ってくれる人がいないと答える傾向は低かった．

【文献】

Blake, J., 1989, *Family Size and Achievement*, Berkeley: University of California Press.

平沢和司，2004，「家族と教育達成――きょうだい数と出生順位を中心に」渡辺秀樹・稲葉昭英・嶋﨑尚子編『現代家族の構造と変容――全国家族調査［NFRJ］による計量分析』東京大学出版会．

近藤博之，1996，「地位達成と家族――キョウダイの教育達成を中心に」『家族社会学研究』第8巻：19-31．

尾島有美，2020，「【特別企画／全国1万人調査】一斉休校等による子どもの生活への影響と保護者の負担感」三菱UFJリサーチ＆コンサルティング．

笹川スポーツ財団，2021，『子ども・青少年のスポーツライフ・データ2021――4〜21歳のスポーツライフに関する調査報告書』．

スポーツ庁，2022，「令和4年度 全国体力・運動能力，運動習慣等調査 報告書」（2024年1月7日取得 https://www.mext.go.jp/sports/b_menu/toukei/kodomo/zencyo/1411922_00004.html）．

東京都生活文化スポーツ局，2022，「子供の外遊びに関する意識調査」（2024年1月7

日取得　https://www.metro.tokyo.lg.jp/tosei/hodohappyo/press/2022/11/28/documents/08.pdf）．

10章

父親の在宅勤務は学習状況の格差を拡大するか
小中学生と保護者に対するパネル調査から

鎌田　健太郎

1──コロナ禍の労働・教育・家庭の変化

　本章では，新型コロナウイルス感染症の拡大下で発生した子どもと保護者の生活の変化について，特に父親の在宅勤務の増加が子どもの学習や生活に与えた影響を明らかにする．

　新型コロナウイルス感染症の拡大による政府の要請をうけ，2020年3月上旬より多くの小学校において臨時休校が実施され，休校期間は最長で5月末までの3カ月に及んだ．この未曾有の事態において懸念されたのが，本来学校があったはずの日中の，学習を含む子どもたちの生活である．たとえば，臨時休校時における自治体と学校の協議において，休校中の子どもの居場所の確保という問題が論じられている（末冨編 2022）．これらの事例は，学校が忙しい保護者から子どもを預かり，子どもの生活する場所として機能していることを示しており，教育・学習にとどまらない学校の福祉的機能の重要性を示している．

　こうしたコロナ禍における学習環境の変化に関して危惧されているのが，社会経済的地位（SES）による格差の拡大である（Betthäuser et al. 2023, Goudeau et al. 2021）．コロナ禍においては対面での活動が制約されるなかで，様々な活動がオンライン上で行われるようになった．学校も例外ではない．学校での活動が縮小することで，子どもの生活の場所として家庭の比重が相対的に大きくなったが，家庭における親から子への働きかけには階層差があることが知られている（Lareau 2011, 本田 2008など）．こうした階層化された家庭教育における格差の拡大は，学校がない夏休み期間に階層間の格差が拡大する可能性を指摘したSummer Learning Lossの研究群（Alexander et al. 2007, Cooper et *al.* 1996) においても議論されており[1]，実際にコロナ禍においても，子どもの学力の階層間格差が拡大していることが，諸外国を対象としたメタ分析により示されている（Betthäuser *et al.* 2023）．

一方で，新型コロナウイルスの感染拡大は，保護者の働き方の変化という形で家庭と労働の関係にも変化をもたらした．外出の自粛にともなって在宅勤務の導入が急速に進められ，感染の最初期にあたる 2020 年 4 月・5 月において 39% の企業が在宅勤務を導入したとされている（神林 2021）．こうした在宅勤務の導入は，父親の生活時間にも変化をもたらしており，在宅勤務によって男性の家事・子育て時間が長くなることが指摘されるなど（Inoue *et al.* 2023, Pabilonia and Vernon 2023, 高見・山本 2021），労働環境の変化が家庭生活にも影響を与えている．

こうした父親の働き方の変化は，SES による格差の拡大に寄与する可能性がある．すなわち，在宅勤務は親から子どもへの働きかけの機会を与えるが，在宅勤務が可能なのは SES が高い人であるため（高見 2022），SES の高い親が子どもに働きかける機会が増えることで，教育格差が拡大するということである．西村（2022）は高学歴の父親に関して，労働時間が長くても子どもとの関わりに時間を割こうとする傾向があることを指摘し，子どもが親から受け取る時間投資量という点での格差拡大の可能性を論じている．男性の在宅勤務が家事・子育て時間を増加させていることも考慮すると，在宅勤務が格差拡大要因になりうることは想像に難くない．

そこで本章では，父親の在宅勤務が実際に子どもの学習や生活時間を変化させたのかどうかを検討する．もし在宅勤務の導入が子どもの学習や生活に望ましい影響を与えていたのであれば，在宅勤務の導入という労働の変化が家庭を媒介として教育の格差を拡大させている様相を描き出すこととなる．以上を通して，教育における家庭の役割が拡大した状況下での，労働・教育・家庭の三者の関係を明らかにすることを目指す．

2 ── データと変数

⑴ データ

　本章では，本委託調査研究において収集されたデータのうち，児童生徒・保護者調査により収集されたデータを用いる．児童生徒・保護者調査は，全国の小学5年生・中学2年生とその保護者を対象とした調査であり，2021年2月に当時の小学5年生と中学2年生に対して第1回の調査が実施され，その後追跡調査として，2021年の12月に第2回調査が実施された．調査の詳細については本調査報告書（浜銀総合研究所 2023）を参照されたい．

　本調査は親子ペア調査であり，学習をはじめとする子どもの活動と，保護者の働き方や社会経済的地位をはじめとした家庭の状況を，子どもと親のそれぞれ本人に直接たずねることができている．これにより，子どものみの調査や保護者のみの調査では捉えきれない，保護者の状況と子どもの行動の関係を明らかにすることが可能となる．このことは，父親の在宅勤務状況と子どもの生活の関係を明らかにするという本分析の目的を達成する上で重要である．

　分析にあたっては，小学生は公立・国立・私立のすべてを対象とし，中学生は高校受験の有無で生活が相当異なることが予想されるため，中高一貫校が多い国立・私立は除いて，公立校のみを分析対象とした．また，父親が離婚・死別などでいないケースや，父親が自営業や無職のケースについては除外した[2]．さらに次項に示す変数すべてで無回答がないケースに分析対象を限定した．最終的なサンプルサイズは小学生サンプルで$N=2{,}176$，中学生サンプルで$N=1{,}977$となった．

⑵ 変　数

　次に，分析に用いる変数について述べる．まず，主要な独立変数となるのは父親の在宅勤務の状況である．在宅勤務の状況は，第1回調査時（2021年2月），第2回調査時（2021年12月）の2時点のほか，最初の緊急事態宣言が発令された2020年4・5月時点の状況についても第1回調査時にたずねている．各時点において，「ほぼ毎日，在宅勤務していた」と「週のうち数回，在宅勤務していた」人を「在宅あり」，「在宅勤務をしていなかった」人を「在宅な

し」とする変数を作成した．

　従属変数となる子どもの活動時間については，小中学生本人の回答を用いる．各調査時点において，「学校の宿題」「学校の宿題以外の勉強（塾や家庭教師含む）」「テレビ」「スマートフォン」「ゲーム」「読書」の6つの活動について，学校がある日の1日の活動時間をたずねている．分析では，各活動について「しない」を0分，「4時間より多い」を5時間程度とみなして300分，それ以外は階級値を分単位に変換したものを用いた．

　また，統制変数として父親の最終学歴，父親の職種，父親の勤務先の企業規模を用意した．父親の最終学歴は，大卒以上を「大卒」，それ以外を「非大卒」とした．父親の職種は，「生産・運輸・労務」「管理」「専門・技術」「事務」「販売」「サービス」「その他」からなる7つのカテゴリーに分類した．父親の勤務先の企業規模は，「29人以下」「30-999人」「1,000人以上」の3カテゴリと「官公庁」を合わせた4カテゴリに分類した．質問項目の詳細については，本調査報告書（浜銀総合研究所 2023）付属の調査票を参照されたい．

3──父親の在宅勤務状況の推移

　はじめに，コロナ禍において父親の在宅勤務の状況がどのように変化したのかを概観する．父親の在宅勤務の状況については，臨時休校時（2020年4・5月），第1回調査時（2021年2月），第2回調査時（2021年12月）の3時点でデータがあり，表10-1には，3時点における父親の在宅勤務の状況の推移を示している．これをみると，すべての時点において在宅勤務をしていないパターンがおよそ7割と多数派を占めている．次に多いのが期間中すべて在宅勤務があったパターンであり，約10%がこれに該当する．3・4番目が，緊急事態宣言が最初に発令された2020年の4・5月は在宅勤務があったが，その後在宅勤務がなくなったパターンで，2021年2月と2021年12月の2つを合わせるとおよそ15%がこれに該当する．こうした父親の在宅勤務のパターンは，JILPTの調査をもとにコロナ期の在宅勤務のパターンから「定着」「非定着」「非実施」の3類型が存在することを指摘した高見・山本（2023）の結果ともおおむね整合的である．

表 10-1　父親の在宅勤務の有無

2020年4・5月	2021年2月	2021年12月	n	%
在宅なし	在宅なし	在宅なし	2,879	69.3
在宅あり	在宅あり	在宅あり	439	10.6
在宅あり	在宅なし	在宅なし	415	10.0
在宅あり	在宅あり	在宅なし	211	5.1
在宅なし	在宅なし	在宅あり	71	1.7
在宅なし	在宅あり	在宅なし	57	1.4
在宅あり	在宅なし	在宅あり	42	1.0
在宅なし	在宅あり	在宅あり	39	0.9

4──父親の在宅勤務の状況と子どもの生活

　それでは，以上で見た父親の在宅勤務のパターンごとに，小中学生の生活の様子にはどのような違いがあったのだろうか．ここでは上述した父親の在宅勤務のパターンのうち，すべての期間で在宅勤務を実施していなかった人を「非実施」群，すべての期間で在宅勤務を実施していた人を「定着」群，最初の緊急事態宣言時（2020年4・5月）には在宅勤務をしていたが，その後いずれかのタイミングで在宅勤務をしなくなった人を「非定着」群として，これらの3つのパターンに着目して分析を行う．

(1) 小学生の活動時間

　まず小学生から見ていこう．図10-1は父親の在宅勤務のパターンごとに，子どもの5年次2月と6年次12月における様々な活動の活動時間の平均値について見たものである．まず学習時間の違いに着目する．宿題については父親の在宅勤務のパターンによらずほぼ一定であるのに対し，宿題以外の勉強については大きな違いが見られる．5年次，6年次ともに「定着」「非定着」「非実施」の順で学習時間が長い．特筆すべきは，5年次から6年次にかけての学習時間の伸びが，「非定着」と「非実施」ではほとんど変化がない一方，「定着」では20分前後増加している点である．この結果は，在宅勤務を継続している家庭とそれ以外で学習時間の格差が拡大している可能性を示唆する．

　次に，テレビやスマートフォン，ゲームといったメディア使用時間についてみると，いずれの項目でもおおむね「非実施」でメディア使用時間が長く，

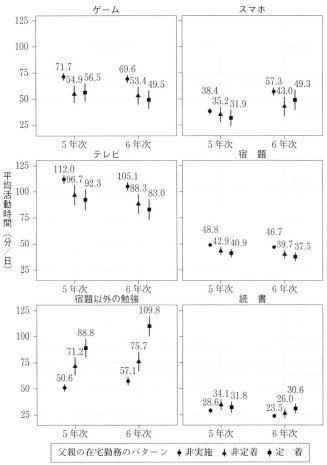

図 10-1　父親の在宅勤務のパターンごとの活動時間（小学生）
注：エラーバーは 95% 信頼区間．

「定着」で短いという傾向がわかる．「非定着」は両者の間の中間だが，どちらかといえば「定着」に近い．個々のメディアをみていくと，テレビでは1日の視聴時間が「定着」と「非実施」ではおよそ20分程度異なり，これはおよそアニメ1本分に相当する．また，スマートフォンに関しては5・6年次の差の開き方が父親の在宅勤務のパターンによって異なり，「非定着」では10分前後の伸びにとどまるのに対して，「定着」「非実施」では20分程度使用時間が伸

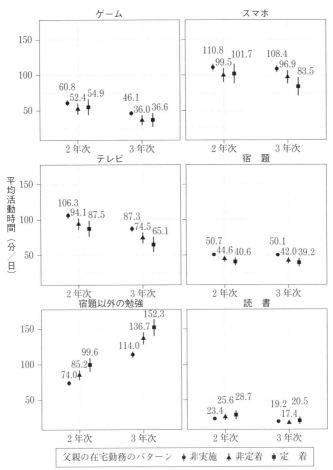

図 10-2　父親の在宅勤務のパターンごとの活動時間（中学生）
注：エラーバーは 95% 信頼区間.

びている．このように，記述的な分析から父親の在宅勤務のパターンにより子どもの生活時間に違いがみられることが明らかとなった．特に宿題以外の学習時間については，在宅を継続している「定着」群と在宅勤務をしていない「非実施」群で 50 分の差がみられた．これはおよそ授業 1 時間分に相当するものであり，無視できない差であるといえよう．

(2) 中学生の活動時間

次に中学生の場合はどうか．図10-2には，中学2年次2月と3年次12月における活動時間の平均値を示した．小学生と同様に宿題や読書に関しては，父親の在宅勤務のパターンによる差はそれほど見られない．小学生のほうで最も大きな差が見られた宿題以外の勉強時間については，やはりこちらでも在宅勤務のパターンにより差が見られるが，その差は小学生の場合と比較すると小さい．メディア使用時間についても同様で，特に3年次では在宅勤務「非実施」群で使用時間が長く，「定着」群で時間が短いという傾向は見られるが，その差は小学生の場合と同じかやや小さくなっている．

5——在宅勤務が子どもの生活に与える影響

それでは，前節でみられた在宅勤務と子どもの生活時間の関連は，在宅勤務をすることそのものによる因果的な効果なのであろうか．あるいは社会経済的地位などが父親の在宅勤務の実施と子どもの生活の両方に影響することによって生じているのであろうか．先述の通り，保護者が在宅勤務できるかどうかは，親の学歴を含む社会経済的地位や，職種，仕事特性などによって左右されることが指摘されている（石井ほか 2021，高見 2022）．また，勉強を中心とする子どもの学校外での過ごし方には階層差があることがたびたび指摘されている（Hofferth and Sandberg 2001，胡中 2019，Lareau 2011）．このことは本章のデータにおいても認められ，大卒の父親の方が在宅勤務をしやすく（図10-3），子どもの宿題以外の学習時間も長くなっている（図10-4）．したがって，ここでみられた父親の在宅勤務の実施と子どもの生活の関連が実は階層差をはじめとしたその他の要因によって生じているものであり，在宅勤務それ自体の効果ではない可能性も考えられる．こうした可能性を排除したうえで在宅勤務の効果を検証するためには，階層などの交絡要因を考慮した分析をおこなう必要がある．

(1) 学歴別にみた父親の在宅勤務のパターンと子どもの活動時間の関係

まず，父親の学歴を考慮することで，在宅勤務パターンごとの生活時間の差

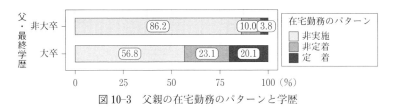

図 10-3　父親の在宅勤務のパターンと学歴

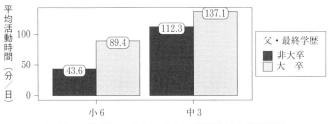

図 10-4　学歴別にみた子どもの宿題以外の学習時間

がどの程度縮まるのかをみてみよう．父親の学歴を考慮するとはすなわち，父親の学歴が同じ集団の中で，在宅勤務をするかどうかによる活動時間の差を見ることである．本章の分析に即していえば，父親が大卒以上の集団と非大卒の集団に分けた上で，それぞれの集団内で在宅勤務パターンごとの平均値を比較するということを行う．もし，学歴別で見たときに在宅勤務パターンごとに差がなければ，さきほど見られた在宅勤務パターンと子どもの活動時間の関連は，実は学歴が両者に影響することで生じていたものであり，在宅勤務それ自体には子どもの生活時間を変える力はないと考えることができる．

　表 10-2 は，前節でみた活動時間のうち，父親の在宅勤務の状況によって明確な違いが見られた宿題以外の勉強，ゲーム，スマートフォン，テレビの4つをとりあげ，在宅勤務「定着」群と在宅勤務「非実施」群の差を，父親の最終学歴ごとに示したものである．「サンプル全体」と書かれている列は，前節の図 10-1 および図 10-2 で示した，「定着」の平均値から「非実施」の平均値を引いたものになる．これをベースラインとして，父親の最終学歴別に「定着」と「非実施」の差をみていく．

　まず，小学6年次に関しては，スマートフォン以外は，非大卒，大卒ともにサンプル全体と比較して絶対値が小さくなっていることがわかる．特に宿題以

表 10-2 在宅勤務パターン「定着」と「非実施」の差分

	サンプル全体	父最終学歴	
		非大卒	大卒
小学 6 年次			
ゲーム	−21.2	−11.6	−8.1
スマホ	−10.9	−16.1	4.7
テレビ	−21.1	−3.1	−12.3
宿題以外の勉強	50.5	21.8	35.4
中学 3 年次			
ゲーム	−11.1	−6.1	−6.1
スマホ	−21.9	−22.4	−7.0
テレビ	−19.9	−17.4	−9.7
宿題以外の勉強	30.7	18.3	24.0

外の勉強に関しては，サンプル全体では「定着」と「非実施」の間にあった50分の差が，非大卒で22分ほど，大卒で35分ほど縮まっている．また中学3年次に関しても，宿題以外の勉強については各学歴の内部でサンプル全体の差よりも小さな値となっている．スマートフォンやテレビの視聴に関しては，非大卒ではサンプル全体とほとんど変わらないが，大卒では「定着」と「非実施」の差が縮まっている．

以上より，父親の最終学歴を考慮することで，在宅勤務パターンごとの生活時間の差が縮まることがわかる．このことは，当初見られた在宅勤務パターンと子どもの活動時間の関連の一部が，学歴が両者に影響することで生じたものであることを示していると考えられる．

(2) 固定効果モデルによる分析

前項では学歴を考慮した上で在宅勤務と子どもの活動時間の関連について検討した．しかしながら，在宅勤務の効果を検証するためには，学歴以外にもさまざまな要因を考慮する必要がある．そうした要因の中にはいわゆる観察されない異質性と呼ばれる，個人ごとに異なる知能といった要因も含まれる．ここでは，子どもの活動時間と父親の在宅勤務の状況が，2021年2月と2021年12月の2時点で測定されているというパネルデータの特長を活かし，固定効果モデルを用いてこの問題に対処する．固定効果モデルでは，個体内部における従

表 10-3 固定効果モデルの推定結果（小学生）

	ゲーム	スマホ	テレビ	宿題以外の勉強
父在宅勤務あり（基準：在宅勤務なし）	−5.892	−3.567	−5.968	3.556
	(4.625)	(4.216)	(6.027)	(3.596)
父職種（基準：生産・運輸・労務）				
管理	8.957	5.235	9.058	−2.369
	(6.591)	(6.255)	(8.771)	(6.483)
専門・技術	−2.608	2.246	7.081	−7.380
	(6.842)	(5.676)	(8.768)	(5.802)
事務	4.930	3.091	3.881	−5.132
	(6.419)	(6.227)	(8.611)	(6.234)
販売	7.760	1.069	11.446	0.392
	(8.534)	(6.864)	(10.447)	(6.990)
サービス	6.462	−16.446	30.388*	−3.815
	(9.799)	(11.119)	(14.188)	(7.717)
その他	−10.424	−5.639	2.608	−7.310
	(7.317)	(6.612)	(7.817)	(5.036)
父企業規模（基準：29人以下）				
30-999人	7.847	−1.348	11.764	−0.287
	(6.670)	(7.004)	(7.140)	(4.023)
1000人以上	10.662	−7.482	7.679	14.929**
	(7.666)	(8.426)	(8.804)	(5.600)
官公庁	−0.096	7.366	10.454	9.561
	(9.563)	(9.842)	(11.420)	(8.976)

$^*p<0.05$, $^{**}p<0.01$, $^{***}p<0.001$
注：（ ）内はクラスターロバスト標準誤差．

属変数と独立変数の変動を利用することで，前項の父親の学歴を考慮した分析のように，学歴や知能，遺伝といった個人の中で変化しない要素がもたらす影響を，すべて考慮することができる．本章の分析に即していうならば，父親の在宅勤務の状況が変化した個体に着目して，在宅勤務を実施していたときと実施していなかったときの子どもの活動時間を同一個人内で比較するということである．同一個人内での比較であるため，父親の在宅勤務の状況が変化しない個体（先述の「定着」群や「非実施」群）については情報が得られない一方，父親の在宅勤務の状況が変化した個体については，在宅勤務の効果をより精確に推定することができる．

分析では，前項で検討した4つの生活時間を従属変数とし，父親の在宅勤務の有無を独立変数とした．また，時間とともに変化する要因による影響を考慮

表10-4 固定効果モデルの推定結果（中学生）

	ゲーム	スマホ	テレビ	宿題以外の勉強
父在宅勤務あり（基準：在宅勤務なし）	5.819	−0.913	1.728	−3.688
	(5.041)	(6.204)	(5.510)	(5.363)
父職種（基準：生産・運輸・労務）				
管理	1.558	−10.690	1.515	6.436
	(6.890)	(9.514)	(8.167)	(8.381)
専門・技術	2.582	−4.830	15.683*	0.734
	(6.575)	(8.457)	(7.422)	(7.966)
事務	−1.662	−12.191	−2.472	9.884
	(6.525)	(9.456)	(7.630)	(8.606)
販売	6.012	−10.319	11.616	2.162
	(7.542)	(10.351)	(10.303)	(10.373)
サービス	4.157	0.327	23.019	10.769
	(10.252)	(10.829)	(12.663)	(11.879)
その他	2.584	−1.387	19.994*	−2.844
	(6.134)	(7.790)	(8.082)	(7.049)
父企業規模（基準：29人以下）				
30–999人	4.051	12.424	14.542	−5.728
	(5.328)	(7.387)	(7.994)	(6.245)
1000人以上	6.368	10.178	13.002	3.022
	(7.040)	(9.065)	(9.093)	(8.154)
官公庁	−8.622	2.483	14.196	−3.715
	(11.109)	(11.867)	(11.688)	(12.927)

*$p<0.05$, **$p<0.01$, ***$p<0.001$
注：（ ）内はクラスターロバスト標準誤差．

するために，父親の職種と，父親の勤務先の企業規模を統制変数として用いた．

表10-3は，小学生サンプルにおける固定効果モデルの推定結果である．父親の在宅勤務の結果をみると，いずれの従属変数においても5%水準で有意となっていない．宿題以外の勉強は在宅勤務のパターンによって50分もの差が見られた変数であったが，ここでは在宅勤務の有無による差がほとんどなくなっているといえるだろう．中学生についての結果（表10-4）も同様で，いずれの変数も統計的に有意ではなく，点推定値の絶対値もおおむね5分以内におさまっている．このことから，在宅勤務の実施が子どもの活動時間に影響していると主張することは難しいといえる[3]．

6 ── 結　論

　本章では，新型コロナウイルス感染症の拡大下で発生した子どもと保護者の生活の変化について，特に父親の在宅勤務の増加が子どもの学習や生活に与えた影響を明らかにすることを目的とした．家族と労働に関する近年の研究では，在宅勤務の実施により男性の家事・育児時間が増加することが示されており（Inoue et al. 2023），社会経済的地位が高い人ほど在宅勤務を実施しやすいことを考慮すると，SES が高く教育意識も高い父親が，在宅勤務によって子どもと関わる時間が増加することによって，階層間の格差が拡大する可能性が考えられる．在宅勤務がこのような格差拡大要因となっているのかを，コロナ禍におけるパネルデータを用いて検証した．

　分析から明らかになったのは以下の2点である．第1に，家庭での子どもの生活時間については，教育達成に影響しうる宿題以外の勉強や，ゲームやスマートフォン，テレビといったメディア使用時間において，父親の在宅勤務のパターンごとに違いが見られた．第2に，在宅勤務を実施できるかどうかに影響していると考えられる，職種や企業規模，家庭の社会経済的地位を含む観察されない異質性などを考慮したところ，在宅勤務の実施による子どもの生活時間への影響は確認されなくなった．つまり，家庭の社会経済的地位などによる交絡が，表面上，父親の在宅の効果としてみられたことが示され，父親が在宅できたかどうかというのは二次的な問題であるといえる．言い換えると，父親が在宅することによる家庭環境の変化は本質的な原因ではなく，それまでに既に形成されていた各家庭の習慣の差が，コロナ禍の生活においても継続して現れていたということである．

　以上より，本章の分析からはコロナ禍において増加した父親の在宅勤務は子どもの生活時間に影響を与えておらず，格差拡大の要因となっているとは言いがたいことが示された．ここから示唆されるのは以下の2点である．第1に，先行研究では在宅勤務の増加が父親の家事・子育て時間を増加させることが示されていたが，子どもとの時間が増加したとしても，その時間で子どもの生活時間が変化するような意図的な働きかけはなされていなかった可能性が考えられる．第2に，子どもの生活時間は長期的な習慣の中で形作られるものであり，

短期的な変化によって大きく変化するものではないということが考えられる．この場合，在宅勤務が長期化し，父親が家にいることが習慣化することで，子どもの生活時間の階層間格差が拡大していく可能性が考えられる．コロナ禍の影響が長期にわたったことを踏まえると，在宅勤務の累積的効果の解明は重要であるが，この点については今後の課題としたい．

【注】
1) ただし近年の研究では，これまでの Summer Learning Loss の結果は格差の測定方法などに問題があることが指摘されており（von Hippel and Hamrock 2019），実際に格差が拡大しているかどうかには議論の余地がある．
2) 自営業かどうかを尋ねている就業形態の設問は，第1回調査時点と第2回調査時点については存在するが，コロナ発生直後の2020年4・5月時点の情報は得られていない．ただし，第1回調査と第2回調査の間に自営業になったケースや自営業から他の職業に移動したケースは0であったため，ここでは第1回調査・第2回調査で自営業であったケースを分析から除いている．
3) 父親の学歴ごとに在宅勤務の効果が異なることも考えられるため，父学歴と在宅勤務の交互作用項を追加したモデルを推定したが，いずれの変数も統計的に有意でなかった．

【文献】
Alexander, Karl L., Doris R. Entwisle and Linda Steffel Olson, 2007, "Lasting Consequences of the Summer Learning Gap," *American Sociological Review*, 72 (2): 167–180.
Betthäuser, Bastian A., Anders M. Bach-Mortensen and Per Engzell, 2023, "A Systematic Review and Meta-Analysis of the Evidence on Learning During the Covid-19 Pandemic," *Nature Human Behaviour*, 7(3): 375–385.
Cooper, Harris, Barbara Nye, Kelly Charlton, James Lindsay and Scott Greathouse, 1996, "The Effects of Summer Vacation on Achievement Test Scores: A Narrative and Meta-Analytic Review," *Review of Educational Research*, 66(3): 227–268.
Goudeau, Sébastien, Camille Sanrey, Arnaud Stanczak, Antony Manstead and Céline Darnon, 2021, "Why Lockdown and Distance Learning During the Covid-19 Pandemic Are Likely to Increase the Social Class Achievement Gap," *Nature Human Behaviour*, 5(10): 1273–1281.
浜銀総合研究所，2023，『新型コロナウイルス感染症と学校等における学びの保障のための取組等による児童生徒の学習面，心理面等への影響に関する調査研究報告書』（2024年1月8日取得　https://www.mext.go.jp/a_menu/coronavirus/index_

00023.html).

Hofferth, Sandra L. and John F. Sandberg, 2001, "How American Children Spend Their Time," *Journal of Marriage and Family*, 63(2): 295–308.

本田由紀，2008，『「家庭教育」の隘路――子育てに強迫される母親たち』勁草書房．

Inoue, Chihiro, Yusuke Ishihata and Shintaro Yamaguchi, 2023, "Working from Home Leads to More Family-Oriented Men," *Review of Economics of the Household*（https://doi.org/10.1007/s11150-023-09682-6）．

石井加代子・中山真緒・山本勲，2021，「コロナ禍初期の緊急事態宣言下における在宅勤務の実施要因と所得や不安に対する影響」『日本労働研究雑誌』731: 81–98.

神林龍，2021，「コロナ禍のテレワーク勤務の持続性と一過性」樋口美雄・労働政策研究・研修機構編『コロナ禍における個人と企業の変容――働き方・生活・格差と支援策』慶應義塾大学出版会，pp. 117–136.

胡中孟徳，2019，「学校完全5日制による土曜日の生活時間の変化」『教育社会学研究』104: 259–278.

Lareau, Annette, 2011, *Unequal Childhoods: Class, Race, and Family Life, With an Update a Decade Later*, Berkeley: University of California Press.

西村純子，2022，「親子のかかわりの学歴階層間の差異――労働時間・家事頻度との関連に着目して」『社会学評論』72(4): 522–539.

Pabilonia, Sabrina Wulff and Victoria Vernon, 2023, "Who Is Doing the Chores and Childcare in Dual-Earner Couples During the Covid-19 Era of Working from Home?" *Review of Economics of the Household*, 21(2): 519–565.

末冨芳編，2022，『一斉休校――そのとき教育委員会・学校はどう動いたか？』明石書店．

高見具広，2022，「在宅勤務とワークライフバランス――コロナ禍における変化と課題」『家族社会学研究』34(1): 50–57.

高見具広・山本雄三，2021，「コロナ禍の在宅勤務による生活時間の変化――『新しい日常生活』」樋口美雄・労働政策研究・研修機構編『コロナ禍における個人と企業の変容――働き方・生活・格差と支援策』慶應義塾大学出版会，pp. 159–174.

高見具広・山本雄三，2023，「コロナ期の働き方の変化とウェルビーイング――労働時間減少とテレワークに着目して」樋口美雄・労働政策研究・研修機構編『検証・コロナ期日本の働き方――意識・行動変化と雇用政策の課題』慶應義塾大学出版会，pp. 267–282.

von Hippel, Paul T. and Caitlin Hamrock, 2019, "Do Test Score Gaps Grow Before, During, or Between the School Years? Measurement Artifacts and What We Can Know in Spite of Them," *Sociological Science*, 6: 43–80.

11章

災禍時における家庭の教育的文化活動とその変化
コロナ警戒度および社会階層に注目して

中村　高康

1──はじめに

　本章では，2つの観点から，コロナ禍の影響の大きさと複雑さを提示したい．
　周知のように，新型コロナウイルス感染症拡大は，私たちの生活を激変させた．学校教育も例外ではない．なかでも，2020年の「一斉休校」の要請は，教育委員会や学校のみならず，個々の教師や保護者，そして児童・生徒それぞれに非常に難しい対応を迫ることになった．すでにこうした実態を踏まえて，学校教育のこれまでの機能の再評価や反省も語られるようになっている．しかしながら，こうした様々な反応・対応は，いずれもその根本に「新型コロナウイルス感染症への警戒感」がなくては起こりえない現象である．すでに筆者は，本調査研究独自の尺度を用いて「コロナ警戒度」を測定し，そのばらつきや変化の規定要因などを分析しているが（中村 2023），まず本章ではそのエッセンスを再確認することから始める．コロナ警戒度にも重なる感染不安に関しては，たとえば新型コロナウイルス恐怖尺度（Ahorsu et al. 2022）が国際的に用いられるようになるなど，世界的に研究が進みつつあるが，親子ペアのパネルデータを用いて行動面を含む社会学的観点から分析したものは希少といえる．それが第1の観点である．
　第2の観点は今回初めて提示するオリジナルな分析となるが，そうしたコロナへの警戒感のために真っ先に起こったと想定される対人接触の自粛，すなわち外出の自粛に関する現象を取り上げる．特に学齢期の子どもを持つ家庭にとって，それは時として教育的文化活動の自粛という形で現れる．博物館や美術館，図書館などに連れていくといった教育的文化活動は，日本でもこれまで教

育熱心な家庭ほど行っていると指摘され（片岡 2019, 本田 2008, 松岡 2019, Matsuoka 2019, 額賀・藤田 2022 など），ブルデューの文化資本（cultural capital）概念（Bourdieu 1979=1989）やラローの意図的養育（または子どもの計画的な能力育成，concerted cultivation）概念（Lareau 2011）と結び付きながら展開されたが，今日では「体験格差」（今井 2024）という形で一般にも認知されつつある．しかし，コロナという偶発的災禍のもとでこの関係は影響を受けるのか否か．ポッターとロクサ（Potter and Roksa 2013）が指摘するように，蓄積された家族による体験の格差は，階級の社会的再生産に寄与するとの指摘もあるが，中断された家族体験はその後の格差を縮小するのか．今回の調査ではそこまでの時間的フォローはできていないものの，家族による「体験格差」がコロナによって強制的に平準化されたとき何が起こるのかという点は，社会学的に注目できる問いとなるだろう．なお，海外では文化活動そのものはコロナ禍でも格差を持続させているといった報告もある（例えば Feder et al. 2023）．しかし，ここでも保護者の視点から見た教育的文化活動についてはまだ十分に明らかにされているわけではない．これまでの研究傾向を多少なりとも踏まえて仮説を考えるなら，子どもを守るべくコロナを十分に警戒し，教育的文化活動を自粛するという行動パターンに適合的なのは，教育熱心な恵まれた社会階層中心であるとの予測が成り立つ．そして，ある程度コロナへの意識が和らいでいた 2021 年末の第 2 回調査時点では，本来の教育的文化活動の復活を遂げているのも，同じ恵まれた社会階層だとの仮説も容易に思いつく．つまり，新型コロナウイルス感染症の拡大と収束という未曽有の事態は，社会階層による活動格差をいったん実験的にリセットしつつまたスイッチを入れるような，自然実験的な経過を観察するのと類似したデータ分析ととらえることができよう．

　そこで本章では，コロナに対する警戒度の分析結果を確認したうえで，コロナ警戒度と社会階層に注目しながら教育的文化活動が時点間でどのように変化していくのかを検討する．結論を先取りしていえば，感染拡大前から自粛に至る過程ではコロナ感染状況の悪化した地域やコロナ警戒度の上がった人ほど活動が減るという明快な傾向が確認できるが，恵まれた層でもともとコロナ警戒度が高いわけではないこともあって階層との関係は単純ではないということ，また回復基調に入ったところで文化活動を復活させているのは，実は先ほど述

べた仮説とは異なり，そうした恵まれた層を中心にばかり生じていたわけではない，ということが示される．すなわち，コロナに対する**警戒とその回復**は，私たちが想像する以上に複雑な現実を引き起こしており，それが家庭の教育的文化活動を含む様々な教育的環境が子どもたちにどのように影響するのかということは，軽々には判断できないということを示しておきたい．

2——データと変数

(1) 使用するデータ

今回の委託調査では，教育委員会，学校，児童生徒，保護者を対象とした4種類の調査をそれぞれ2時点において実施しているが，本章で用いるデータについては，第1回調査（2021年2月実施）と第2回調査（2021年12月実施）を結合できた小学生5,363件を基本のデータセットとし，そこにそれぞれの保護者データを紐づけている．小学生に限定する理由は，特に後半の分析において，保護者が「連れていく」形の教育的文化活動は小学生の場合によく観察されるという事情を考慮したためである．なお，本章はさらに公立の児童および保護者に限定している．その理由は，国私立小学校の児童については序章および浜銀総合研究所（2023）で示されている通りオーバーサンプリングを行っており，そのまま分析したのでは結果をゆがめる恐れがあるからである．そのため，国私立小学校の児童及び保護者について知りたい場合は公立とは分離して分析を行う方針をとった．また質問項目によっては無回答のケースもあり，使用サンプル数は分析によって異なることから，大きく数字が変わる場合はその都度説明を加えていく．

(2) 使用する主要変数

新型コロナウイルス感染症に対するリスクのとらえ方（＝コロナ警戒度）については，児童生徒および保護者調査においておおむね類似した意識・行動の指標を使い，データを収集している．具体的には，新型コロナウイルスに関して，①家に帰ったらせっけんで手を必ず洗う，②家に帰ったらすぐシャワーをあびる，③外で遊ぶ時でもマスクをつけるようにしている，④新型コロナウイ

ルスに感染するのが怖い，⑤学校の感染予防策は十分だと思う，といった内容についてあてはまる程度を尋ねている．これらの項目への反応を合成得点化したものを「コロナ警戒度指数」として検討した．

今回の調査では，これら5つの項目を児童生徒と保護者にそれぞれ2回ずつ，尋ねている．指数を作る際には，これらのデータ調査回ごとに，あるいは児童と保護者を分けて合成するのではなく，児童及び保護者×2回分＝4セットの回答をすべてプールして主成分分析を行い，その第1主成分得点を「コロナ警戒度指数」とした．この手続きによって，児童・保護者（それぞれ2時点）の各5つの項目の合成得点はすべて，同じ主成分得点係数行列から作成されることになるため，児童・保護者間比較，2時点間比較が可能になる利点がある．詳細は中村（2023）をご参照いただきたい．

次に第2の分析視点で用いる教育的文化活動の指数について簡略に説明する．今回の調査では，調査対象児童生徒の文化活動について，次の4つの質問項目が保護者票第1回および第2回調査に含まれている．①お子さんを図書館に連れて行った，②お子さんを博物館や美術館に連れて行った，③お子さんをミュージカルやクラッシックコンサートに連れて行った，④お子さんを旅行に連れて行った，の4項目である．第1回調査では，4年生時の文化活動も回顧的に尋ねている．これもコロナ警戒度と同様に，時点間で比較可能にするために，4年生時（回顧）・5年生時・6年生時の3つの調査回答を取り出していったんプールしたうえで主成分分析を行い，この第1主成分を教育的文化活動の指数として分析を行った．この手続きでは上述の5,346ケースの内で文化活動項目①〜④のすべてに回答している5,005ケース（3時点をプールしているため計算は15,015データ）が対象となっている．教育的文化活動指数を使った分析では，ここから公立小学校生徒に限定した4,381ケースが基礎となる．

社会階層に関する指標は，複数組み込んで検討する．中心となるのは親大卒者数であり，分布を考慮して母親学歴は短大卒も大卒に含めているが，両親とも大卒では2，片方が大卒の場合は1，どちらも大卒でない場合は0として数値化している．世帯収入に関しては，「1　収入はない（0円）」から「14　1,500万円以上」までの14カテゴリーで直接保護者に尋ねているが，例えば「7　500-600万円未満」であれば中間の値である550を数値として割り振るな

どして連続的な数値の処理（例えば平均値の計算など）ができるようにしている．このほか，保護者の職業的地位として，父職が専門・技術・管理職かどうか，父職が大企業・官公庁かどうかで，該当する場合に1を，該当しない場合に0を割り当てる処理を行って分析に用いている（専門技術管理職ダミー，大企業官公庁ダミー）．

そのほかに分析に用いる変数の多くは児童調査及び保護者調査の項目を用いているため，その都度説明をするが，一点だけ外挿（公表されている外部データを挿入）している変数があるため，その変数についてのみここであらかじめ説明をする．

コロナ警戒度や教育的文化活動に対して影響を与えると予想される最も基本的な変数として，コロナ感染状況の地域的差異を挙げることができる．周辺でコロナ感染者が多ければ，それだけコロナ感染に対して警戒する意識や行動が高まると予測されるからである．感染状況については，都道府県ごとの感染者数情報が政府によって発表され，NHKのサイトで公開されていた．そこで，2020年の都道府県別推計人口を分母とし，NHKの公開データにある新型コロナ感染者数（日にち単位）を用い，第1回調査および第2回調査それぞれの直前1カ月の累計感染者数を分子として割合を計算し，人口1,000人あたりの数値に変換したものを用いた[1]．都道府県単位のデータであり，これを各調査対象者の所在都道府県に紐づけて外挿し分析を行っている[2]．

3 ── コロナ警戒度を規定する要因

中村（2023）では，コロナ警戒度に関する様々な分析結果を示しているが，コロナ警戒度の規定要因という点では，感染状況（地域），性別，そして児童と保護者の相違が大きいことが示されている．その一方で，階層的な変数の影響は，当初予想されたような「高い階層ほど警戒度が高い」という関係には必ずしもなっていない実態が報告されている．以下では，そのポイントを簡単に紹介したい[3]．

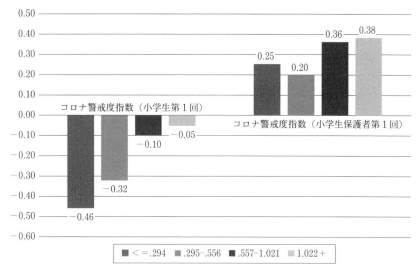

図 11-1　1,000人あたりの感染状況別・コロナ警戒度指数の平均値
注：中村（2023）を修正（公立のみに限定）．

(1) 地域（コロナ感染状況）とコロナ警戒度

都道府県ごとにコロナ感染状況はかなり異なるが，第1回調査直前1カ月の1,000人あたり感染者数のデータを使い，これをおおむね4等分になるように分割した．それで感染状況ごとの小学生および保護者のコロナ警戒度指数の平均値を示したのが図11-1である．これを見ると，当然ながら感染者数が多い地域の児童・保護者ほどコロナ警戒度が高くなっていることがあらためて確認できる（分散分析の結果，平均値の差は統計的に有意差あり）．なお，左側の児童のデータと右側の保護者のデータを比べると，保護者のほうが明らかに警戒度が高いことも確認できる．

(2) 性別（その他／女子（児童））とコロナ警戒度

基本的属性である性別についてみてみると（図11-2），特に児童において性差が非常に大きくなっている．男子児童よりも女子児童のほうがコロナを警戒していた様子がわかる．それに連動して女子児童をもつ保護者のほうがやや警戒度が高くなっている．中村（2023）では，保護者と児童の間でコロナ警戒度

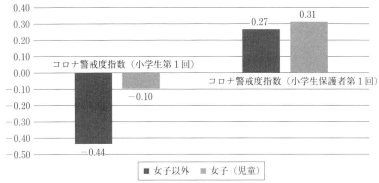

図 11-2　性別・コロナ警戒度指数の平均値
出所：中村（2023）．

が共振することも交差遅延効果モデルなどから明らかにしている．

(3) 社会階層とコロナ警戒度

　以上のような明確な傾向とは対照的に，社会階層に関しては（図11-3），予想に反して保護者のコロナ警戒度は学歴の高い層でむしろコロナ警戒度が低めに出ている（統計的有意差あり）．児童のほうには直線的な傾向さえ見いだせない．また図は省略するが世帯収入についてはコロナ警戒度による有意差が確認できなかった．社会階層の影響の仕方については，単純に高い社会階層→教育熱心度高い→コロナ警戒度高い，という形では理解しにくい複雑な事情が生じていることが想定される．

　以上のように，コロナ警戒度に影響する要因は，調査をしてみないと見えないような複雑な関連が見出された．感染状況が良くない地域ほどコロナ警戒度が高いのは当然としても，全体として児童より保護者のほうが警戒度が強く，また女子児童が女子以外の児童に比べて警戒度が高くそれが保護者の意識に伝播している可能性が見られ，また教育熱心な高階層の保護者でコロナ警戒度が高いというわけではなく，むしろ逆の傾向さえ見いだされた．ここには安易な予想や仮説を許さない社会現象の複雑さが垣間見える．

　ただし，私たちは一方でかなり明確な傾向をもう1つ見出していた．それは，第1回調査から第2回調査の間に，コロナ禍とともに急激に高まったコロナ警

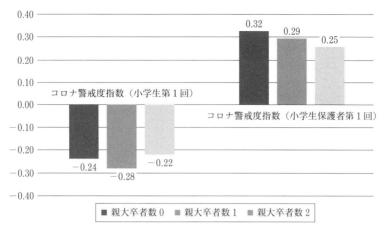

図 11-3 　保護者学歴別・コロナ警戒度指数の平均値
出所：中村（2023）．

戒度は低下したということである．この警戒度の上昇・下降に連動しているようにみえる家庭での教育的文化活動が，実際には何によって突き動かされていたのか．それを検討するのが次の第2の課題となる．

4 ── 教育的文化活動の変化

　すでに中村（2023）で示したように，コロナ警戒度は保護者の場合も子どもの場合も，第1回調査から第2回調査にかけて低下したことが確認されている．私たちの生活感覚としても，2021年と比べると2022年そして現在と，人々の警戒感が徐々に薄れている実感があるので，それを裏付けるデータといえる．
　そうした変化に連動して，人々の対人的な活動や屋外での活動なども少しずつコロナ前の水準に回復していっているのだろう．これは，シンプルに考えればコロナに対する警戒度が緩んで，それに連動する形で様々な活動が再開されるようになったとみることができる．では，こうした動きは，これまで教育社会学で注目されてきた家庭の教育的文化活動においても当てはまるのだろうか．
　次の図 11-4 は，保護者のコロナ警戒度指数と家庭の教育的文化活動指数の時期別平均値の変化を示したものである．4年生時点のコロナ警戒度の質問項目はないが，4年生時点では新型コロナウイルス自体が発生しておらず，警戒

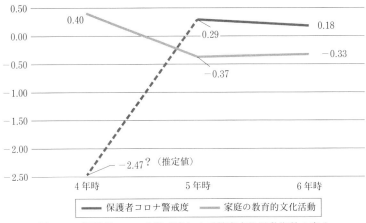

図 11-4 保護者のコロナ警戒度および教育文化活動指数の変化

度はゼロベースで考えてよいと判断して，その部分（4年生時）は推定値を割りあてている[4]．この図を見る限り，コロナ警戒度が上がれば教育的文化活動は停滞し，逆にコロナ警戒度が下がれば教育的文化活動は活発化する，という単純な関係が容易に想定される．しかし，5年生時および6年生時での2つの変数の相関係数を見てみると，前者が−0.042（1%水準で統計的に有意），後者が−0.021（統計的有意差なし）となっている．5年生時点だけでみればコロナ警戒度と教育的文化活動には負の相関が認められたがその値は非常に小さく，6年生時点では相関自体が認められない．つまり，時点ごとに見れば，コロナ警戒度の高い人が活動を自粛し，低い人が活動を活性化させているとも言いきれないということである．

　そこで変化を規定する要因と絶対的水準を規定する要因を区別して検討するために，教育的文化活動指数を被説明変数とするハイブリッドモデルで分析を行った．ハイブリッドモデルはパネルデータ分析の一種で，変化する変数のみに注目することで変化しない変数の影響を取り除く固定効果モデルとまったく同等の回帰係数を得ることができるが，同時に，変化しない変数が被説明変数に与える影響も回帰係数として得ることができるモデルである（Allison 2009）．これにより，教育的文化活動の変化に何が関連しており，その絶対的水準に何が影響しているのかを同時に考察できる利点がある．この分析の目的は，保護

表 11-1　教育的文化活動の規定要因分析（ハイブリッドモデル）

	4年➡5年 b	5年➡6年 b
（定数）		
切　片	−.371**	−.601***
レベル1（時変変数）		
通塾数（個人内平均偏差）	.009	.027
その他習い事数（個人内平均偏差）	.130***	.060***
保護者コロナ警戒度（個人内平均偏差）	−.101***	.000
1,000人あたり感染者数（個人内平均偏差）	−.045+	.018
調査時点（W2=1）	−.456***	.069**
レベル2（時間不変変数）		
女子児童ダミー（5年時）	.081***	.093***
母年齢（5年時）	.001	−.005*
親大卒者数（5年時）	.179***	.131***
父職：専門技術管理ダミー（5年時）	.060*	.009
父職：大企業官公庁ダミー（5年時）	.118***	.055*
世帯収入（5年時）	.000**	.000**
通塾数（個人内平均）	.172***	.124***
その他習い事数（個人内平均）	.153***	.088***
1,000人あたり感染者数（個人内平均）	.026	.055
保護者コロナ警戒度（個人内平均）	.139***	−.041+
sigma_u	.567	.531
sigma_e	.570	.462
rho	.497	.569
Number of obs	6,536 3,268	6,536 3,268

者の教育的文化活動へのコロナの影響と，社会階層の関わりにあるので，この3つ以外の変数は基本的には統制変数として投入している．

　なお，ここでは急激にコロナ警戒度が高まる一方で教育的文化活動が低下する小学4年時から5年時の時期と，その後に警戒度が緩み教育的文化活動が少し上向く兆候もある5年時から6年時の時期では，メカニズムが異なるとの想定から，この2つの時期を分けて分析した．分析結果は表11-1である．

　社会階層は一部にこの期間で失業など階層移動を強いられたケースがあったものと想定されるが，時点間の相関（5年時と6年時）が非常に高いこと，また4年時の情報がないことから，今回は5年生時の社会階層指標を用いて，時間による変化を仮定しないモデルで推定している．この影響を見るにはレベル

2の階層変数の回帰係数をみればよいが，ここでは想定通り多くの階層変数で正の効果があり，教育的文化活動の絶対的水準には社会階層が強く影響していることが確認できる．なお，変化に対しては，参考情報にすぎないが，この表11-1で用いた階層変数のみを用いて，4年時・5年時・6年時の各時点での教育的文化活動指数を説明する回帰モデルを推定すると，決定係数が時点順にそれぞれ 0.20→0.09→0.09 と推移する．つまり，何もなかった4年時と比べるとその後は社会階層の説明力が低下していると読める．つまり，教育的文化活動に対する社会階層の影響は強固に存在するが，コロナ禍においてそれがかなり低下していた（≒全体が均質化した）ということはいえそうである．本来であれば，この続きのデータがほしいところであるが，残念ながらこの調査の先はデータがない．パネルデータの蓄積の重要性がここでも確認される．

では，コロナの警戒度に関してはどうだろうか．4年→5年のモデルではレベル1で負の有意な影響を示している．これは，社会階層や性別などの個人の属性などの変化しない要因とは独立してコロナ警戒度の上昇が教育的文化活動の低下に繋がっているとみることができる．ここまでは当初の予想通りである．しかし，5年→6年のモデルではコロナ警戒度の変化が教育的文化活動の変化に影響を及ぼしているとみることはできない．教育的文化活動はわずかに上昇基調にあるが，それはコロナ警戒度が緩んだからと単純に結論付けることはできないのである．なお，レベル2のほうのコロナ警戒度を見ると，4年→5年モデルでは，コロナ警戒度が高い人が教育的文化活動もする傾向にあったが，5年→6年モデルでは，逆にコロナ警戒度が低いほど教育的文化活動をする傾向がある．当初は様々な情報にアンテナを張っている層を中心に多くの人たちがコロナ初期に教育的文化活動を一斉自粛していたが，時間が経ってくると，もともとコロナ警戒度の低かった層がしびれを切らす形で教育的文化活動を再開し始めた，といったストーリーが想定される．それは恵まれた社会階層の人たちと重なる部分があると思われる．この傾向についても，さらに現在時点のデータがあれば検証できたと思われるが，第2回調査時点では人々の活動全体がまだわずかにしか戻っていない状況であったため，明確なことはいえない．ただし，当初に想定したような単純な関係では理解しにくい変化が生じていたのは確かである．

5 ── おわりに

　本章では，コロナ禍で生じた基本的な人々の意識と行動に注目し，コロナに対する警戒度とその帰結としての人々の自粛行動にも見える教育的文化活動がどのような関連を持っているのかを，社会階層にも注目しながら検討した．

　その結果，コロナ警戒度に関しては，1) それが高いのは，感染状況が良くない地域であり，女子児童であり，そして子どもよりも保護者たちであった．2) 一方，恵まれた社会階層の保護者は教育熱心であるのが通例だが，彼らはコロナ警戒度に関してはそこまで高いわけでもなかった．

　一方，教育的文化活動については，コロナ警戒度と一見連動しているように見えるし，またシンプルな集計ではコロナ警戒度が緩むと同時に教育的文化活動が活性化し始めているようにみえる部分もあるが，多変量解析によれば，1) 他の変数をコントロールしてもコロナ警戒度が高まると教育的文化活動を自粛する傾向が明確だったのは 2019 年度（4 年生時）から 2020 年度（5 年生時）にかけてだけであり，2) 2020 年度（5 年生時）から 2021 年度（6 年生時）においては，他の要因を統制した場合にはコロナ警戒度が緩むのに連動して教育的文化活動を復活させるという明確な傾向はない，3) 教育的文化活動全体が低い水準に抑え込まれることによって，それに対する社会階層の影響力も数字上小さくなっている，といったことが見えてきた．

　以上のことから示唆されるのは，冒頭でも述べた通り，コロナに対する反応とその回復は，私たちが想像する以上に複雑な反応を引き起こしており，それが教育的な意味で子どもたちにどのように影響するのかということは，軽々には判断できないということである．しかし，もしあと 1 時点──たとえば 2022 年度あるいは現在時点──対応する調査データがあれば，教育的文化活動の回復はおそらく生じているだろうし，そこにコロナ警戒度と社会階層がどのように影響しているのかもより明確になっていたであろう．それによって，この自然実験的な状況が終焉を迎えたときに過去の構造に戻る弾性力のようなものが日本社会に強くあるのか，それとも学校や職場でのオンライン環境の普及のような不可逆的な変化が多少なりとも起こるのかを観察できただろう．その意味でも，継続的・安定的にデータを取り続けていくことの重要性もまた，

この章の分析から見えてくるのである．

【注】

1) 推計人口については「日本の統計 2022」(https://www.stat.go.jp/data/nihon/02.htm)，感染者数については NHK サイト (https://www3.nhk.or.jp/news/special/coronavirus/data/) を参照した．変数作成の基本的アイデアは香川めい氏によるものであるが，使用判断の責任は筆者にある．
2) なお，章によっては感染状況を把握する指標として緊急事態宣言日数を用いているが，本章の分析では人々のコロナに対する意識・行動を主題としており，報道などで連日扱われ人々の反応を引き出す情報源として機能していた都道府県ごとの感染者数をベースにした指標を扱うことに合理性があると判断した．
3) 本節の内容は中村（2023）の内容を一部再掲し，若干修正したものである．
4) コロナ警戒度指数を作成するのに用いた「新型コロナウイルスに感染するのが怖い」の項目で「まったく当てはまらない」と回答した人のコロナ警戒度指数の平均値 −2.47 を推定値として図中の 4 年生の箇所にプロットしている．

【文献】

Ahorsu, D. K., C.-Y. Lin, V. Imani, M. Saffari, M. D. Griffiths and A. H. Pakpour, 2022, "The Fear of COVID-19 Scale: development and initial validation," *International Journal of Mental Health and Addiction*, 20: 1537–1545.

Allison, P. D., 2009, *Fixed Effects Regression Models*, Sage.

Bourdieu, P., 1979, *La Distinction: Critique Sociale du Jugement*, De Minuit（石井洋二郎訳，1989，『ディスタンクシオン——社会的判断力批判』（I・II）新評論）．

Feder, T., S. McAndrew, D. O'Brien and M. Taylor, 2023, "Cultural consumption and Covid-19: evidence from the Taking Part and COVID-19 Cultural Participation Monitor surveys," *Leisure Studies*, 42-1: 38–55.

浜銀総合研究所，2023，『新型コロナウイルス感染症と学校等における学びの保障のための取組等による児童生徒の学習面，心理面等への影響に関する調査研究報告書』浜銀総合研究所．

本田由紀，2008，『「家庭教育」の隘路——子育てに強迫される母親たち』勁草書房．

今井悠介，2024，『体験格差』講談社．

片岡栄美，2019，『趣味の社会学——文化・階層・ジェンダー』青弓社．

松岡亮二，2019，『教育格差——階層・地域・学歴』筑摩書房．

Matsuoka, Ryoji, 2019, "Concerted cultivation developed in a standardized education system," *Social Science Research*, Volume 77: 161–178.

Lareau, A., 2011, *Unequal Childhoods: Class, Race, and Family Life*（second ed.），University of California Press.

中村高康，2023，「新型コロナウイルス感染症への警戒度の変化と格差」浜銀総合研究所『新型コロナウイルス感染症と学校等における学びの保障のための取組等によ

る児童生徒の学習面,心理面等への影響に関する調査研究報告書』pp. 131-146.

額賀美紗子・藤田結子,2022.『働く母親と階層化——仕事・家庭教育・食事をめぐるジレンマ』勁草書房.

Potter, D. and J. Roksa, 2013, "Accumulating advantages over time: Family experiences and social class inequality in academic achievement," *Social Science Research*, 42(4): 1018-1032.

終章

コロナ禍から見えた日本の教育

苅谷　剛彦

　これまでの章で明らかになったように，コロナ禍は日本の教育にさまざまな影響を及ぼした．もちろん，各章での実証分析が示したように，変化のなかには，明確に認識できる変化もあれば，当初私たちが予想したほどの大きな変化を及ぼさない微妙な変化もあった．この終章では，それぞれの章のまとめを行うというより，これら大小の影響関係のうち，コロナ禍が及ぼした日本の教育への影響の意味と，それがあぶり出した日本の教育の特徴について検討を加えたい．その際，自然実験と呼ばれる方法の視点から，本書のいくつかの章での分析結果を検討してみる．続いて，本研究が当初予想していた変化の1つとして，教育における格差・不平等の拡大について検討する．そして本章の最後では，コロナ禍の下で成立した，この研究自体の意義を探ってみたい．

1──自然実験としてのコロナショック

　社会科学の実証的な研究では，因果（原因と結果の関係に関する）推論がつねに重要な課題となる．とりわけ政策効果を検証する研究では，政策に固有（独立）の効果を抽出する必要に迫られる．そのためのさまざまな研究手法が開発されてきたが，近年因果推論にもっとも有効とみなされているのは，ランダム化比較試験（Randomised Controlled Trial: RCT）と呼ばれる方法である．誤解をおそれず簡単に説明すれば，これは，無作為に分けられた2つのグループに対し，ある介入（政策や処方など）を行うグループとそれを行わない（ただし偽薬などを処方した）グループの間で，その介入の（他の要因の影響を受けない，独立した）効果を測定するための実験的方法である．近年，社会科学の

分野でもとりわけ政策効果を分析する手法として，RCTを用いた研究が海外では広く行われるようになっている（Head 2016）．そして，それがEBPM（Evidence based policy making: 証拠に基づく政策形成）に適用されるようにもなっている．しかし，実際に社会実験としてRCTを応用することには，経費がかかったり倫理的な問題があったり，さまざまな困難が伴う．

そのようななかでRCTに比べれば厳密性はやや損なわれるものの，ある程度バイアスの少ない因果推論を可能にする方法として注目されているのが自然実験，ないし疑似自然実験と呼ばれる方法である．この方法の要点は，「関心の対象となっている社会現象に外生的な変化をもたらす，外在的な出来事や制度的な条件を利用」（Gangl 2010: 28）することで，より厳密な因果推論を行おうとすることにある．因果推論における内生性の問題を取り除く上で有効であるということだ．ここでいう内生性の問題とは，簡単に述べれば，たとえば回帰分析を行う上で，分析に用いられる独立（説明）変数が，その回帰方程式の誤差項との間で相関関係を持つと考えられる場合に，推定される独立変数の効果（通常，回帰係数で示される）に偏りが生じることを指す．それゆえ，説明に用いられる独立変数や，その回帰方程式での誤差項と無関係とみなすことのできる現象，すなわち外生的な要因を分析に用いることで，このような偏りを取り除こうとする1つの方法が，自然実験的アプローチと言える．

コロナ禍が引き起こしたさまざまな社会・経済的な現象の分析にも，自然実験の方法が適用されている．たとえば，コロナ禍が引き起こした経済の停滞が株価の大暴落をもたらしたことを経済学者は「コロナショック」と呼び，株価暴落に留まらない経済現象への影響の分析を行っている．その中には，コロナショックを一種の「自然実験」とみなし，「平時では検証できない因果関係や経済構造の解明」を行った研究が多数ある（山本 2022: 3）．自然実験とみなすことができるのは，「コロナショックは感染症の流行という経済にとっては外生的なショックであり，その影響で生じた変化を実験の一種として活用することができ」（山本 2022: 3），それゆえ，「因果関係の析出が比較的容易になっている」（小塩 2022: 84）と考えられているからである．「外生的なショック」，すなわち内生性の問題を回避できる外生的な要因を分析に用いることで，「平時では検証できない因果関係や経済構造の解明」に寄与する自然実験的方法と

言える．

　序章でも触れたように，教育に関わる諸現象においても，今回のコロナ禍は自然実験のような外生的な変化をもたらした．たとえばコロナ禍のもとで，全国一斉休校が実施された．この現象は，通常の夏期休業のような長期休暇とは異なり，本来通学すべき時期に，予期せずに生じた休校である．しかも休校期間には地域や学校による偏差が存在した．コロナ禍に端を発する休校措置は，その意味で（もともとその現象の内部に組み込まれていなかったという点で），外在的・外生的な要因とみなすことができる．

　一斉休校期間中に，学校はどのような学習指導をしたのか．たとえばICTをどのように活用したのか．児童生徒はどのような生活（学習活動）を送ったのか．たとえば学習時間や学力にどのような変化が生じたのか．それらに影響を及ぼした要因は何か．各章で行われた分析はこれらの現象に注目している．そこでの結果を自然実験の観点からとらえ直すと，一斉休校期間という外在的・外生的な出来事を分析に含めることで，「平時では検証できない」因果関係や教育実践・教育システムの特徴を解明することができる．

　さらには，コロナ禍で学校行事が中止されたり，その内容が変化したことも，外在的な出来事であり，外生的な変化の1つと言える．方法論的に言えば厳密な意味での自然実験とは言えないものの，このような視点から分析結果を読み取ることで，コロナ禍で起きたことを明らかにするだけではなく，コロナ禍を通して教育現象の生じるメカニズムの理解に資することができる．この外在的な出来事を分析に含めることで，行事が子どもの学校生活に及ぼす影響について，「平時では検証できない」教育実践・教育システムの特徴を明らかにできる．もう1つ本書で分析した例を示せば，コロナ禍により在宅勤務が強いられたことの影響である．この外在的な出来事を考慮に入れて，「平時では検証できない」親の子どもへの関わり方に変化が生じた可能性を分析することができる．

　このような視点から，それぞれの章の分析結果を見ると，コロナ禍という外在的な出来事，とりわけ全国一斉休校や学校行事の中止，保護者の在宅勤務といった出来事のもとで生じた，諸アクター（子ども，保護者，教職員，教育委員会など）に生じたさまざまな変化の分析は，「平時では検証できない」教育

実践・教育システムの特徴を明らかにできる（疑似）自然実験としての優位さを有している．

このようにとらえ直すと，本書の分析は，コロナ禍という緊急事態の下での学校やそのアクターたちに生じた出来事を描写しているだけではない．学校教育というシステムの内部で通常行われている出来事に，一斉休校や学校行事の中止といった外生的な出来事が加わったことで，「平時では検証できない」教育・学校の構造の解明を可能にしたのである．

2 ── 具体例への適用

その一例を6章の分析結果をもとに考えてみよう．田垣内は6章で学校行事実施率の変化と児童生徒の学校適応の変化との関係を分析している．この章ではいくつもの重要な知見が示されるが，ここでの議論にとって重要なのは，小学生の成績と行事実施率の変化との交互作用が学校への適応に及ぼす効果を見た分析結果である．田垣内によれば，成績と行事実施率との交互作用項の影響を見ると，成績が下位の児童にとってのみ行事実施率の増加が，学校生活への満足度を高めることを見いだした．成績が下位の児童にとっての学校行事のポジティブな影響をとりだしたのである．

先行研究でも，成績下位者にとって学校行事が補償的に学校への適応を促すことが知られている（山田 1999）．しかし，そのような平時に見られる補償的な効果に留まらず，田垣内の分析では，コロナ禍によって生じた学校行事の実施率の変化という外生的な要因を分析に取り入れることで，成績が低い児童にとっての学校行事への参加機会の増加が補償的な影響をもつことを明らかにしている．その点で，平時とは異なる，外生的な状況の変化を分析に加えた上で，学校行事の学校適応への影響が，児童の成績の変化によって異なることを示したのである．「平時では検証できない」関係性の発見と言えるだろう．

もう1つ例を挙げよう．コロナ禍の下での小学校教員の多忙化を分析した多喜の7章では，休業期間中（2020年4月），休業明け直後（20年6月），第1回調査時（21年1月），21年の夏休み明け（21年9月），第2回調査時（22年2月）の5時点での分析を行っている．この分析を通じて多喜は，コロナ禍によ

って「2020年度に休業が長かった学校ほど多忙化しているという結果」（166頁）を見いだし，21年度になっても前年度の休業日数の長さの影響が残るというという結論を得ている．これは，コロナ禍以前にあった教員の多忙化状態に加え，コロナ禍が引き起こした休業による多忙化への影響といえる．と同時に，コロナ禍が引き起こした2020年度の休業期間の長さという外生的な要因を導入することで，その変数を統制した上でも，児童1人当たりの教職員数がどの時点でも，教員の多忙化に影響することを明らかにし，「教職員が足りていない小学校ほど，労働時間も業務量も多く，心身不調に陥る教職員が多い」という結果を示している．コロナ禍以前にも，このような関連性はあったのだろう．しかしここでの知見は，現在の学校教育に広く見られる教員不足→多忙化という推定される因果関係が，コロナ禍という外在的な出来事の影響を統制した上でも存在する，安定的で，ある意味恒常的な関係であることを示唆する．学校と教育委員会との連携についての知見も同様である．連携がうまくいっていない学校ほど，教師の多忙化が進行する．しかも，この関連もまた，コロナ禍が引き起こした休業期間の長さという要因を統制した上でもなお残る関係である．「平時」でも，学校と教育委員会の連携のよさ・悪さが教員の多忙化に影響することは考えられるが，両者の関係が外的要因の変化によらず安定的に存在することが示されたのである．これもまた，「平時では検証できない」構造の解明とみてよいだろう．

　これら2つの例で示された分析結果は，コロナ禍以前の既存の研究が明らかにした関係，たとえば成績下位者ほど学校満足度が低くなるとか，児童1人当たり教員数と教員の多忙化との関係といった，その多くは一時点での調査によって発見された知見を繰り返しているだけに見えるかもしれない．しかし，それらを（疑似）自然実験の視点から捉え直すと，コロナ禍の影響という外生的な要因を考慮に入れた上でも，これらの関連性が確認されたという意味で，「平時では検証できない」教育現象の生じるメカニズムを解明することができたといえるだろう．さらには学校行事の例に見たように，学校行事の中止とその後の再開という外在的な出来事がなければ見られない結果も発見できた．

　他の章の例をここでは扱わないが，コロナ禍が学校教育や家庭生活に及ぼした影響を，（疑似）自然実験的な視点から捉え直すことで，それぞれの章の分

析結果の意味が違って見えてくるはずだ．本書の各章の分析は，厳密な意味での自然実験とは言えないが，コロナ禍自体への関心に加えて，因果推論的な読み方をあえて当てはめてみることで，教育の現象と構造が平時とは違って理解できるだろう．

3────格差は拡大したか

　コロナ禍の下で今回の調査を企画・設計したとき，私たち研究者の間で共有された関心のひとつは，コロナ禍の影響によって児童・生徒たちの間でのさまざまな格差や不平等が拡大したのか否かという問題だった．そのような関心を基礎に，さらに保護者対象調査を提案し，その中で保護者の学歴，職業，家計の経済状態といった質問項目を加えた．さらには主観的な評価にならざるを得なかったが，コロナ禍によって家計の経済状態が悪化したかどうかという「変化」に関わる質問も含めた．これらの質問を加えることで，子どもの家庭の社会経済的地位（SES）が子どもの学力や学習活動，学校生活への適応への影響とその変化を捉えようとしたのである．

　この関心自体は，前述の自然実験の発想とは別に，コロナ禍による格差や不平等の拡大という変化を捉えようとするものだった．実際に本書のいくつかの章では，SESに関わる変数を用いた分析が行われている．たとえば，相澤の分析（4章）では，コロナによる臨時休校中の中学生の学校外での学習行動（学校の宿題をする，宿題以外の勉強をする）について，これらをまったくしない生徒（完全NSK）か，ほぼしない生徒（ほぼNSK）についての分析を行っている．その中で注目したひとつの要因は，両親の有無，そして両親の学歴（大卒か否か）の影響である．これらを家庭環境の違いを示す「階層変数」とし，その他の統制変数（詳しくは4章参照）を導入して，休業期間中にまったく勉強しない生徒になるか否か，ほぼしない生徒になるか否かについてロジスティック回帰分析を行った．興味深いことに，完全NSKについては階層変数の影響は見られなかったが，ほぼNSKについては影響が見られた．「『両親非大卒』『シングルマザー非大卒』『シングルファーザー』は『ほぼ勉強しなかった』になりやすくなる有意な影響がある」（101頁）ことを見いだしたのであ

る．しかしこれらの結果は，勉強しない生徒になるか否かと階層変数との一貫した関係を示してはいない．完全NSKでは階層変数の影響が見られなかったからである．

　先行研究のひとつであり相澤も言及する苅谷（2004）では，完全NSKの出現と父親の学歴（大卒か否か）の間に統計的に有意な関係があることが示されている．松岡（2019）の研究でも同様である．これらはいわば平時に行われた調査データの分析から得られた結果である．それに対し相澤の分析は，コロナ禍が引き起こした休業期間という状態のもとで，すなわち平時とは異なる状況下で，親の学歴とNSK出現との関係を捉えようとしている．そのひとつの知見が，完全NSKでは親学歴の影響が見られないことであった．この結果は，コロナ禍のもとで生じた休業期間における生徒の学習行動が，親の学歴などの階層変数の強い影響を受けているのではないかという私たちの当初の予想を裏切るものであった．しかし，相澤が指摘したように，そこには休業期間の影響下においては，完全NSKがほぼいなくなる程度（3%未満）に，学校教育による学習への介入（宿題など）が徹底していたことで階層格差が見えにくくなったのかもしれない．このように，平時で行われた先行研究の結果と比較すれば，コロナ禍が引き起こした休業期間という外生的な要因が，何らかのメカニズムを通じて，中学生の学習行動と階層要因との関係に影響を及ぼしていたと考えることができる．さらには，そうした平時ではない状況下でも，ほぼNSKと階層要因との関係が残ったという知見を見ると，最低限の学習への介入を若干超えた，追加的な勉強においては階層による影響が出たということもできる．

　次に，3章の結果についても検討しよう．この章で松岡は，児童生徒の学力や学習行動とSES（社会経済的地位）との関係の分析を行っている．「教育格差」とその拡大という関心に沿った研究である．この章では，家庭の蔵書数をSES（社会経済的地位）の代理指標として用い，個人SESと児童生徒の学校ごとのSESの平均をとった学校SESという2つの階層変数を用いて，学力や学習時間などへの影響関係を分析している．ここでは学校SESと学力の学校平均，学習時間の学校平均との関連性の時点間の比較分析の結果に限って言及するが，松岡のまとめによれば，「小学校の各時点における相対的な学力は時点

間で拡大傾向」(81頁) にあった．他方,「中学校ではコロナ禍の前と後だと学力格差の拡大がみられたが, その後は平行推移であった」(81頁) との知見を示している. これらの結果から松岡は,「2021年から2022年にかけて格差が拡大したのは小学校だけであったので, 低年齢でのコロナ禍への曝露となる小6のほうが中3よりも影響が大きかったと考えられる」(81頁) としている. さらに学習時間については,「小中学校の双方で, コロナ禍前の2019年からコロナ禍中の2021年の間に差がやや拡大し, その後の2021年から2022年は平行推移だった. よって, コロナ禍への曝露期間の蓄積と曝露の年齢が低いほうが悪影響を受けるという不利の蓄積論はあてはまらなかった」(81頁) とまとめている.

他方, 松岡の章ではさまざまな分析手法を用いて, 個人SESと学校SESと個人レベル, 学校レベルの学力や学習活動との関係についても分析し, コロナ禍においても, 両者の間につねに頑健な関係があることを示している. 児童生徒の家庭の社会的, 経済的, 文化的資源の差異が, 学力や学習活動にある程度安定的に影響しているとすれば, たとえコロナ禍による「教育格差」の拡大が顕著には見られなかったとしても, 松岡の章での分析結果の重要性は変わらない.

なぜSESによる影響の変化が見られなかったのか, という問題はたしかに残る. 理由はいくつか考えられるが, たとえば, 香川の2章が示したように, ほとんどの学校が「学校が作成したプリント等の配布」や「教科書等に基づく学習内容の指示」など, 紙媒体を用いて, 休校中の学習を補償しようとしたことが格差拡大に一定の歯止めをかけたのかもしれない. あるいは, ほとんどの学校で休校期間中が3月から順次始まり, 春休みを挟んで, 年4月から5月中にかけての期間 (休業期間2カ月以下の小中学校がおよそ67％に及ぶ. 文部科学省 2021) に留まったことから, その影響が教育格差の顕著な拡大に至るほどの影響を及ぼさなかったのかもしれない. さらには, 休校期間中の学習の遅れを挽回するために, 夏休みを短縮したり, 夏休み中の学習を補うなどの学校の努力が, 格差拡大を抑えたのかもしれない. 本書の調査ではその理由を実証的に確定できないが, ひとつの要因としては, ロックダウンのもとでより長期間の休校を経験した他の国と比べ, 休業期間の影響は比較的弱かった. たとえば

英国では1度目のロックダウンで2020年3月から5月いっぱいまでほとんどの学校が閉ざされ，2度目，3度目のロックダウンでは2020年11月から2021年3月まで，学校が閉鎖された．さらには，人口比で見たコロナによる死亡者数の低さに見られるように，日本社会全体で見たコロナの影響も他の先進国に比べ相対的に見れば少なかった．あるいは他国と比べ，学習遅滞を挽回する上で日本の小中学校の「努力」が功を奏したのかもしれない．いずれにしても「教育格差」の顕著な拡大をもたらすほどではなかったという本書の知見は，コロナ禍という外在的な出来事の影響下でも，教育格差がつねに存在することを確認するとともに，日本の教育格差の特徴の1つを示している．

4──本研究の政策的な含意

　本書を含む教育社会学の実証研究は，これまでにも「政策科学」をその学問的アイデンティティの一部に組み込んできた．そこで本章の最後に，今回の調査研究の政策的な含意について，政策と実証研究の関係という視点から論じてみたい．その際に参考とするのは，教育政策においてこの20–30年間ほどで使われ出したEBPM（Evidence based policy making）に代わりうるEIPM（Evidence informed policy making）といったアプローチである（中村ほか 2023）．

　EBPMの歴史は社会科学の歴史とともにあると言われる（Head 2016）．それが政策研究の領域で急拡大したのは，イギリスのトニー・ブレア首相率いる労働党が掲げた政策がルーツだという（Smith and Haux 2017）．その発展の過程で，政策に関わる社会科学の分野においても，因果推論をより厳密に行う手法として，本章でも触れたランダム化比較試験（RCT）などの分析手法の開発が行われた．これらは，より厳密かつ科学的な因果推論の方法として，2000年代に入るとEBPMを支える主要な社会科学的貢献とみなされるようになった（Head 2016）．

　そのようなEBPMを基盤にした研究が大規模に展開するなかで，英語圏の政策研究においては，すでにそれへの批判が行われている．RCTの厳密な適用が難しい政策領域の存在，あるいは政策によってはそれを適用することの非倫理性といったことが問題にされたのである（Smith and Haux 2017）．それ

らをふまえ，政策決定における社会科学の研究知がどのように使われるかについても実証研究が重ねられた．その結果，たとえ厳格な科学的手法を用いて生み出された実証研究の知見であってもそれが政策に用いられる過程自体が複雑であること（例えばそこにはさまざまな利害関係者の異なる解釈や複雑な交渉の過程が含まれること，政策過程自体が自己反省的な過程であること（Sanderson 2009）など）を考慮に入れ，実証研究が生み出す知識の利用可能性をもっと緩やかにとらえ直そうという議論が始まったのである（Sanderson 2009, Head 2016）．そのひとつが，Evidence informed policy making（EIPM）の提唱である．

　EIPMとは，「政策を立案したり，実行したり，あるいは変更したり，より質の高い他の公共サービスを提供したりするより以前に，統計データを含むデータや，利用可能な最良の研究の知見や評価といった複数の情報資源を参照し考慮に入れる過程」（OECD 2020: 12）である．さらには，EIPMは「（きわめて厳密なEBPMに比べ——引用者）より控えめ・慎重（modest）な」表現として多くの論者に使われている（Head 2016: 473）．

　EBPMほど厳格に因果推論を行うわけではないが，それより実現可能性の高いEIPMを志向する研究として，本書各章の分析は，教育社会学の政策科学としての可能性を求めた研究ということができる．

　本書の中心的な調査データは，コロナ禍という奇貨を得て，文部科学省の委託研究として，いわば行政側と研究者グループが協力関係を築こうとした試みのひとつといえる．中村の序章にあるように，調査の設計段階から，データの収集，その分析に至るまで，こうした協力関係が続いた．それはまた，従来のような審議会とは別のルートを通じて，アカデミズムと行政との関係構築の試み，あるいは相互学習の過程でもあった．サンダーソン（Sanderson 2009）のいう政策過程における「学習」を重視した，知性的な政策決定（intellectual policy making）の嚆矢とみてもよいだろう．コロナ禍というまさに世界的規模での感染症が日本の教育に及ぼす影響をその影響を受けている時期から同時進行形で調査データを収集することで，政策決定過程に資する研究を行政と協力することで作り出そうとしたのである．

　調査結果の発表の時期とコロナ禍の推移との関係から，本調査の知見がただ

ちに政策に生かされたかどうかは心許ない．それでも，前例のないコロナ禍という状況のもとで日本の教育を複数の時点で観測した今回の調査データとその分析は，今後の教育政策を考える上で参考となるべき日本の教育の姿を映し出していると望みたい．さらには，アカデミズムと行政との関係を審議会とは異なるルートで再構築する機会となったこの経験自体，両者の間の相互学習の意義を再確認する重要な機会となったとみなし，今後のさらなる協働による「知的な政策決定」につなげたい．

【文献】

Gangl, Markus, 2010, "Causal Inference in Sociological Research," *Annual Review of Sociology*, Vol. 36: 21-47.

Hammersley, Martyn, 2013, *The Myth of Research-Based Policy and Practice*, SAGE Publications Ltd.

Head, Brian W., 2016, "Toward More 'Evidence-Informed' Policy Making," *Public Administration Review*, Vol. 76: 472-484.

苅谷剛彦，2004，「学力の階層差かは拡大したか」苅谷剛彦・志水宏吉編『学力の社会学』岩波書店，pp. 127-152．

松岡亮二，2019，『教育格差』筑摩書房．

文部科学省，2021，『令和3年度全国学力・学習状況調査の結果』(https://www.nier.go.jp/21chousakekkahoukoku/21summary.pdf).

中村高康・苅谷剛彦・多喜弘文・有海拓巳，2023，「コロナ禍の教育調査とEIPM——行政と研究者の相互学習によるエビデンス形成」『教育社会学研究』112: 5-29．

OECD, 2020, *Building Capacity for Evidence-Informed Policy-Making*, OECD.

小塩隆士，2022，「パンデミックによる行動変容——研究展望」内閣府経済社会総合研究所『経済分析』第204号：66-92．

Sanderson, Ian, 2009, "Intelligent Policy Making for a Complex World: Pragmatism, Evidence and Learning," *Political Studies*, Vol.57, Issue 4: 699-719.

Smith, Kat and Tina Haux, 2017, "Evidence-Based Policy-Making (EBPM)," Bent Greve, ed., *Handbook of Social Policy Evaluation*, Edward Elgar Publishing, pp. 141-160.

山田真紀，1999，「『学校行事』研究のレビューと今後の課題——教育社会学の視点から」『日本特別活動学会紀要』7: 90-102．

山本勲，2022，「主査序文 コロナショックから何を学ぶか？」内閣府経済社会総合研究所『経済分析』第204号：1-4．

あとがき

　わざわざ述べるまでもないことだが，新型コロナウイルス感染症の拡大は，今世紀に起こった世界的惨事の中でも，全人類が巻き込まれどこにも逃げ場がないという点で，たいへん特異なものであった．ずいぶん昔にテレビで感染症の専門家が「パンデミックはいつ起こってもおかしくない」と警告していたのをぼんやりおぼえているが，当時はまったくリアリティなく聞き流していた．不幸にも現実になって体験してみると，世界中の誰しもがまったく想像さえしなかった感染恐怖のなかで，いつ終わるかわからない隔離生活・マスク生活・消毒生活をひたすら続け，甚大な被害と生活変化が生じた．今から考えてもこのパンデミックは，歴史に刻まれる出来事であったと感じる．

　序章でも触れたが，私たちはこうした状況でいったい何が起こっていたのかを後世の礎となるように記録する必要がある．私たちは教育の専門研究者であるので，教育の現場で何か起こっていたのかを調査する必要があった．実際，多くの教育研究者が学校などに入って調査が行われたが，実のところ全国に網をかけるような調査は不足していた．誰もやらないなら私たちがやっておかなければならない――そんな使命感も，研究会のメンバーには暗黙のうちに共有されていたように思う．編者の1人である苅谷は最近までオックスフォードにいたために，研究会は時差の関係で日本時間の夜8時から夜中の11時過ぎに及ぶこともしばしばであった．たいへんな研究会となったが，参加してくれた研究メンバー，そして企画を具体化してくれた浜銀総合研究所にも感謝したい．また，文部科学省の関係部署の方々も，日ごろは教育政策批判さえする私たちを受け入れ，またサポートをしてくれた．本音をいえば，派手な「改革」の旗を振るのではなく，地味ではあるが本当に必要なことを着実に進めてくれるタイプの文科官僚が実際にいることをこの目で見て，私はたいへん勇気づけられた．私たちの研究成果が中央教育審議会の初等中等教育分科会で3度も報告できたのも，こうした方々のサポートあってのことである．また，今回の私たち

の調査を実施するにあたっては，多くの教育委員会関係者，学校，児童・生徒の皆さん，保護者の方々が調査の趣旨を理解して回答してくれなければ，何もなしえなかった．ここに記して深く謝意を表したいと思う．そして最後に，本書の編集を担当してくれた東京大学出版会の宗司光治氏にも御礼申し上げたい．

コロナ禍中において，別の感染症の研究者が「数年たつといずれインフルエンザや風邪のような形に変わっていく」と言っていた記憶もある．これも聞いた当時は半信半疑だったが，実際にそれに近い形になってきており，当該分野の研究者の地道な研究や活動にも本当に頭が下がる思いである．やはり学術研究の専門的知見は大切な私たちの社会のツールであり，本書もささやかながらそうしたツールの1つとなることを願っている．

2025年3月　執筆者を代表して　中村　高康

索　引

ア

α 係数　45, 128
一元配置分散分析　42, 45, 48
一斉休校　3, 6, 11-12, 52, 59-60, 94, 197, 201, 204, 227, 243-244
一斉臨時休業　17, 111, 114-119, 121, 124-126, 128-129
意図的養育　59, 228
因果関係　5-6, 87, 242, 245
因果推論　6, 241-242, 246, 249-250
因果的関係　140
オッズ比　99, 182, 185
親学歴　102-103, 115-116, 119, 125, 133, 136, 139, 141-147, 150, 247
親期待　74-75, 77-79
親大卒者 0　115-116, 119, 125, 178-179, 183-186, 206, 208, 234, 236

カ

外生的　242-245, 247
　　──なショック　242
　　──な要因　242-245, 247
階層化　211
階層間格差　70, 106, 211-212, 218, 224, 247
階層性　59, 63, 67, 72-73, 75, 79-82, 89-90, 129
階層的に恵まれた地域　31
階層的に恵まれない地域　32
階層変数　99, 101, 205-206, 237, 246-247
学業成績　37-38
格差　37, 40, 44, 52, 57-59, 67, 69, 72-73, 79, 81-83, 87-88, 93, 211-212, 215, 223-224, 228, 246, 248

格差・不平等　241
学習効果　33
学習時間　57, 59, 61, 64-68, 70-83, 86, 215, 218-219, 243, 247-248
学習資源　32
学習指導要領　39, 43, 58-60, 81-82, 84-85, 94, 132, 149
　　新──　39
学習習慣　12, 87, 93-94, 98
学習状況　94, 99-100, 105, 178, 180
学習損失（Learning Loss）　12, 93-94, 105-106
学力　4-5, 37-38, 40, 58-59, 61, 63-68, 70-90, 93-97, 104-106, 157, 166, 212, 243, 246-248
　　──格差　64, 67, 81, 248
　　──低下論争　94
学級への帰属意識　131-133, 135-140, 144-148
学校間格差　58-59, 64, 82-84, 86, 88, 90
学校行事　6, 12, 131-138, 140-149, 153, 243-245
学校生活満足度　131-133, 135-144, 147-149
学校適応　175-176, 179, 186-187, 244
　　──度　134
　　──／不適応　175-177, 180, 186, 190-191
学校による状況把握頻度　180-181, 183-185, 187, 190
学校パネルデータ化　88
学校満足度　131, 134, 245
家庭学習課題　17, 19-22, 25
家庭環境　37, 45, 49, 182, 184, 190-191, 223, 246

家庭蔵書数（家にある本の冊数） 25-28, 31, 33, 72-73, 76-78, 86, 89-90
間接効果 101, 106
感染者数 9-10, 138, 163, 165, 168-169, 176-177, 179, 182-183, 185, 191-192, 231-232, 236, 239
　　　地域のコロナ―― 177, 182
感染状況 8, 114, 120, 127, 201, 228, 231-233, 238-239
企業規模 214, 221-223
帰属意識 131-133, 135-140, 144-149
休業日数 166, 170, 172, 245
休校期間 12, 17-20, 22, 25-26, 31-32, 34, 93-94, 97-101, 243, 248
級内相関係数 23, 33, 129, 191
教育格差 11-12, 57, 81, 84, 91, 106, 212, 248-249
教育活動実施率 138, 141
教育機会格差 57
教育工学 38-40
教育達成 37, 52, 197
教育的文化活動 227-231, 234-238
　　　――指数 230, 234-235, 237
　　　――の自粛 227
教育熱心度 233
教員期待 74-75, 77-79
教員勤務実態調査 153-154
教員不足 245
行事実施状況 131
行事実施率 136-141, 144, 147, 149, 244
行事熱心度 134
教師の時間外労働 171
教師の多忙化 12, 245
　　　――言説 153
教授的知識 38, 40-41
教職員の業務量増加 156
教職員の人員不足 156, 160-163
教職員の長時間労働 156
きょうだい構成 199-200, 206-207

きょうだい数 197-207
緊急事態宣言 17, 112, 114-120, 122-123, 125-126, 128-129, 138-140, 142-143, 145-146, 213-215
決定係数 142-143, 145-146, 149-150, 165, 167-169, 206, 237
限界効果 118-119
交互作用項 42, 49, 139, 141, 144, 224
　　　――投入 129, 136, 141, 148
交差遅延効果モデル 232
好事例の横展開 86-87
項目反応理論 4
国際教員指導環境調査（TALIS） 153
固定効果 28, 63, 150, 192
　　　――モデリング 172
　　　――モデル 42, 49, 64, 138, 140, 142-143, 145-146, 149, 220-222, 235
個別最適な教育 86
コールマン・レポート 37-38
コロナ感染状況 228, 231-232
コロナ警戒度 206, 208, 227-239
　　　――指数 230, 232-234

サ

最終学歴 84, 88, 214, 219-220
在宅勤務 12, 211-224, 243
　　　――状況 213
三大都市圏 62-64, 70-71, 75, 77-80, 90, 208
　　　非―― 63, 75, 77-78
時間外勤務 160, 171
市区町村の人口規模 180
資源希釈仮説 197-198, 202, 206
自己肯定感 132
自己効力感 133
静かな場所 198, 200, 202, 206, 208
自然実験 5-6, 13, 228, 238, 241-246
　　　疑似―― 6, 242
　　　――的方法 242

社会階層　12, 19, 31, 94, 98, 205-207, 227-228, 230, 233, 236-238
社会経済的地位（SES）　25, 30, 37, 40, 57, 61, 63-91, 157, 163, 184, 211-212, 218, 223, 246-248
　　――格差　84-85
　　学校――　59, 61, 63-90, 247-248
社会経済的背景　11, 37-38, 40
就学援助受給率　40, 61, 63-66, 70-72, 86, 89-90
住民大卒以上比率　25, 27-28, 33
授業が楽しい　176
授業実践　37-43, 47-49, 52-54
　　伝統的――　40
授業適応感　12, 175, 177, 180-192
授業の理解度　97
主成分分析　230
主体的・対話的で深い学び　57-59, 67, 69-73, 75, 81, 83-85, 87
出身階層　197
出身家庭　57, 59, 72-73, 77-78, 80, 82, 84, 87-88
情報通信技術（ICT）　17, 58
職種　214, 218, 221-223
新型コロナウイルス感染症　1, 3, 7-8, 13, 17, 34, 44, 52-53, 112, 114, 127-128, 132, 136-137, 139, 156, 175-178, 180-192, 197, 211, 223
　　――による生活状況変化（悪化）　177, 181-182, 184, 186, 190
新型コロナウイルス恐怖尺度　227
シングルファーザー　184, 186, 246
シングルマザー非大卒　101, 106, 184-186, 246
心身不調　156, 159, 161, 165-167, 169-170, 245
　　教職員の――　156, 161, 170, 245
ステイホーム　17, 197, 201, 205-206
政策科学　249

成長曲線　63, 70-71, 84, 90
世帯年収　205-206, 208
世帯類型等　180, 182, 184
全国学力・学習状況調査（全国学調）　4, 8, 10, 12, 20-21, 25, 28, 34, 60, 88-89, 91, 94, 107, 158, 161, 166, 172-173
外遊び・スポーツの時間　198-199, 203-207

タ

体験格差　228
多忙化　12, 114-115, 119, 153, 155-163, 165-171, 244-245
多忙感　153-154, 156, 159, 161-162, 169-170
多忙状況　154, 156-158, 162
端末整備状況　37, 42-49, 52, 54
地域性　177, 182, 190
知性的な政策決定　250
チームとしての学校　169
中止・縮小残念度　114, 120-121, 123-126, 128
　　部活動の――　114, 120
直接効果　101
テレワーク　3
登校忌避意識　12, 175, 177, 179-192
同時双方向型オンライン指導　17-23, 25
統制変数　26, 45, 62, 75, 141, 149, 180, 186, 214, 222, 235, 246
友だち付き合い　138-139

ナ

内生性　242
年間収入　180

ハ

ハイブリッドモデル　70-71, 235-236
働き方改革　153-154, 170
　　――調査　160, 162

学校における—— 153
パネル調査　2, 8, 135, 139, 147, 170
パネルデータ　6–7, 42, 49–50, 54–55, 57–60, 83, 87–88, 98, 106, 133, 135, 138–139, 220, 223, 227, 235, 237
　　——分析　7, 42, 49–50, 54, 58, 83, 133, 138, 235
パネル分析　80, 191
浜銀総合研究所　2, 6–9, 11, 19, 24–25, 27, 34, 57, 136, 213–214, 229
標準化係数　166
部活動　12, 111, 126–129, 158
　　——加入率　111
部活動実施　112, 114, 116, 118, 126
　　——状況　112
　　——率　118
負担感　154, 170
不登校　88, 175–176, 190
不平等　52, 246
不利の蓄積論　59, 81
文化階層　38
文化資本（ブルデュー）　228
平均正答率　61, 76, 97, 170
平行推移　59, 248
勉強していない生徒　93, 106
勉強を手伝ってくれる人　100, 202, 206
保護者学歴　45, 205, 246
補償的有利（compensatory advantage）論　59

マ

学びの保障　18

マルチレベル分析　20, 76–77, 79, 81, 118, 129, 191
マルチレベルモデル　75, 78, 106, 129
マルチレベルロジット分析　25

ラ

ランダム化実験　6
ランダム化比較試験（RCT）　241, 249
臨時休業期間　111, 126, 181, 187, 190
臨時休校　94, 211
労働時間　153, 169, 212, 245
ロジスティック回帰分析　101, 118, 182–183, 185
ロジスティックモデル　90

アルファベット

EBPM（evidence based policy making）　5, 242, 249
EIPM（evidence informed policy making）　5, 249–250
GIGAスクール構想　37, 41, 52
ICT　3, 12, 17, 31, 37, 52, 58, 81, 84
intelligent policy making　5, 7
NSK（No Study Kids）　94, 98, 105, 246
　　完全——　98, 100–101, 104–105, 246–247
　　ほぼ——　98, 105, 246–247
PISA　105

執筆者一覧 （執筆順）

中村　高康　（なかむら・たかやす）　編者，奥付頁参照

香川　めい　（かがわ・めい）　大東文化大学社会学部准教授

池田　大輝　（いけだ・ひろき）　宝塚大学東京メディア芸術学部助教

瀬戸　健太郎　（せと・けんたろう）　関西大学社会学部助教

松岡　亮二　（まつおか・りょうじ）　龍谷大学社会学部准教授

相澤　真一　（あいざわ・しんいち）　上智大学総合人間科学部教授

山口　哲司　（やまぐち・てつじ）　東京大学大学院教育学研究科博士課程

田垣内　義浩　（たがいと・よしひろ）　立教大学大学教育開発・支援センター助教

多喜　弘文　（たき・ひろふみ）　東京大学大学院教育学研究科准教授

有海　拓巳　（ありかい・たくみ）　浜銀総合研究所地域戦略研究部上席主任研究員

戸髙　南帆　（とだか・みなほ）　東京大学大学院教育学研究科博士課程

鎌田　健太郎　（かまだ・けんたろう）　東京大学大学院教育学研究科博士課程

苅谷　剛彦　（かりや・たけひこ）　編者，奥付頁参照

編者紹介

中村　高康　（なかむら・たかやす）
東京大学大学院教育学研究科教授
［主要著作］
『大衆化とメリトクラシー』（東京大学出版会，2011 年）
『暴走する能力主義』（筑摩書房，2018 年）
『高校入試と内申書』（編，中央公論新社，2025 年）

苅谷　剛彦　（かりや・たけひこ）
上智大学特任教授／オックスフォード大学名誉教授
［主要著作］
『追いついた近代 消えた近代』（岩波書店，2019 年）
『コロナ後の教育へ』（中央公論新社，2020 年）
『日本人の思考』（筑摩書房，2025 年）

コロナ禍と日本の教育
行政・学校・家庭生活の社会学的分析

2025 年 4 月 24 日　初　版

［検印廃止］

編　者　中村高康・苅谷剛彦

発行所　一般財団法人　東京大学出版会
代 表 者　中島隆博
153-0041　東京都目黒区駒場 4-5-29
https://www.utp.or.jp/
電話　03-6407-1069　Fax 03-6407-1991
振替　00160-6-59964

印刷所　株式会社理想社
製本所　牧製本印刷株式会社

Ⓒ 2025 Takayasu Nakamura and Takehiko Kariya, et al.
ISBN 978-4-13-051368-5　Printed in Japan

JCOPY　〈出版者著作権管理機構　委託出版物〉
本書の無断複写は著作権法上での例外を除き禁じられています．複写される場合は，そのつど事前に，出版者著作権管理機構（電話 03-5244-5088, FAX 03-5244 5089, e-mail: info@jcopy.or.jp）の許諾を得てください．

教育と社会階層	中村高康・平沢和司・荒牧草平・中澤 渉 編	A5・4400 円
災禍の時代の社会学	遠藤 薫・山田真茂留 有田 伸・筒井淳也 編	46・2600 円
危機のなかの若者たち	乾 彰夫・本田由紀・中村高康 編	A5・5400 円
学校・職安と労働市場	苅谷剛彦・菅山真次・石田 浩 編	A5・6200 円
日本のメリトクラシー [増補版]	竹内 洋	A5・4500 円
大学の条件	矢野眞和	A5・3800 円
日本の家族 1999-2009	稲葉昭英・保田時男 田渕六郎・田中重人 編	A5・5400 円
戦後日本の貧困と社会保障	相澤真一・渡邉大輔 石島健太郎・佐藤 香 編	A5・5800 円

シリーズ 少子高齢社会の階層構造（全3巻） 白波瀬佐和子 監修　A5 各 4000 円

[1] 人生初期の階層構造　中村高康・三輪 哲・石田 浩 編

[2] 人生中期の階層構造　渡邊 勉・吉川 徹・佐藤嘉倫 編

[3] 人生後期の階層構造　有田 伸・数土直紀・白波瀬佐和子 編

グローバル化・社会変動と教育（全2巻）　ローダーほか編　A5 各 4800 円

[1] 市場と労働の教育社会学　広田照幸・吉田 文・本田由紀 編訳

[2] 文化と不平等の教育社会学　苅谷剛彦・志水宏吉・小玉重夫 編訳

ここに表示された価格は本体価格です．ご購入の
際には消費税が加算されますのでご了承下さい．